Kurzgefaßte
lateinische Sprachlehre

von Dr. Eduard Bornemann

Cornelsen

 http://www.cornelsen.de

19. Auflage, 13. Druck 2005

Alle Drucke dieser Auflage sind inhaltlich unverändert und
können im Unterricht nebeneinander verwendet werden.

© 1968 Cornelsen Verlag, Berlin

Druck: CS-Druck CornelsenStürtz, Berlin

ISBN 3-454-70400-6

Bestellnummer 704006

 Gedruckt auf säurefreiem Papier, umweltschonend
hergestellt aus chlorfei gebleichten Faserstoffen.

Vorwort zur ersten Auflage

Die Bezeichnung „kurzgefaßt" verdient diese lateinische Sprachlehre eigentlich nur im Hinblick auf ihren zweiten Teil, die *Syntax*. Mit wenigen Ausnahmen sind hier die ausführlichen Erklärungen und Erläuterungen weggelassen worden, die der Lehrer in der umfangreichen Satzlehre der „Sprachlehre" (Teil III meines „Lateinischen Unterrichtswerkes", Bestell-Nr. 703) finden kann.

Eine Zusammendrängung der *Formenlehre* halte ich aus sachlichen Gründen für unzweckmäßig. Allein die Behandlung des lateinischen Verbs verlangt eine erhebliche Breite, wenn sie verständlich werden soll. Auch in der *Wortbildungslehre* habe ich nicht mit Beispielen gespart, die einen methodisch aufgebauten Grundstock für das Vokabelwissen bieten.

Zu Beginn des Buches sind die *grammatischen Grundbegriffe* an der Muttersprache erläutert. Wem diese Einführung zu elementar erscheint, der mag sie beiseite lassen. Mir schien sie schon wegen der vielfach umstrittenen Fachausdrücke nicht überflüssig, ganz abgesehen von der bedauerlichen Erfahrung, daß manche Lehrer der Neueren Sprachen heutzutage einer scharfen Klärung grammatischer Kategorien aus dem Wege gehen und über einer mehr äußerlichen Gedächtnisarbeit die strenge Verstandesschulung — besonders im Anfangsunterricht — vernachlässigen.

Frankfurt a. M., im April 1954   E. Bornemann

Vorwort zur neuen (zwölften) Auflage

Bei der immer wieder gewünschten Umstellung des Buches von der Frakturschrift auf die Antiqua bot sich die Gelegenheit, dem Text eine für den Anfänger besser faßbare typographische Form zu geben. Ferner sind in der Syntax einige Formulierungen erleichtert worden, u. a. auch durch die Beifügung von Übersetzungen. Daß aber der (in elf Auflagen bewährte) inhaltliche Kern, auf den es ankommt, unangetastet bleiben konnte — kleinere Zusätze beruhen auf Anregungen aus der Schulpraxis —, zeigt schon die unveränderte Paragrapheneinteilung. Noch beibehalten wurde auch der Name „Prädikativum", obwohl er das gleichfalls „prädikative" Prädikatsnomen nicht ausschließt; abwegig sind die Bezeichnungen „Zustandsattribut" (Sommer) und „Verbalapposition" (Schwyzer). In einem demnächst erscheinenden Aufsatz, der den gesamten Komplex „prädikativ" behandeln soll, werde ich „Prädikatsadjunkt" vorschlagen, um wenigstens jenen Doppelsinn auszuschalten.

Erwähnt sei noch, daß die nicht zum Lernstoff gehörigen knappen Petit-Fußnoten, vor allem diejenigen bei den Stammformenreihen der Paragraphen 43ff., als Anregungen für den Lehrer und interessierte Schüler in zahlreichen Zuschriften begrüßt worden sind.

Frankfurt a. M., im Juli 1968   E. Bornemann

3

Übersicht über den Aufbau der Sprachlehre

Allgemeines

Formenlehre

Aus der Wortbildungslehre

Satzlehre

Allgemeines

A. Zur Geschichte der lateinischen Sprache

Das Wort „lateinisch" (Latīnus) ist abgeleitet von Latium: so hieß die mittel-italische Landschaft, in der Rom lag.

Die „lateinische Sprache" (lingua Latīna) gehört mit anderen italischen Dialekten (Mundarten), von denen wir nur noch Reste besitzen, zu einer *uritalischen* Mutter-sprache. Dieses Uritalische ist seinerseits ein Glied der *„indogermanischen"* oder *„indo-europäischen"* Sprachfamilie, die, wie ihr Name sagt, von Asien (und zwar Indien und Turkestan) bis nach Westeuropa reicht; sie umfaßt auch das Slawische, das Griechische, das Germanische und das Keltische.

Mit der Eroberung *Italiens* verbreiteten die Römer ihre lateinische Sprache zu-nächst über die ganze Halbinsel. Dabei drang auch fremdes Sprachgut in das Lateinische ein, so aus dem *Keltischen* (der Sprache der Gallier in Oberitalien), mehr noch aus dem *Griechischen* (von den griechischen Kolonien in Unteritalien und Sizilien, die den Römern auch ihre Schriftzeichen, das Alphabet, lieferten), vor allem aber aus der nichtindogermanischen Sprache der *Etrusker* (benannt nach Etrurien, dem heutigen Toskana), die im 6. Jh. v. Chr. Rom sogar längere Zeit beherrscht hatten.

Die Ausweitung des römischen Staates zu einem *Weltreich* machte dann das Lateinische zur offiziellen Sprache des imperium Rōmānum.

Aus der *Volkssprache*, die mit den römischen Soldaten, Ansiedlern und Kauf-leuten in die eroberten Gebiete des Reichs kam und dort im Munde der Unter-worfenen mancherlei Umformung und Weiterbildung erfuhr, haben sich die *romanischen Sprachen* (Italienisch, Spanisch, Portugiesisch, Französisch, Rumänisch, und Räto-Romanisch) entwickelt. Das *Schriftlatein* aber lebte durch das Mittelalter hindurch bis in die Neuzeit als die Sprache der abendländischen Gelehrten fort; noch heute wird es von der katholischen Kirche in der ganzen Welt verstanden und gesprochen.

Das Latein, das man in der Schule lehrt, ist in erster Linie die „klassische" Schrift-sprache, die wir in den Werken Ciceros und Caesars finden; beide haben in bezug auf Wortwahl und Satzbau Normen geschaffen, die auf ihrer Anschauung von Sprachrichtigkeit und Sprachschönheit beruhten. Die lateinische Schulgrammatik, welche zu einem Verständnis aller monumentalen Literaturwerke anleiten will, muß aber noch andere Sprachkünstler in den Kreis ihrer Betrachtung ziehen: nicht nur Sallust und Livius und nachaugusteische Prosaiker wie Tacitus, sondern vor allem auch die großen Dichter Lukrez, Vergil und Horaz, deren Sprache natur-gemäß von der klassischen Prosa abweicht.

B. Übersicht über die grammatischen Grundbegriffe und Fachausdrücke*

I. Zur Wort- und Formenlehre

Es gibt zehn Wortarten (oder Wortklassen).
Vier von ihnen sind unveränderlich:
das **Adverb** (Umstandswort; z. B. *dort, gestern, so, dadurch, deshalb*),
die **Präposition** (Verhältniswort; z. B. *mit, durch, innerhalb*),
die **Konjunktion** (Bindewort; z. B. *und, aber, wenn, daß*),
die **Interjektion** (Empfindungswort; z. B. *weh!, pfui!*).
Nur zum Teil verändert wird das **Numerale** (Zahlwort; z. B. *acht, zwanzig*, aber *drei[er], hundert[en], zehnte[s], dreißigste[r]*).
Die übrigen Wortarten lassen sich verändern (beugen, *flektieren*):
1. das (im Deutschen groß geschriebene) **Substantiv** („Dingwort", Hauptwort). Seine Beugung heißt *Deklination* (z. B. *Mann – Mannes, Häuser – Häusern*). Dabei unterscheiden wir vier *Kasus* (Fälle): 1. den Werfall = *Nominativ*, 2. den Wesfall = *Genetiv*, 3. den Wemfall = *Dativ*, 4. den Wenfall = *Akkusativ*. Das Lateinische hat als 5. Fall noch den *Ablativ*, der auf die Fragen „Woher?, Wovon?, Womit?, Wodurch?, Wo?, Wann?" antwortet, und bildet von manchen Substantiven auch noch einen besonderen Anredefall, den *Vokativ*. Beim Substantiv unterscheiden wir ferner den *Numerus* (Zahl): es kann in dem *Singular* (Einzahl) und in dem *Plural* (Mehrzahl) stehen. Schließlich gehört es einem *Genus* (Geschlecht) an: es ist ein *Maskulinum* (männliches), *Femininum* (weibliches) oder *Neutrum* („sächliches" Wort).
2. das **Adjektiv** (Eigenschaftswort). Es läßt sich gleichfalls deklinieren und hat nach Kasus, Numerus und Genus verschiedene Formen. Bei einem Vergleich kann man es außerdem noch steigern. In dieser Steigerung (*Komparation*) unterscheidet man einen *Positiv* (Grundstufe; z. B. *lang*), einen *Komparativ* (Vergleichs- oder Mehrstufe; z. B. *länger*) und einen *Superlativ* (Höchststufe; z. B. *längster*)**.
3. das **Pronomen** (Fürwort; z. B. *er, ihm, mein, diese, wer?, den = welchen, jeder*). Auch bei ihm unterscheiden wir Kasus, Numerus und Genus.
Die deklinierbaren Wörter faßt man unter der Bezeichnung *Nomina* (Einzahl: Nomen) zusammen.
4. der **Artikel** (Geschlechtswort), der sich aus dem Pronomen (z. B. *den*) und dem Numerale (z. B. *einen*) entwickelt hat. Er fehlt der lateinischen Sprache.
5. das **Verb** (Zeitwort). Seine Beugung heißt *Konjugation*. Beim Konjugieren unterscheiden wir:
   a) die erste, zweite und dritte *Person*. Eine nach der Person bestimmbare Verbalform heißt *finites Verb* (verbum finītum), im Gegensatz zu der nicht an eine bestimmte Person gebundenen Form des *Infinitivs* (Nennform, Grundform;

---

* Diese Übersicht geht vom *Deutschen* aus, da die Klärung der grammatischen Begriffe möglichst an Hand der Muttersprache erfolgen muß.
** Auch die *Adverbien* lassen sich zum Teil steigern: *viel (sehr) – mehr – am meisten*. Vor allem natürlich die „Adjektivadverbien", die im Deutschen ihre Flexionsendung verloren haben und sich erst im Satzzusammenhang von den zugehörigen Adjektiven abheben; z. B. *Er schreibt schlecht (gut) – schlechter (besser) – am schlechtesten (am besten)*.

z. B. *grüßen, schlafen*). Nicht zum finiten Verb gehört auch das *Partizip* (Mittelwort; z. B. *grüßend, gegrüßt*), das nach Form und Verwendung einem Adjektiv gleichkommt.

b) den *Numerus* (Zahl): *Singular* (z. B. *du schläfst*) und *Plural* (z. B. *ihr schlaft*).
c) das *Tempus* (Zeit): Präsens (z. B. *ich schlafe*), Imperfekt (für das Deutsche sagen wir besser „Präteritum", d. h. Vergangenheit; z. B. *ich schlief*), Futur I (z. B. *ich werde schlafen*), Perfekt (z. B. *ich habe geschlafen*), Plusquamperfekt (z. B. *ich hatte geschlafen*), Futur II (im Deutschen meist nur für eine Vermutung gebraucht; z. B. *ich werde geschlafen haben*).
d) den *Modus* (Aussageweise): *Indikativ* (Wirklichkeitsform; z. B. *ich kam*), *Konjunktiv* (Vorstellungsform; z. B. *ich käme*), *Imperativ* (Befehlsform; z. B. *komm!*).
e) das *Genus* (Handlungsrichtung): *Aktiv* (Tatform; z. B. *ich grüße*), Passiv („Leideform"; z. B. *ich werde gegrüßt*).

II. Zur Satzlehre

1. Die Satzteile (od. Satzglieder)

Ein grammatisch vollständiger Satz besteht mindestens aus zwei Gliedern: aus dem **Prädikat** (Satzaussage), das einen Vorgang oder Zustand ausdrückt, und dem **Subjekt** (Satzgegenstand), das die Person oder Sache ausdrückt, über die etwas ausgesagt wird.

Man unterscheidet ein aus einem *Vollverb* bestehendes Prädikat (Karl *trauert.* Das Wahre *siegt.*) und ein Prädikat, das durch die Zusammensetzung eines *Hilfsverbs* mit einem Nomen (sog. *Prädikatsnomen*) gebildet ist (Karl *ist traurig.* Karl *ist ein Narr.*). Das Prädikat sucht man mit Hilfe der allgemeinen Frage „Was wird ausgesagt oder festgestellt?" (Antwort zu „Karl trauert": ein Trauern; zu „Karl ist traurig": ein Traurigsein), das Subjekt mit Hilfe der Frage „Wer oder Was?", wobei mit „Wer?" eine Person, mit „Was?" eine Sache erschlossen wird (Wer trauert? Was siegt?).

Der aus Subjekt und Prädikat bestehende einfache Satz kann noch durch *andere Satzglieder* (od. *Satzteile*) erweitert werden: durch ein **Objekt** (Satzergänzung; z. B. ein Akkusativ-Objekt* auf die Frage „Wen oder was?": Karl besucht *den Freund.* – ein Dativ-Objekt auf die Frage „Wem?": Karl hilft *dem Freund.*) oder durch ein **Adverbiale** (adverbiale Bestimmung, Umstandsbestimmung; z. B. auf die Frage „Wo?": Karl arbeitet *in dem Garten* [od. *dort*]; auf die Frage „Wann?": Karl arbeitet *in den Ferien* [od. *heute*]).

Während Objekt und Adverbiale – wie dessen Name sagt – zu einer Verbalform (meist dem finiten Verb) gehören, kann noch zu jedem (innerhalb des Satzes vorkommenden) Substantiv eine lediglich erläuternde Bestimmung treten, die wir **Attribut** (Beifügung) nennen und auf die Frage „Was für (ein)?" od. „Welche(r)?" erschließen (Adjektiv als Attribut: Karl besucht den *kranken* Freund. – Substantiv als Attribut, auch *Apposition* genannt: *Der Schüler* Karl besucht den Freund. – Genetiv eines Substantivs als Attribut: Karl besucht den Freund *der Familie.* – Adverbiale als Attribut: Karl besucht den Freund *aus Italien.*).

---

* Verben, die ein Akkusativobjekt zu sich nehmen können, heißen **transitive** Verben, die nicht dazu fähigen *intransitive* Verben (z. B. *schlafen, kommen, kämpfen*). Nur von einem transitiven Verb läßt sich ein *persönliches Passiv* bilden (z. B. *ich werde besucht, du wirst gegrüßt*).

Rein äußerlich gezählt, gibt es also fünf Satzteile: Prädikat, Subjekt, Objekt, Adverbiale, Attribut. Darüber hinaus darf man als sechsten Satzteil das sog. **Prädikativum** ansehen, das eine Mittelstellung zwischen Attribut und Adverbiale einnimmt (*Fremd* [= als Fremder] kehrt er heim ins Vaterhaus.).

2. Der Satz als Ganzes

Was den Satz als Ganzes betrifft, so unterscheiden wir die selbständigen *Hauptsätze* (die für sich allein einen Sinn ergeben) und die von einem übergeordneten Satz* abhängigen, an sich unselbständigen *Nebensätze*.

Durch die Verbindung mehrerer Sätze zu einem größeren Sinnganzen entsteht eine Satzgruppe. Sind in dieser mehrere Hauptsätze einander beigeordnet (koordiniert), so haben wir eine *Satzreihe* (*Wir gehen spazieren, Karl [aber] bleibt zu Hause.*). Eine Satzgruppe mit untergeordneten (subordinierten) Nebensätzen nennen wir *Satzgefüge* (*Wir gehen spazieren, während Karl zu Hause bleibt.*).

3. Einteilung der Haupt- und Nebensätze

Der Sprecher eines Satzes stellt entweder eine Behauptung auf, oder er äußert ein Begehren, oder er stellt eine Frage. Demgemäß unterscheiden wir:

Behauptungssätze *(Karl kommt.)*,
Begehrungssätze *(Karl soll kommen!)*,
Fragesätze *(Kommt Karl?)*.

Dies gilt sowohl für die selbständigen Hauptsätze als auch für die abhängigen Nebensätze (Wir wissen, *daß Karl kommt.* Wir wünschen, *daß Karl kommt.* Wir überlegen, *ob [wann] Karl kommt.*).

Die Nebensätze teilt man ferner ein
a) nach ihrem Verhältnis zum übergeordneten („regierenden") Satz, d.h. im Hinblick auf den von ihnen vertretenen Satzteil:

in **Subjektsätze** (*Daß Karl kam,* war bekannt.),
in **Objektsätze** (*Daß Karl kam,* wußten alle.),
in **Adverbialsätze**
 der Zeit (**Temporalsätze:** *Als [Sooft] Karl kam,* freuten sich alle.),
 der Begründung (**Kausalsätze:** *Weil Karl kam,* freuten sich alle.),
 der Einräumung (**Konzessivsätze:** *Obwohl Karl nicht kam,* freuten sich alle.),
 der Bedingung (**Kondizionalsätze:** *Wenn [= Falls] Karl kommt,* freuen sich alle. *Wenn Karl käme,* würden sich alle freuen.),
 der Absicht (**Finalsätze:** *Damit Karl kam,* versprachen wir ihm etwas Besonderes. Bei gleichem Subjekt meist ersetzt durch einen Infinitiv mit „um ... zu": *Um Karl zum Kommen zu veranlassen,* versprachen wir ...),
 der Folge (**Konsekutivsätze:** Sie schrien, *so daß Karl kam.*),
 der Art und Weise (**Modalsätze:** *Indem [= Dadurch, daß] Karl kam,* leistete er uns einen großen Dienst. *Ohne daß Karl kam,* leistete er uns einen großen Dienst. Abgekürzter Ersatz: *Ohne zu kommen,* leistete uns Karl einen großen Dienst.),
 des Vergleichs (**Komparativsätze:** *Wie Karl kam,* [so] ging er auch wieder. Sie schrien, *als ob [= wie wenn]* Karl käme.),

---

* Ein **übergeordneter** Satz kann **sowohl Hauptsatz wie Nebensatz** sein; vgl. unten bei 3b die Gradeinteilung. Andererseits können auch Nebensätze unter sich koordiniert sein (z.B. *Ich weiß, daß du im Recht bist und daß dein Bruder lügt*).

in **Attributsätze** (Wir erwarteten Karl, *der* [von auswärts] *kam.* Wir standen gerade dort, *wo Karl* [*an*]*kam.*)*.

b) nach dem „Grad" ihrer Abhängigkeit vom Hauptsatz in Nebensätze 1., 2. usw. Grades (Wir wissen, *daß Karl kommt* [1. Grades], *wenn er hört* [2. Grades], *wie krank du bist* [3. Grades].).

c) nach der Art ihrer Abhängigkeit vom Hauptsatz in „äußerlich" und „innerlich" abhängige Nebensätze:
Äußerlich abhängige Sätze enthalten ein Urteil oder einen Gedanken dessen, der sie spricht oder schreibt.
Innerlich abhängig sind diejenigen Nebensätze, die der Redende (oder Schreibende) als Äußerungen oder Gedanken einer anderen Person, gewöhnlich des Subjekts des regierenden Satzes, hinstellt; sie stehen immer im Konjunktiv (Der Vater fragt, *wo Karl ist* vgl. mit ... *wo Karl sei.* Karl versprach mir zu helfen, *da er Zeit hatte* vgl. mit ... *da er Zeit habe.*).

d) nach der Art ihrer Verbindung mit dem übergeordneten Hauptsatz:
entweder durch eine Konjunktion (Wir hörten, *daß Karl krank ist* [*sei*]. Wir überlegten, *ob Karl krank ist* [*sei*].)
oder ohne ein besonderes Bindewort, sei es, daß dieses ganz fehlt (Wir hörten, *Karl ist* [*sei*] *krank.* „Verkappter" Nebensatz), sei es, daß ein Pronomen oder ein Adverb die Anknüpfung bewirkt (Wir überlegen, *wer kommt* od. *wann er kommt.* Wir erwarten den Boten, *der kommt.*).

Wie man ein größeres **Satzgefüge in bildhaftem Schema** darstellen kann, zeigen die folgenden beiden Beispiele (in denen die Zeichen . ! ? die Aussageform, die römischen Ziffern I, II, III, IV den Abhängigkeitsgrad angeben):

1. Während ich verreist war,
kam ein Brief meines Freundes an,
der wissen wollte,
ob ich wieder gesund sei.

H.
$N.^{I}$ (Adv.) $N.^{I}$ (Attr.)
$N?^{II}$ (Obj.)

2. Ist dir nicht mehr im Gedächtnis,
welches damals dein Versprechen war,
als du zu mir kamst und batest,
ich sollte dir doch das Geld geben,
das du so dringend benötigtest?

H?
$N?^{I}$ (Subj.)
$N.^{II}$ (Adv.) + $N.^{II}$ (Adv.)
$N!^{III}$ (Obj.)
$N.^{IV}$ (Attr.)

---

* In der Zuordnung zu **Attributsätzen** geht das Sprachempfinden des Lateiners weiter als das deutsche. „Wer schreit (hat Unrecht)" läßt sich im Deutschen als Subjektsatz auffassen; im Hinblick auf das gleichbedeutende „Derjenige, der schreit (, hat Unrecht)" wird man im Lateinischen eher an einen Attributsatz denken. „(Wir gingen,) wohin man uns rief" könnte man entsprechend als einen deutschen Adverbialsatz („Lokalsatz") bezeichnen, zumal er genau so gebaut ist wie der Adverbialsatz „(Wir gingen,) sobald man uns rief". Und „(Karl ist nicht,) was er scheint" dürfen wir im Deutschen unbedenklich als „Prädikatsnomen-Satz" bezeichnen.

C. Von der Schreibweise, Aussprache und Betonung im Lateinischen

I. Die Schreibweise

Die alten Römer kannten keinen Unterschied zwischen großen und kleinen Buchstaben; sie hatten nur die großen Buchstaben des „lateinischen" Alphabets. Wir schreiben heute alle lateinischen Wörter klein außer den Eigennamen (Augustus, Rōma, Latium) und den davon abgeleiteten Adjektiven (lingua Latīna) und Adverbien (Latīnē loquī); auch nach einem Punkt können wir, dem Deutschen entsprechend, mit einem großen Buchstaben beginnen.

II. Die Aussprache der Laute

1. i ist sowohl Vokal (Selbstlaut) wie Konsonant (Mitlaut), entspricht also dem deutschen i (Beispiel: īnsula) und dem deutschen j (Beispiel: iānua, vgl. Januar).

2. Ebenso hatte das Zeichen V bei den Römern sowohl vokalischen als auch konsonantischen Lautwert; sie schrieben z. B. VARVS. Wir unterscheiden heute in der Schrift das vokalische u (U) von dem konsonantischen v (V), das wir wie deutsches w sprechen (also Varus wie Warus, novus wie nowus; vgl. auch Fremdwörter wie Villa, Vokabel, Konserven)*. In einigen Fällen schreibt man aber ungenauerweise ein u, wo konsonantische Geltung vorliegt und wir demgemäß aussprechen; abgesehen von qu (das wir auch im Deutschen kw sprechen), nach ng (lingua, gesprochen ling-gwa) und in einigen Wörtern hinter anlautendem s (suāvis, gesprochen swāwis, Suēbī = Schwaben).

3. Die lateinischen *Diphthonge* (Zwielaute) ae (Caesar), eu (Eurōpa), oe (Croesus) pflegen wir wie im Deutschen auszusprechen, ohne damit der altrömischen Aussprache gerecht zu werden**. Ein Diphthong kann auch ui sein (Beispiel: das eine Silbe bildende cui).

4. Für k, das nur ganz selten vorkommt, steht c. Dieses wurde noch zur Zeit des Augustus stets wie k gesprochen. Erst seit der späteren Kaiserzeit nachweisbar ist die (in die romanischen Sprachen und in unsere Fremdwörter übergegangene) Aussprache, die c vor e- und i-Lauten (e, i, y, ae, eu, oe) wie z (Caesar, Cicero, carcer, circus, coetus), sonst wie k spricht (carcer, circus, concursus, Croesus). Der Schulunterricht ist heute meist wieder zu der (klassischen) k-Aussprache zurückgekehrt.

5. Auch die Aussprache von ti *vor Vokal* als zi (z. B. in nātiō, Mārtius; vgl. das Fremdwort Nation, gesprochen Nazion, und das Lehnwort März!) kam erst in der Kaiserzeit auf. Im Schulunterricht sollte man heute wieder t-i sprechen.

---

* Genau genommen, handelt es sich (entsprechend bei dem konsonantischen i) um einen *Halbvokal*, dessen Aussprache dem englischen w entspricht (vgl. *water* im Gegensatz zu *Wasser*), bei qu und gu um einen mit gerundeten Lippen gesprochenen Verschlußlaut.

** ae müßte als einsilbiges a + e, oe als einsilbiges o + e gesprochen werden. Wer dies – für deutsche Anfänger eine große Erschwerung! – verlangt, müßte sich logischerweise auch für die (klassische) „reduzierte" Aussprache von auslautendem -m (z. B. in mēnsam und cōnsulem) einsetzen, die zur Künstelei führen würde.

6. **ch, ph, th** (von den Römern aus dem Griechischen eingeführt) waren ursprünglich behauchte Verschlußlaute. Wenn wir **ch** und **ph** gewöhnlich als Reibelaute (wie deutsches ch in Mädchen und wie deutsches f) aussprechen, so folgen wir der Entwicklung in späterer Zeit.

7. **r** ist als Zungenspitzenlaut zu sprechen.

8. **s** wird stets stimmlos (wie ß), **sch** getrennt als s-ch gesprochen (s-chola); zu achten ist auch auf die richtige Aussprache von **st** und **sp**: s-tudium (nicht scht-!) und s-pēs (nicht schp-!).

9. Anders als in „sa*n*gen" sprechen wir das **n** in „sa*n*ken" als besonderen Konsonant; im Lateinischen wird so das **n** vor jedem Gaumenlaut (**g, c, q**) gesprochen (angustus, gesprochen ang-gustus; **tangēns** = Tangente, gesprochen tang-gens; oben **lingua; propinquus**).

10. Ursprünglich bezeichnete **C** die beiden Laute c und g. Deshalb sind **C.** und **Cn.** alte Abkürzungen für die beiden Vornamen **Gāius** und **Gnaeus**.

III. Länge und Kürze   § 3

Wie im Deutschen (vgl. Straße – Gasse) sind auch im Lateinischen *lange und kurze Vokale* in der Aussprache zu unterscheiden. Diese unterschiedliche Vokalquantität kann auch für die *Bedeutung* eines Wortes wesentlich sein; so heißt pŏpulus Volk, pōpulus aber Pappel, vĕnit er kommt, vēnit aber er kam.

Der übergeschriebene Strich (ā, ē, ī, ō, ū) kennzeichnet — nur für den Lernenden, ohne zum Schriftbild zu gehören — einen Vokal als lang, der übergeschriebene Bogen (ă, ĕ, ĭ, ŏ, ŭ) als kurz. In diesem Buch ist (mit wenigen Ausnahmen) nur die Kennzeichnung der *langen* Vokale durchgeführt*.

Es gibt aber auch einen Unterschied zwischen langen und kurzen *Silben*. Er ist wichtig für die Wortbetonung.

Eine Silbe ist lang:

1. wenn sie einen langen Vokal oder einen Diphthong enthält (māter, amīcus, nātūra, Rōmānus, poēta, taurus)**;

2. wenn auf ihren kurzen Vokal mehrere Konsonanten folgen*** (hŏrtus, Minĕrva, fenĕstra, fŏrtăsse, propĭnquus); vor der (als Einheit empfundenen) Konsonantenverbindung „mūta cum liquidā" (Verschlußlaut + Fließlaut r od. l) und vor qu unterbleibt jedoch die Längung (multĭplex, intĕgri, celĕbrat, tonĭtrus, quŏque).

---

* *Kurze Vokale sind gelängt* worden:
a) infolge von „Ersatzdehnung" (sēdecim aus sĕxdecim, īdem aus ĭsdem entstanden),
b) vor nf und ns (īnfelix und īnsanus, aber ĭndoctus; mōns, aber mŏntis; cōnsilium, aber cŏncilium),
c) in Partizipien (und ihren Ableitungen) wie tēctus (zu tĕgere) und āctus, āctivus (zu ăgere) und iūnctus, coniūnctivus (zu iŭngere).
Andererseits wurden z.B. *lange Vokale gekürzt* vor einem anderen Vokal („vōcālis ante vōcālem brevis est"): delĕo (aus delēo, zu delēre), audĭor (zu audīre).
** Man unterscheidet auch *offene* Silben, die auf einen Vokal ausgehen, von *geschlossenen*, die auf einen Konsonant endigen; so besteht Rō-mā-nus aus zwei offenen und einer geschlossenen Silbe. Während im Lateinischen offene Silben sowohl lang wie kurz sein können (vgl. pă-ter neben mā-ter), ist *im Neuhochdeutschen jede offene Silbe lang:* Vā-ter, Dē-gen, Rō-se (lat. rŏ-sa).
*** Man spricht dann von **„Positionslänge"** der Silbe. Der erste der Konsonanten gehört dabei zu der gelängten Silbe (vgl. § 4).

IV. Das lateinische Betonungsgesetz

1. In **zweisilbigen Wörtern** wird die erste Silbe betont (hórtus, taúrus).
2. In **Wörtern mit drei und mehr als drei Silben** ist für die Betonung die Quantität (Länge oder Kürze) der *vorletzten* Silbe maßgebend:

   Ist die vorletzte Silbe lang, wird sie betont
   (amícus, Rōmánus, poéta; mit Positionslänge Minĕ́rva, fenĕ́stra, propínquus);
   ist die vorletzte Silbe kurz, wird die drittletzte betont
   (ínsŭla, ómnĭbus, Cárŏlus; bei mūta cum liquidā múltĭplex, íntĕgri, célĕbrat, tónĭtrus)*.

Über die drittletzte Silbe geht der Wortakzent im historischen Latein nicht hinaus (sog. „Dreisilbengesetz"); zu der *vorhistorischen* Wortbetonung und ihrer Auswirkung vgl. Fußn. zu § 42.

§ 4

V. Die Silbentrennung

Bei der Silbentrennung ging die Schreibung nicht immer mit der Aussprache zusammen. Die Überlieferung zeigt:

1. Die Silbengrenze liegt zwischen zwei Vokalen und vor einfachem Konsonant (re-us, a-mī-cus, Rō-mā-nus).
2. Von zwei und mehr als zwei Konsonanten wird (beim Sprechen) nur der letzte zur folgenden Silbe gezogen (hor-tus, om-nia, op-timus, trān-sisse, es-se, ebenso sānc-tus und redēmp-tōrēs).
3. Aber die in §§ 3 III, 2 u. 3 IV, 2 erwähnte mūta cum liquidā, d. h. p, t, c (b, d, g) + r od. l, gehört als Einheit zu der folgenden Silbe (tem-plum, cele-brat).
4. In der Schrift trennt man zusammengesetzte Wörter meist nach ihren Bestandteilen (ad-esse, dis-trahō, post-eā, su-spiciō).

---

* Als Ausnahme von der Betonungsregel ist zu merken, daß Wörter mit angehängtem -que, -ve, -ne die (vorletzte) Silbe vor dem Anhängsel betonen (armáque, aliắve [als Femininum zu aliúsve], Iuliắne adest?). Das häufige ítaque (= daher) wurde nicht als Zusammenrückung empfunden (anders das anknüpfende itáque = und so). Hat eine Schlußsilbe ihren Vokal abgestoßen, so wird die Wortbetonung nicht geändert; daher ēdúc (= führe heraus; ursprünglich ēdúce) und illíc (= dort; ursprünglich illíce).

Formenlehre (Flexionslehre)

A. Deklination der Nomina

Vorbemerkungen

§ 5

1. Für das praktische Lernen unterscheiden wir beim Nomen den in allen Formen gleichbleibenden **Wortstock** und die veränderlichen **Ausgänge.** Nach dem Ausgang im Genetiv Singular verteilen sich die Nomina auf fünf Deklinationen:

	Wortstock|Ausgang
Genetivausgang -ae gehört zur 1. Deklination	flamm|ae
Genetivausgang -ī gehört zur 2. Deklination	mūr|ī (vall|ī) (agr|ī)
Genetivausgang -is gehört zur 3. Deklination	cōnsul|is (mar|is) (ācr|is)
Genetivausgang -ūs gehört zur 4. Deklination	frūct|ūs)
Genetivausgang -eī gehört zur 5. Deklination	di|ēī

2. Schwieriger ist die (wissenschaftliche) Einteilung der Nomina nach Stämmen, weil **Wortstamm** und **Endung** oft miteinander verschmolzen sind (z. B. ist flamma-īs zu flammīs, muro-īs zu mūrīs geworden; bei maris gehört das -i- zum Stamm, bei rēgis zur Endung). Am besten erkennt man den Stamm am Genetiv des Plurals:

	Stamm-Endung
Stammausgang -a- zeigt die 1. Deklination an	flammā-rum
Stammausgang -o- zeigt die 2. Deklination an	mūrō-rum
Stammausgang konsonantisch	cōnsul-um
und -i- zeigen die 3. Deklination an	mari-um, fēlīci-um
Stammausgang -u- zeigt die 4. Deklination an	frūctu-um
Stammausgang -e- zeigt die 5. Deklination an	diē-rum

Merke für *sämtliche* Deklinationen:
a) Alle Neutra stimmen im Nominativ und Akkusativ überein.
b) Alle Neutra endigen im Nominativ und Akkusativ des Plurals auf -ă.
c) Bei allen Maskulina und Feminina endigt der Akkusativ des Singulars auf -m, der des Plurals auf -s.
d) Im Plural aller Wörter stimmen der Dativ und der Ablativ überein.

3. Das **Genus** der Substantive erkennt man entweder an ihrer *Endung* (als *grammatisches* Geschlecht; vgl. die einzelnen Deklinationen) oder an ihrer *Bedeutung* (als *natürliches* Geschlecht).

Natürliches Geschlecht haben nicht nur Personenbezeichnungen, sondern auch die Namen der Flüsse und Winde, die Maskulina sind (Albis lātus = die breite Elbe, aquilō frīgidus = der kalte Nordwind), und der Bäume, die Feminina sind (pōpulus alta = die hohe Pappel).

Substantive, die nicht dekliniert werden können, gelten als Neutra (omne nefās = jeglicher Frevel).

> Merkvers: Ein Mann, ein Fluß, ein Wind
> stets *Maskulina* sind.
> Wie Frau'n, die Bäume auch
> als *Feminina* brauch!
> Als *Neutrum* sieht man an,
> was man nicht „beugen" kann.

§ 6

I. Erste oder a-Deklination

	Singular		Plural	
Nom.	flamma	die (eine) Flamme	flammae	(die)Flammen
Gen.	flammae	der (einer) Flamme	flammārum	der Flammen
Dat.	flammae	der (einer) Flamme	flammīs	(den) Flammen
Akk.	flammam	die (eine) Flamme	flammās	(die) Flammen
Abl.	flammā	durch die (eine) Flamme	flammīs	durch (die) Flammen

Erläuterungen:

1. Die Substantive der a-Deklination sind **Feminina**; wenn sie aber eine männliche Person bezeichnen, sind sie Maskulina (mit „natürlichem" Geschlecht, vgl. § 5, 3), z. B. agricola Landmann, nauta Seemann, Belga Belgier, scrība Schreiber, trānsfuga Überläufer.

2. Die Wörter dea und fīlia haben im Dativ und Ablativ des Plurals auch den Ausgang -ābus, wenn es nötig ist, sie von den entsprechenden Formen der Maskulina deus und fīlius zu unterscheiden: fīliīs et fīliābus = den Söhnen und Töchtern, (deīs oder Nebenform) dīs deābusque = den Göttern und Göttinnen.

3. Von familia hat sich eine alte Genetivform auf -ās erhalten in den Verbindungen: pater familiās Hausvater und māter familiās Hausmutter.

II. Zweite oder o-Deklination

§ 7

Der Stammvokal -ŏ- erschien im alten Latein auch noch in anderen Kasus; so ist mūrus aus mūrŏs entstanden, mūrum aus murŏm.

1. Substantive

a) **Maskulina**
mūrus Mauer

	Singular	Plural
Nom.	mūrus	mūrī
Gen.	mūrī	mūrŏrum
Dat.	mūrō	mūrīs
Akk.	mūrum	mūrŏs
Abl.	mūrō	mūrīs
Vok.	mūrĕ	(mūrī)

b) **Neutra**
vallum Wall

	Singular	Plural
Nom.	vallum	valla
Gen.	vallī	vallŏrum
Dat.	vallō	vallīs
Akk.	vallum	valla
Abl.	vallō	vallīs
Vok.	(vallum)	(valla)

c) **Maskulina auf -er**
puer Knabe (Wortstock puer-)

	Singular	Plural
Nom.	puer	puerī
Gen.	puerī	puerŏrum
Dat.	puerō	puerīs
Akk.	puerum	puerŏs
Abl.	puerō	puerīs
Vok.	puer	puerī

ager Acker (Wortstock agr-)

	Singular	Plural
Nom.	ager	agrī
Gen.	agrī	agrŏrum
Dat.	agrō	agrīs
Akk.	agrum	agrŏs
Abl.	agrō	agrīs
Vok.	ager	agrī

2. Adjektive nach der ersten und zweiten Deklination

Beispiele: (murus) longus, (flamma) longa, (vallum) longum; ager parvus, filius tener, puer tener.

longus lang

	Singular			Plural		
Nom.	longus	longa	longum	longī	longae	longa
Gen.	longī	longae	longī	longŏrum	longārum	longŏrum
Dat.	longō	longae	longō	longīs	longīs	longīs
Akk.	longum	longam	longum	longōs	longās	longa
Abl.	longō	longā	longō	longīs	longīs	longīs
Vok.	longe	longa	longum	longī	longae	longa

pulcher schön (Wortstock pulchr-)

	Singular			Plural		
Nom.	pulcher	pulchra	pulchrum	pulchrī	pulchrae	pulchra
Gen.	pulchrī	pulchrae	pulchrī	pulchrŏrum	pulchrārum	pulchrŏrum
Dat.	pulchrō	pulchrae	pulchrō	pulchrīs	pulchrīs	pulchrīs
Akk.	pulchrum	pulchram	pulchrum	pulchrōs	pulchrās	pulchra
Abl.	pulchrō	pulchrā	pulchrō	pulchrīs	pulchrīs	pulchrīs
Vok.	pulcher	pulchra	pulchrum	pulchrī	pulchrae	pulchra

Entsprechend: līber, lībera, līberum frei (Wortstock līber-), aber lĭber, Gen. lĭbrī Buch.

17

1. **Maskulina** sind die Wörter auf -us und -er, **Neutra** die auf -um.

Als wichtigste Ausnahme merke: Bäume, Länder, Inseln, Städt' auf -us man als Feminina ansehn muß. Feminin ist humus auch. Sächlich vulgus, vīrus brauch!	fāgus alta die hohe Buche; Aegyptus fēcunda das fruchtbare Ägypten; Samus parva das kleine Samos; Corinthus dēlēta das zerstörte Korinth; humus ārida der trockene Erdboden; vulgus īnfīdum die unzuverlässige Volksmasse; vīrus īgnōtum das unbekannte Gift

2. **Vokativ.** Die Nomina auf -us bilden einen eigenen Vokativ des Singulars auf -ĕ.
Die Eigennamen auf -ius haben im Vokativ den (aus -iĕ zusammengezogenen) Ausgang -ī;

ebenso filius und das Pronomen meus.
Sonst zeigt in allen Deklinationen der Vokativ die gleiche Form wie der Nominativ.

mūrus – mūrĕ
Antōnius – Antōnī Pompēius – Pompēī Vergĭlius – Vergĭlī
meus fīlius – mī fīlī

3. Die Eigennamen auf -ius und die Substantive auf -ium bilden auch den *Genetiv* des Singulars öfters auf -ī.

Horātī zu Horātius negōtī zu negōtium ingĕnī zu ingĕnium

4. Die **Nomina auf -er** haben im Nominativ des Singulars ihren Ausgang -us (älter -os) abgeworfen, im Vokativ des Singulars ihren Ausgang -ĕ.
Bei den meisten Wörtern gehört das -e- nicht zum Wortstock und wird nur im Nominativ vor dem -r eingeschoben.

puer	urspr. pueros
ager	urspr. agros
pulcher	urspr. pulchros
ag-e-r	
līb-e-r (Buch)	

Merkvers:
Den Wortstock haben auf e-r
Komposita mit -fer und -ger
wie mortifer und armiger,
auch puer, vesper, socer, gener
und līber, miser, asper, tener.

mortifer, -era, -erum todbringend, tödlich; armiger waffentragend, Waffenträger; vesper, vesperī Abend; socer Schwiegervater; gener Schwiegersohn; miser, -era, -erum unglücklich; asper rauh; tener zart

5. Wie puer wird **vir** (Mann) dekliniert (vir-ī, vir-ō usw.).

6. Der Plural zu **locus** (Ort) heißt loca, -ōrum; locī (locōs) sind „Stellen" in einer Schrift.

7. **deus** (Gott) hat im Plural statt deī gewöhnlich dī, statt deīs dīs; sein Vokativ heißt deus.

8. Bei **Maß-, Geld- und Amtsbezeichnungen** hat sich im Genetiv des Plurals der alte Ausgang -um (statt -ōrum) erhalten: sēstertium (der Sesterze, zum Nom. Sing. sēstertius), modium (der Scheffel, zu modius), triumvirum und decemvirum (des Kollegiums der Dreimänner bzw. Zehnmänner), auch deum (der Götter, zu deus).

9. Ein **Pluralwort** (plūrāle tantum) ist ein Wort, das

a) nur im Plural vor-kommt (wie im Deutschen z. B. Eltern, Leute) oder b) im Plural eine besondere Bedeutung hat.	a) arma, -ōrum		Waffen

| a) nur im Plural vor-kommt (wie im Deutschen z. B. Eltern, Leute) oder b) im Plural eine besondere Bedeutung hat. | a) arma, -ōrum castra, -ōrum dīvitiae, -ārum īnsidiae, -ārum b) cōpia littera fortūna auxilium līber | Menge Buchstabe Glück Hilfe frei | Waffen Lager Reichtum Hinterhalt — cōpiae Truppen — litterae Brief od. Wissenschaften — fortūnae „Glücksgüter" (= Habe) — auxilia Hilfstruppen — līberī Kinder |

III. Dritte Deklination   § 9

In ihr sind zwei ehemals getrennte Deklinationen vereinigt, die sich zum Teil in ihren Ausgängen gegenseitig beeinflußt haben. Im allgemeinen gehören die *Substantive* mehr zur konsonantischen, die *Adjektive* mehr zur vokalischen 3. Deklination (doch vgl. § 10).

1. Die konsonantische Deklination

Kennformen (in den Tabellen unterstrichen) auf **-e, -a, -um.**

a) Maskulina und Feminina

cōnsul m. Konsul (Wortstock = Nom.)

	Singular	Plural
Nom.	cōnsul	cōnsulēs
Gen.	cōnsulis	cōnsulum
Dat.	cōnsulī	cōnsulibus
Akk.	cōnsulem	cōnsulēs
Abl.	cōnsule	cōnsulibus

labor m. Arbeit (Wortstock = Nom.)

	Singular	Plural
Nom.	labor	labōrēs
Gen.	labōris	labōrum
Dat.	labōrī	labōribus
Akk.	labōrem	labōrēs
Abl.	labōre	labōribus

vōx f. Stimme (Wortstock vōc-)

	Singular	Plural
Nom.	vōx (statt vōc-s)	vōcēs
Gen.	vōcis	vōcum
Dat.	vōcī	vōcibus
Akk.	vōcem	vōcēs
Abl.	vōce	vōcibus

b) Neutra

fulgur n. Blitz (Wortstock = Nom.)

	Singular	Plural
Nom.	fulgur	fulgura
Gen.	fulguris	fulgurum
Dat.	fulgurī	fulguribus
Akk.	fulgur	fulgura
Abl.	fulgure	fulguribus

tempus n. Zeit (Wortstock tempor-)

	Singular	Plural
Nom.	tempus	tempora
Gen.	temporis	temporum
Dat.	tempori	temporibus
Akk.	tempus	tempora
Abl.	tempore	temporibus

2. Die (vokalische od.) i-Deklination

Kennformen (in den Tabellen unterstrichen) auf ‌-ī, -ia, -ium.

Die vokalische Deklination unterscheidet sich von der konsonantischen nur in den Ausgängen:

Ablativ Singular .... -ī   (statt -e)
Nominativ und Akkusativ Plural des Neutrums .. -ia   (statt -a)
Genetiv Plural .... -ium (statt -um)

a) **Substantive** (meist substantivisch gebrauchte Adjektive),
besonders die Neutra auf ‌-ar, -e, -al‌ (Merkwort „Areal"):

mare n. Meer (Wortstock mar-)

	Singular	Plural
Nom.	mare	maria
Gen.	maris	marium
Dat.	marī	maribus
Akk.	mare	maria
Abl.	marī	maribus

dazu einige Substantive und Namen auf -is (vgl. § 10, 4):

turris f. Turm

vis f. Kraft hat im Singular nur noch den Akkusativ und den Ablativ

	Singular	Plural
Nom.	turris	turrēs (!)
Gen.	turris	turrium
Dat.	turrī	turribus
Akk.	turrim	turrīs
Abl.	turrī	turribus

	Singular	Plural
Nom.	vīs	vīrēs
Gen	—	vīrium
Dat.	—	vīribus
Akk.	vim	vīrēs
Abl.	vī	vīribus

b) **Adjektive**

Adjektive einer Endung (d.h. alle Genera haben im Nom. Sing. die gleiche Endung)
fēlīx glücklich (Wortstock fēlīc-)

	Singular			Plural		
Nom.	fēlix	fēlix	fēlix	fēlicēs	fēlicēs	fēlicia
Gen.	fēlīcis	fēlīcis	fēlīcis	fēlīcium	fēlīcium	fēlīcium
Dat.	fēlīcī	fēlīcī	fēlīcī	fēlīcibus	fēlīcibus	fēlīcibus
Akk.	fēlīcem	fēlīcem	fēlix	fēlicēs	fēlicēs	fēlicia
Abl.	fēlīcī	fēlīcī	fēlīcī	fēlīcibus	fēlīcibus	fēlīcibus

Adjektive zweier Endungen (d. h. nur Mask. u. Fem. stimmen im Nom. Sing. überein)
brevis kurz (Wortstock brev-)

	Singular			Plural		
Nom.	brevis	brevis	breve	brevēs	brevēs	brevia
Gen.	brevis	brevis	brevis	brevium	brevium	brevium
Dat.	brevī	brevī	brevī	brevibus	brevibus	brevibus
Akk.	brevem	brevem	breve	brevēs	brevēs	brevia
Abl.	brevī	brevī	brevī	brevibus	brevibus	brevibus

Adjektive dreier Endungen (d. h. jedes Genus hat im Nom. Sing. eine eigene Endung)
ācer scharf (Wortstock ācr-)

	Singular			Plural		
Nom.	ācer	ācris	ācre	ācrēs	ācrēs	ācria
Gen.	ācris	ācris	ācris	ācrium	ācrium	ācrium
Dat.	ācrī	ācrī	ācrī	ācribus	ācribus	ācribus
Akk.	ācrem	ācrem	ācre	ācrēs	ācrēs	ācria
Abl.	ācrī	ācrī	ācrī	ācribus	ācribus	ācribus

Entsprechend: celer, celeris, celere schnell (Wortstock celer-).

3. Die Mischdeklination

Sie unterscheidet sich von der konsonantischen Deklination nur durch den Genetiv des Plurals -ium (statt -um). Zu ihr gehören:

a) **Wörter auf -ēs und -is mit der gleichen Silbenzahl im Nom. und Gen.**
nūbēs, nūbis f. Wolke
nāvis, nāvis f. Schiff

	Singular	Plural
Nom.	nūbēs	nūbēs
Gen.	nūbis	nūbium
Dat.	nūbī	nūbibus
Akk.	nūbem	nūbēs
Ab.	nūbe	nūbibus

b) **Wörter, deren Wortstock auf mehrere Konsonanten ausgeht**
ars, artis f. Kunst (Nomin. urspr. art-s)
mons, montis m. Berg

	Singular	Plural
Nom.	ars	artēs
Gen.	artis	artium
Dat.	artī	artibus
Akk.	artem	artēs
Abl.	arte	artibus

Einzelheiten und Ausnahmen   § 10

1. Einige **einendige** (d. h. mit der gleichen Endung für die drei Geschlechter im Nominativ des Singulars, vgl. fēlīx) **Adjektive** der 3. Deklination (die wir uns als ehemalige Substantive vorstellen können) gehen nach der konsonantischen Deklination, zeigen also (soweit sie die betreffenden Kasus bilden) die Kennformen auf -e, -a, -um.
Es sind: dīves reich („der Reiche"), vetus alt, pauper arm, particeps teilhaftig, prīnceps führend (Fürst). Wir merken sie uns in den Ablativen:
dīvite, vetere, paupere, participe, prīncipe.
Auch die *Komparativ*formen der Adjektive haben sich der konsonantischen Deklination angeschlossen (s. § 15).

2. Die **Partizipien des Präsens** (z. B. laudāns, dēlēns) unterscheiden sich von den aus ihnen entwickelten Adjektiven auf -ns (wie cōnstāns standhaft, prūdēns

21

klug) nur im Ablativ des Singulars, der auf -ĕ ausgeht: laudante, laudantia, laudantium.

Bei der Verwendung als adjektivische Attribute findet sich auch im Ablativ ein -ī: cupiditāte ārdentī mit brennender Begierde, in praesentī perīculō in der gegenwärtigen Gefahr, īnsequentī annō im folgenden Jahr; aber praesente medicō in Gegenwart eines Arztes.

3. Einige Substantive, vor allem **Verwandtschaftsbezeichnungen,** gehen nach der konsonantischen Deklination, obwohl sie die oben für die Mischdeklination genannten Kennzeichen haben. Es sind pater Vater, māter Mutter, frāter Bruder, parentēs Eltern; iuvenis Jüngling, canis Hund, sēdēs Wohnsitz.

Merkvers, der die auffälligen Genetive heraushebt:

> parentum, patrum, mātrum
> Merk dir auf -um, nebst frātrum!
> ---
> Auch canum, sēdum, iuvenum
> Gehn nicht auf -ium, sondern -um.

4. Alle nach der i-und Mischdeklination gehenden Wörter (kenntlich an dem Gen. Plur. auf -ium) hatten ursprünglich ein i im Abl. Sing. und im Akk. Sing. u. Plur.; häufig sind die Ablative īgnī (zu īgnis Feuer) und nāvī (zu nāvis Schiff) und Akkusative wie ācrīs (statt ācrēs), artīs (statt artēs). Gleichsilbige Fluß- und Stadtnamen wie Tiberis und Neāpolis haben regelmäßig -im und -i (Tiberim den Tiber, Neāpolī von Neapel). Dasselbe gilt von den femininen Substantiven puppis Heck, sitis Durst, turris Turm, febris Fieber, secūris Beil und vīs Kraft, die gewöhnlich die Kasusformen der **alten i -Deklination** rein zeigen; s. das Beispiel turris § 9, 2a. Wir können diese Besonderheiten in dem Merkvers festhalten (der den auffälligen Akk. auf -im heraushebt):

> Merke puppim, sitim, turrim,
> febrim, vim sowie secūrim,
> Tiberim, Neāpolim
> Für den alten Ausgang -im!

5. **Iuppiter** (entstanden aus Iūpiter, dieses aus Iov-pater) bildet die obliquen Kasus* vom Stamm Iov-: Iovis, Iovī, Iovem, Iove.

bōs, bovis Rind hat im Gen. Plur. meist boum, im Dat./Abl. Plur. bōbus oder būbus.

Der Plur. von vās, vāsis n. Gefäß wird nach der o-Dekl. gebildet: vāsa, vāsōrum usw. (meist als militärisches Gepäck).

6. **Pluralwörter** nach der 3. Deklination sind z. B. moenia, -ium n. Mauern und fīnēs, -ium m. Gebiet (Sing. fīnis, -is Grenze), partēs, -ium f. Partei oder Rolle (Sing. pars, partis Teil).

7. In dem **Verhältnis des Wortstocks zum Nominativ des Singulars** sind folgende Hauptfälle zu unterscheiden:

a) Wortstock und Nominativ stimmen überein, oder der Nominativ zeigt nur eine Kürzung des Vokals

cōnsul, carcer, fulgur
sorŏr, sorōris
animal, animālis
(Ausnahme: arbŏr, árbŏris)

oder der Nominativ zeigt nur einen anderen Vokal (kurzes -i- infolge „Vokalschwächung" nach § 42, 2).

carmen, carminis
caput, capitis

b) Der konsonantische Auslaut ist im Nominativ geschwunden.

natiō, natiōn-is
homō, homin-is

---

* cāsūs oblīquī (eig. „schiefe", im Sinne von „abhängige" od. „indirekte") heißen die Kasus außer dem Nominativ, den man als die Normalform des Nomens ansah.

c) Im Nominativ ist ein -s angefügt,	hiems, hiem-is vōx, vōc-is
(mit Vokaländerung, wie oben bei a) vor dem ein Zahnlaut nach Angleichung schwand.	(artifex, artific-is) aestās, aestāt-is; nepōs, nepōt-is virtūs, virtūt-is laus, laud-is
(mit Vokaländerung, wie oben bei a) (mīles aus mīlets über mīless)	(mīles, mīlit-is) pēs, ped-is)
d) Der Nominativ bewahrt altes -s, das im Wortstock nach dem Gesetz des „Rhotazismus" zwischen Vokalen zu -r- geworden ist.	flōs, flōr-is iūs, iūr-is
(mit Vokaländerung)	(tempus, tempor-is genus, gener-is)
e) Sind Nominativ und Genetiv gleich, liegt im Nominativ der um -s erweiterte i-Stamm vor.	nāvis, nāvis
Ähnlich bei den Wörtern wie ars. Der Nominativ der Silbengleichen auf -ēs wie nūbēs bereitet der Erklärung Schwierigkeiten.	(arti-s → arts→) ars

Das Genus der Substantive der 3. Deklination   § 11

In der 3. Deklination finden sich Wörter aller drei Genera. Da die Zugehörigkeit zu einem grammatischen Geschlecht nicht ohne weiteres (wie in den anderen Deklinationen) an der Wortendung erkennbar ist, empfiehlt es sich, bei den einzelnen Vokabeln das Genus mit auswendig zu lernen; z. B. ars, artis, f(ēminīnum) Kunst.

Indessen ist es möglich, die Substantive nach ihrer Endung im Nom. Sing. gruppenweise auf die einzelnen Geschlechter zu verteilen. Dies geschieht praktisch in gereimten Genusregeln, bei denen die Endungen (jeweils mit Beispielen) zusammengefaßt sind; zu ihrer Ergänzung dienen Ausnahmeregeln.

Hauptregeln:

Ausnahmen dazu:

a) Maskulina
Als **männlich** merke -er, -or, -ōs,
zum Beispiel carcer, labor, flōs;
auch Zahnlautstämme auf -e-s,
wie līmes, pēs und pariēs
(mit Silbenmehr im zweiten Fall);
auf-l dazu noch sōl und sāl!

1. Als Neutra merke dir auf -er
cadāver, iter; dazu vēr.
2. Als Neutra ferner merk auf -or
die Wörter marmor, aequor, cor.
Doch sieht man ohne weiteres ein,
daß arbor Baum muß weiblich sein.
3. Ein Femininum ist auf -ōs
die zahnlautstämm'ge Mitgift dōs.
ōs, ōris Mund als Neutrum brauch;
dazu ōs, ossis Knochen auch.
4. Drei auf -e-s mit Zahnlaut gehn,
die unsrer Norm entgegenstehn:
als weiblich nämlich wendet man
stets mercēs, seges, quiēs an.

b) Feminina
Ein Zahnlautstamm auf -ās,-ūs,-aus,
zum Beispiel aestās, virtūs, laus,
ist **feminin.** Auch die auf -ō,
wie nātiō, gebrauche so!
Dann werden weiblich noch verwandt
die -x und -s nach Konsonant
(hier seien vōx und ars genannt),
auf-es und -is die Silbengleichen
— ihr -ium diene dir als Zeichen,
um sie als weiblich zu erkennen;
laß dir nur nūbēs, nāvis nennen!

1. Als Maskulinum merke **ās;**
doch sächlichen Geschlechts ist vās.
2. Auf -ō als männlich ōrdō brauch,
desgleichen pūgiō, sermō auch.
3. Auf -x sind männlich die mit -ex
(wie cōdex), -icis; dazu grex.
4. Merk dir für -s cum cōnsonā:
dēns, fōns, mōns, pōns sind mascula.
5. Als männlich hat man anzusehn
Gleichsilbler, die auf -nis ausgehn,
wie pānis. Ferner collis, ēnsis
und fascis, orbis, piscis, mēnsis,
desgleichen postis, unguis, anguis.

23

Als **ungleichsilbig** kommt noch sanguis
hinzu und lapis, cinis, pulvis.

Zusatz:

Mit langem -ī- gehn aus auf -īs
die Feminina vīs und līs.

c) Neutra

Ein Wort auf **-men,-ur,-ŭs** und **-ūs**
wie carmen, fulgur, tempus, iūs,
als **Neutrum** man gebrauchen muß.
Die i-Stämm' auch auf **-ar,-e,-al,**
wie calcar, mare, animal.
Vereinzelt merken wir uns schnell
noch aes und caput, lac und mel.

(Ohne wichtigere Ausnahmen)

Statt dieser Regeln kann man sich auch die typischen Beispiele in der Verbindung mit einem Attribut einprägen:

a) Maskulina

carcer (carceris) angustus der enge Kerker
flōs (flōris) vernus die Frühlingsblume
pēs (pedis) claudus der lahme Fuß
sōl (sōlis) mātūtīnus die Morgensonne

labor (labōris) āctus die getane Arbeit
līmes (līmitis) Rōmānus der römische Grenzwall
pariēs (parietis) albus die weiße Wand
sāl (salis) marīnus das Meersalz

Ausnahmen: cadāver (cadāveris) inhumātum der unbeerdigte Leichnam, iter (itineris) māgnum der Eilmarsch, vēr (vēris) sacrum der „heilige Frühling"(d. h. das Opfer aller Erstlinge im Frühjahr) — marmor (marmoris) Parium der parische Marmor, aequor (aequoris) vastum die weite (Meeres)fläche, cor (cordis) inquiētum das unruhige Herz, arbor (arboris) alta der hohe Baum — dōs (dōtis) māgna die große Mitgift, ōs (ōris) tenerum der zarte Mund, ŏs (ossis) dūrum der harte Knochen — mercēs (mercēdis) diurna der Tagelohn, seges (segetis) laeta das lachende Saatfeld, quiēs (quiētis) aeterna die ewige Ruhe.

b) Feminina

aestās (aestātis) calida der heiße Sommer
laus (laudis) vēra das wahre Lob
vōx (vōcis) māgna die laute Stimme
nūbēs (nūbis) nigra die schwarze Wolke

virtūs (virtūtis) bellica die kriegerische Tapferkeit
nātiō (nātiōnis) lībera der freie Volksstamm
ars (artis) ōrātōria die Rednerkunst
nāvis (nāvis) longa das Kriegsschiff

Ausnahmen: ās (assis) ūnus ein As, vās (vāsis) argenteum das silberne Gefäß — ōrdō (ōrdinis) equester der Ritterstand, pūgiō (pūgiōnis) cruentus der blutige Dolch, sermō (sermōnis) longus die lange Unterhaltung — cōdex (cōdicis) falsus das gefälschte Rechnungsbuch, grex (gregis) ovillus die Schafherde — dēns (dentis) albus der weiße Zahn, fōns (fontis) frīgidus die kalte Quelle, mōns (montis) altus der hohe Berg, pōns (pontis) ligneus die hölzerne Brücke — pānis (pānis) cottīdiānus das tägliche Brot — collis (collis) Capitōlīnus der kapitolinische Hügel, ēnsis (ēnsis) dēstrictus das gezückte Schwert, fascis (fascis) laureātus das lorbeergeschmückte Rutenbündel, tōtus orbis (orbis) terrārum der ganze Erdkreis, piscis (piscis) mūtus der stumme Fisch, mēnsis (mēnsis) Mārtius der Monat März, postis (postis) lapideus der steinerne Pfosten, unguis (unguis) resectus der beschnittene Nagel, anguis (anguis) frīgidus die kalte Schlange, sanguis (sanguinis) ruber das rote Blut, lapis (lapidis) dūrus der harte Stein, cinis (cineris) calidus die warme Asche, pulvis (pulveris) āter der schwarze Staub — vīs māgna die große Kraft, līs (lītis) prīvāta der Privatprozeß.

c) Neutra

carmen (carminis) nōtum das bekannte Lied
tempus (temporis) breve die kurze Zeit
calcar (calcāris) acūtum der scharfe Sporn
animal (animālis) mortāle das sterbliche
　　Lebewesen
caput (capitis) cānum das graue Haupt

fulgur (fulguris) lūcidum der helle Blitz
iūs (iūris) cīvīle das bürgerliche Recht
mare (maris) tranquillum das ruhige Meer
aes (aeris) Cyprium das Kupfer
lac (lactis) vaccīnum die Kuhmilch
mel (mellis) Atticum der attische Honig.

IV. Vierte oder u-Deklination

1. frūctus m. Frucht

	Singular	Plural
Nom.	frūctus	frūctūs
Gen.	frūctūs	frūctuum
Dat.	frūctuī	frūctibus
Akk.	frūctum	frūctūs
Abl.	frūctū	frūctibus

2. cornū n. Horn

	Singular	Plural
Nom.	cornū	cornua
Gen.	cornūs	cornuum
Dat.	cornuī (u. -ū)	cornibus
Akk.	cornū	cornua
Abl.	cornū	cornibus

Erläuterungen:

1. **Maskulina** sind fast alle Substantive auf -us, **Neutra** die (wenigen) auf -ū.

2. Als **Feminina** merke:
In der Vierten sind auf -us
weiblich **domus, porticus,
tribus, manus** in Gebrauch
und der Plural **īdūs** auch.

> domus alta das hohe Haus
> porticus pulchra der schöne Säulengang
> tribus urbāna der städtische Bezirk
> manus dextra die rechte Hand
> īdūs Mārtiae die Iden des März

3. **domus** nimmt aus der (2.)o-Deklination
den Ablativ des Singulars
und den Akkusativ des Plurals;
neben **domuum** findet sich auch **domōrum**.
Zu einem Adverb sind erstarrt die Formen:

> domō
> domōs
>
> domī   zu Hause
> domum   nach Hause
> domō   von Hause

4. Im Dat. Sing. wird bei den Neutra häufig (seltener bei den Maskulina) die **Endung -i** von dem (kurzen!) Stammauslaut -u- verschlungen.

5. Im Dat. u. Abl. Plur. findet sich bisweilen der alte Ausgang **-ubus** statt -ibus, besonders zur Unterscheidung von Wörtern der 3. Dekl.: tribubus (zu tribus Bezirk), artubus (zu artus Gelenk; vgl. artibus zu ars), arcubus (zu arcus Bogen; vgl. arcibus zu arx Burg).

Zusätze zu den bisher behandelten vier Deklinationen

1. Die aus dem **Griechischen** übernommenen Wörter, meist Eigennamen, wurden gewöhnlich latinisiert und nach lateinischer Weise dekliniert:

Aenēās, -ae, -ae, -am, -ā
Alexander u.a. statt Alexandros
Orpheus, -eī (mit Zertrennung des Diphthongs), -eō, -eŭm, -eō, aber Vokativ Orpheu
Periclēs, -is, -ī, -em, -e
meist Platō, Solō statt Platōn, Solōn

Nur im Akkusativ sind öfters die griechischen Formen beibehalten:

Anchīsēn zu Anchīsēs, (dichterisch) auch Aenēān
Salamīna zu Salamīs neben Salamīnem
Cyclōpă und Cyclōpās neben Cyclōpem und Cyclōpēs
auch āerǎ zu āēr (Luft) neben āerem
selbst (nichtgriechisch bei Caesar) Allobrogās zum Nom. Allobrogēs

2. Zu beachten ist, daß der Nominativausgang -us zu 3 Deklinationen gehört und auf 8 verschiedene Genetivbildungen weisen kann:

mūrus	—	Gen. mūrī	pecus (Viehstück)	—	pécudis
frūctus	—	frūctūs	tempus	—	temporis
virtūs	—	virtūtis	opus	—	operis
palūs (Sumpf)	—	palūdis	iūs	—	iūris.

V. Fünfte oder e-Deklination

1. diēs Tag (Wortstock di-)

	Singular	Plural
Nom.	diēs	diēs
Gen.	diēī	diērum
Dat.	diēī	diēbus
Akk.	diem	diēs
Abl.	diē	diēbus

2. rēs Sache (Wortstock r-)

	Singular	Plural
Nom.	rēs	rēs
Gen.	rĕī	rērum
Dat.	rĕī	rēbus
Akk.	rem	rēs
Abl.	rē	rēbus

Das -e- ist im Genetiv und Dativ des Singulars kurz, wenn ein Konsonant vorhergeht: r-ĕi; (fidēs,) fíd-ĕi.

Die Substantive der ē-Deklination sind **Feminina**; nur diēs Tag und merīdiēs Mittag sind Maskulina.

In der Bedeutung „Termin, Frist" wird auch diēs als Femininum gebraucht.

B. Komparation der Adjektive

I. Die regelmäßige Komparation

1. Bildung der Steigerungsformen

Der Komparativ wird gebildet,

indem man an den Wortstock für das Maskulinum und Femininum -ior ,

für das Neutrum -ius anhängt.

Der Superlativ wird gebildet, indem man an den Wortstock -issimus anhängt.

Nur bei den Adjektiven auf- er wird an den Nomin. Sing. Mask. -rimus angehängt*.

Positiv lang usw.		Komparativ länger usw.			Superlativ (der) längste usw.		
Nom.	Wortstock	Mask.	Fem.	Neutr.	Mask.	Fem.	Neutr.
longus	long-	longior	-ior	-ius	longissimus	-a	-um
antīquus	antīqu-	antīquior	-ior	-ius	antīquissimus	-a	-um
fēlīx	fēlīc-	fēlīcior	-ior	-ius	fēlīcissimus	-a	-um
prūdēns	prūdent-	prūdentior	-ior	-ius	prūdentissimus	-a	-um
brevis	brev-	brevior	-ior	-ius	brevissimus	-a	-um
pulcher	pulchr-	pulchrior	-ior	-ius	pulcherrimus	-a	-um
līber	līber-	līberior	-ior	-ius	līberrimus	-a	-um
ācer	ācr-	ācrior	-ior	-ius	ācerrimus	-a	-um
celer	celer-	celerior	-ior	-ius	celerrimus	-a	-um

Die Form des Superlativs dient auch als **„Elativ"** zum Ausdruck eines nur *sehr hohen* Grades:

gladius longissimus	ein sehr langes Schwert
fēmina illa pulcherrima	jene sehr schöne od. bildschöne Frau
templum antīquissimum	ein uralter Tempel

---

* Auch vetus alt (einendig, Wortstock veter-) hat veter*rimus*; der Komparativ wird durch vetustior (zu vetustus) ersetzt.

2. Deklination des Komparativs

Die Komparative gehen nach der (3.) konsonantischen Deklination; Kennformen also -e, -a, -um .

	Singular			Plural		
	Mask.	Fem.	Neutr.	Mask.	Fem.	Neutr.
Nom.	longior	longior	longius	longiōrēs	longiōrēs	longiōra
Gen.	longiōris	longiōris	longiōris	longiōrum	longiōrum	longiōrum
Dat.	longiōrī	longiōrī	longiōrī	longiōribus	longiōribus	longiōribus
Akk.	longiōrem	longiōrem	longius	longiōrēs	longiōrēs	longiōra
Abl.	longiōre	longiōre	longiōre	longiōribus	longiōribus	longiōribus

Anmerkungen:
1. Der Komparativ kann auch ein *Übermaß* ausdrücken, z. B. Puella illa plūra (*zu* viel) narrāvit; sed nātūrā (von Natur) est loquācior (*etwas* geschwätzig).
2. Zur *Verstärkung des Komparativs* kann **etiam** dienen, z. B. puella etiam pulchrior (ein *noch* schöneres Mädchen).
Der *Superlativ* wird durch **longē** verstärkt, z. B. vir longē nōbilissimus (der bei weitem edelste Mann);
auch durch ein vergleichendes **quam**, z. B. itinera quam māxima (möglichst ausgedehnte Märsche).

II. Unregelmäßige Komparation § 16

1. Einige Adjektive auf **-ilis** bilden den Superlativ auf -illimus , da sie -limus an den Wortstock anhängen.
(aber: nōbilissimus zu nōbilis u. a.)

facilis leicht, difficilis schwierig
similis ähnlich, dissimilis unähnlich
gracilis schlank, humilis niedrig
facillimus, difficillimus
simillimus, dissimillimus
gracillimus, humillimus

2. Die Adjektive auf **-dicus, -ficus** und **-volus** bilden den Komparativ und Superlativ, wie wenn sie als Partizipien auf -dīcēns, -ficēns und -volēns ausgingen.

maledicus schmähsüchtig
māgnificus großartig
benevolus wohlwollend
maledīcentior, maledīcentissimus
māgnificentior, māgnificentissimus
benevolentior, benevolentissimus

3. Die Adjektive auf **-us, -a, -um mit vorhergehendem Vokal** bilden den Komparativ und Superlativ durch Umschreibung mit

magis mehr
māximē am meisten

idōneus geeignet, dubius zweifelhaft,
arduus steil
magis idōneus, māximē idōneus
magis dubius, māximē dubius
magis arduus, māximē arduus

Bei -quus und -guis ist das -u- hinter dem Gaumenlaut kein selbständiger Vokal (vgl. oben § 2 und 3) und konsonantisch zu sprechen. Daher werden der Komparativ und Superlativ wie gewöhnlich auf -ior (-ius) und -issimus gebildet:

antiquus alt, antīquior, antīquissimus   pinguis fett, pinguior, pinguissimus

4. Von „unvollständiger Komparation" reden wir bei einer Anzahl von (gewöhnlich zu Ortsbegriffen gehörigen) Steigerungsformen, deren Positiv meist auf bestimmte Verbindungen beschränkt ist oder nur noch in Adverbien (Präpositionen) durchscheint (bei diesen Adjektiven dient zur Bildung des Superlativs -mus od. -imus od. -timus).

Positiv in		Komparativ		Superlativ	
(extrā exterae natiōnēs	außen, außerhalb von) die auswärtigen Völker	**exterior**, ior, ius	der äußere	**extrēmus**	der äußerste
(intrā (inter	innerhalb von) unter, zwischen)	**interior**, ior, ius	der innere	**intimus**	der innerste
(citrā	diesseits, diesseits von)	**citerior**, ior, ius	der diesseitige	citimus	der diesseitigste (= nächstliegende)
(ultrā	jenseits; jenseits von)	**ulterior**, ior, ius	der jenseitige	**ultimus**	der äußerste, letzte
(prope	nahe, nahe bei)	**propior**, ior, ius	der nähere	**proximus**	der nächste
(prō prīdiē (prae	vor) tags zuvor vor)	**prior**, ior, ius	der vordere od. frühere	**prīmus**	der vorderste od. erste
(īnfrā īnferus īnferī	unten, unterhalb von) der untere* die Unterwelt	**īnferior**, ior, ius	der untere	**īnfimus** u. -īmus	der unterste
(post posterus posterī posterō diē	hinten, hinter u. nachher, nach) der (nach)folgende die Nachkommen am nachfolgenden Tage	**posterior**, ior, ius	der hintere od. spätere	**postrēmus**	der hinterste od. letzte
(suprā superus (dī) superī	oben, oberhalb von) der obere die Götter der Oberwelt	**superior**, ior, ius	der obere od. frühere	**suprēmus** **summus**	der oberste od. höchste
(dē	von … herab, von … weg)	dēterior	der schlechtere (= minder gute)	dēterrimus	der schlechteste
(potis, pote	z. B. in potēns mächtig u. posse können)	potior	der vorzüg- lichere	potissimus	der vorzüg- lichste, haupt- sächlichste

---

* Die deutsche Übersetzung der Adjektive auf -(t)erus ist mißverständlich. So bedeutet z. B. īnferus nur ‚der unten befindliche', superus ‚der oben befindliche' mit dem Nebensinn einer vergleichenden Gegenüberstellung. Die zugehörigen īnferior und superior dagegen sind echte Komparative mit steigernder Bedeutung: ‚der *weiter* unten bzw. *weiter* oben befindliche' (z. B. Caesar multō īnferior erat numerō nāvium der bei weitem niedrigere, d. h. unterlegene im Hinblick auf die Zahl). Aber auch diese ior-Komparative haben oft keinen steigernden Sinn; so bei Gallia ulterior od. citerior (jenseitig–diesseitig).

5. Aus **verschiedenen Stämmen** setzt sich die Steigerungsreihe bei einigen (sehr gebräuchlichen) Adjektiven zusammen; zur Bildung des Superlativs dient dabei -(t)imus oder -simus*.

Positiv	Komparativ	Superlativ
bonus gut	**melior, ior, ius** besser	**optimus** der beste
malus schlecht	**peior, ior, ius**** schlechter	**pessimus** der schlechteste
māgnus groß	**maior, ior, ius**** größer	**māximus** der größte
parvus klein	**minor, or, us** kleiner	**minimus** der kleinste
multus viel	(nur Neutrum) **plūs** (noch)mehr	**plūrimus** der meiste
multī viele	**plūres, plūrēs, plūra** (noch)mehr (Genetiv: plurium)	**plūrimī** die meisten

complūrēs, complūra, complūrium bedeutet (nicht steigernd) mehrere (= einige).

Anmerkung:
Der Singular **plūs** wird substantivisch gebraucht („ein Mehr") und mit dem Genetiv verbunden, z. B. plūs pecūniae (mehr Geld). Der Plural **plūrēs** aber steht adjektivisch, z. B. plūrēs līberī (mehr Kinder).
plūrimī mīlitēs heißt sowohl: die meisten Soldaten, als auch (elativisch, § 15): sehr viele Soldaten. Für „die meisten" kann auch **plērīque** stehen.
Neben dem Superlativsuffix -imus findet sich als ältere Schreibweise -umus, z. B. bei māx**umus**, opt**umus**.

C. Die Adverbien §17

Neben der großen Gruppe der gewöhnlichen Adverbien, die Ort, Zeit und Art und Weise (1) angeben, werden **Adverbien auch von Adjektiven** (2) abgeleitet.

> (1) ibi dort, crās morgen, vix kaum
> (2) modestē, fēlīciter

I. Bildung

1. Die meisten Adjektive der **2./1. Deklination** bilden das Adverb, indem sie -ē̲ an den Wortstock anhängen.

Einige Adjektive der 2./1. Deklination benutzen als Adverb den Ablativ auf -ō̲.

Nom.	Wortstock	Adverb
longus pulcher līber	long- pulchr- līber-	longē pulchrē līberē
rārus crēber	rār- crēbr-	rārō crēbrō

Merke:			
falsō	fälschlich	sērō	(zu) spät
(falsō modō = in falscher Weise)		subitō	plötzlich
crēbrō	häufig	tūtō	sicher
citō	schnell	necessāriō	notwendigerweise
rārō	selten	prīmō	zuerst

* Auf dieses „Suffix" (vgl. § 60) -simus (z. B. mag-simus) gehen auch die assimilierten (angeglichenen) Ausgänge er-rimus und il-limus (§ 15 u. § 16, 1) zurück.
** Zu sprechen ist majjor (da aus mag-jor entstanden), ebenso pejjor, mit kurzem -a- bzw. -e-. Als Silbe ist ma- und pe- lang (infolge von Positionslänge). Das lange ⁻ā- in māgnus (ebenso die anderen Vokallängen vor -gn-, z. B. dīgnus) ist bisher nicht geklärt.

29

2. Die Adjektive der **3. Deklination** bilden das Adverb, indem sie -iter an den Wortstock anhängen*.

Nom.	Wortstock	Adverb
fēlīx	fēlīc-	fēlīciter
brevis	brev-	breviter
ācer	ācr-	ācriter
cōnstāns	cōnstant-	cōnstanter
prūdēns	prūdent-	prūdenter

Endigt der Wortstock auf -nt (bei den Adjektiven auf -āns und -ēns), so wird nur -er statt -iter angehängt.

3. Manchmal dient das Neutrum als Adverb.

multus:	multum	viel (im Sinne von sehr)
facilis:	facile	(in) leicht(er Weise)
nimius (übergroß):	nimium	zu sehr
parvus:	parum (aus parvum)	zu wenig
cēterus:	cēterum	übrigens
plērusque (der meiste):	plērumque	meistens

II. Komparation

Bei der Steigerung des Adverbs dient als Komparativ das Neutrum des Singulars -ius; der Superlativ endigt auf -ē.

Positiv	Komparativ	Superlativ
longē	longius	longissimē
ācriter	ācrius	ācerrimē

III. Besonderheiten der Bildung und der Komparation

Im übrigen sind folgende Unregelmäßigkeiten beim Adverb (auch in der Komparation) zu merken:

Positiv		Komparativ		Superlativ	
benĕ**	gut, wohl	melius	besser	optimē	am besten
malĕ	schlecht, übel	peius	schlechter	pessimē	am schlechtesten
māgnopere	sehr	magis***	mehr	māximē	am meisten
multum	viel, sehr	plūs***	mehr	plūrimum	am meisten
(nōn multum	wenig)	minus	weniger	minimē } minimum }	am wenigsten
—		prius	früher	prīmum	zuerst
—		potius	eher, lieber	potissimum	am ehesten

---

* Mit -iter ist auch **aliter** von alius (ein anderer) gebildet. In **audācter** (zu audāx = kühn) ist das -i- ausgestoßen (die gleiche Erscheinung wie in valdē = sehr zu validus stark; vgl. § 42 Fn.).

** Das kurze -e im Auslaut von benĕ und malĕ beruht auf dem „Iambenkürzungsgesetz", nach welchem eine iambische Silbenfolge (ᴗ–), die den Ton auf der Kürze trägt (ᴗ́–), zur Doppelkürze (ᴗᴗ) wird.

*** plūs ist zum Adverb gewordener Akkusativ (vgl. §§ 82 und 103), magis aber ist echtes Adverb („in höherem Grade").

Zusatz:

Bei den übrigen, *nicht von Adjektiven abgeleiteten Adverbien* handelt es sich oft um erstarrte Kasus von Substantiven, z. B.

(Akkusative) partim teils, statim sofort, paulātim allmählich, aliās ein andermal
(Ablative) dextrā rechts, modo nur od. eben, forte zufällig, grātīs umsonst, hodiē heute
(Lokative, vgl. § 111) vesperī abends, noctū nachts, diū (mit diūtius, diūtissimē) lange,

oder um präpositionale Verbindungen, z. B. imprīmīs vor allem, dēnuō (aus dē novō) von neuem, anteā (eā selbst ist ein femininer, zum Adverb erstarrter Ablativ!) vorher, posteā nachher, intereā unterdessen, praetereā außerdem (vgl. Fußn. § 64),

oder um Zusammensetzungen mit Suffixen, z. B. antīqui-tus von alters her, funditus von Grund aus, intus drinnen, semper (zu semel) in einem fort = immer, nūper neulich.

Vgl. auch die (ablativischen) Adverbien auf -ā § 16, 4, die Pronominaladverbien § 24, 3 und die Zahladverbia § 26.

√D. Die Pronomina

I. Das Personalpronomen § 18

(prōnōmen persōnāle = persönliches Fürwort)

	1. Person		2. Person		3. Person nicht-reflexiv	reflexiv*
				Singular		
Nom.	ego	ich	tū	du	er sie es	—
Gen.	meī	meiner	tuī	deiner	seiner ihrer seiner	suī seiner, ihrer
Dat.	mihi	mir	tibi	dir	ihm ihr ihm	sibi sich
Akk.	mē	mich	tē	dich	ihn sie es	sē sich
Abl.	mē͜		tē		werden ersetzt durch	sē
	(ā mē	von mir)	(ā tē	von dir)	is, ea, id (§ 20), bei stärkerer Hervorhebung durch ille, illa, illud (§ 20)	(ā sē von sich)
				Plural		
Nom.	nōs	wir	vōs	ihr	sie	—
Gen.	nostrī	unser	vestrī	euer		
	nostrum	von (= unter) uns	vestrum	von (= unter) euch	ihrer	suī ihrer
Dat.	nōbīs	uns	vōbīs	euch	ihnen	sibi sich
Akk.	nōs	uns	vōs	euch	sie	sē sich
Abl.	nōbīs		vōbīs		werden ersetzt durch	sē
	(ā nōbīs	von uns)	(ā vōbīs	von euch)	eī, eae, ea (§ 20) bei stärkerer Hervorhebung durch illī, illae, illa (§ 20)	(ā sē von sich)

---

* prōnōmen reflexīvum bedeutet „das eine Zurückbiegung bezeichnende Pronomen". Der Ausdruck bezieht sich ursprünglich wohl auf den Arm des handelnden Subjekts, der sich streckt, um ein äußeres Objekt zu treffen (Karl schlägt *ihn*), der sich „zurückbiegt", wenn die Handlung dem Subjekt selbst gilt (Karl schlägt *sich*).

31

1. Im **Nominativ** erscheint das lateinische Personalpronomen nur dann, wenn es betont ist.

> Ego spērō, tū dēspērās. Ich hoffe, du (aber) gibst die Hoffnung auf. Sonst nur: spērō ich hoffe (vgl. § 65).

Einen betonten Nominativ der **3.** *Person* (er, sie, es; sie) ersetzt ille; der unbetonte ist in der Verbalendung enthalten (spērat er hofft), kann aber auch durch ein zurückweisendes is ausgedrückt sein.

Die durch is ersetzten *obliquen Kasus* (eius seiner, eum ihn, eīs ihnen etc.) sind unbetont; zur Hervorhebung dient wieder ille.

2. Die **Genetive** des Plurals nostrī und vestrī drücken ein Objekt aus (gene-tīvus obiectīvus).

   nostrum und vestrum stehen bei einer Unterteilung (Genetiv der Teilung); vgl. §§ 88, 91, 98.

> Meminit nostrī. Er gedenkt unser, er denkt an uns.
>
> multī nostrum viele von uns
> quis vestrum? wer unter euch?

3. Merke die nebenstehenden Verbindungen der nachgestellten Präposition **cum** mit dem Personalpronomen.

> mēcum, tēcum, sēcum,
> nōbīscum, vōbīscum
> mit mir, mit dir usw.

Ein angehängtes -met (z. B. egomet, nōsmet) kann das Personalpronomen *verstärken;* tū wird durch -te verstärkt (tūte). Verstärkungsform ist auch sēsē für sē.

§ 19

√II. Das Possessivpronomen

(prōnōmen possessīvum = besitzanzeigendes Fürwort)

Singular				Plural			
meus	**mea**	**meum**	mein	**noster**	**nostra**	**nostrum**	unser
tuus	**tua**	**tuum**	dein	**vester**	**vestra**	**vestrum**	euer
suus	**sua**	**suum**	sein, ihr	**suus**	**sua**	**suum**	ihr

Das Deutsche unterscheidet nicht zwischen reflexivem und nichtreflexivem Possessivpronomen. Im Lateinischen wird suus nur reflexiv gebraucht (1).

Das nicht-reflexive „sein" und „ihr" wird dagegen durch eius oder eōrum (= den Genetiv von is, ea, id; s. § 20) ausgedrückt (2).

> (1) Vīsitat amīcum suum.
>   Er besucht seinen (eigenen) Freund.
>
> (2) Vīsitō amīcum eius (eōrum).
>   Ich besuche seinen (ihren) Freund.

Anmerkungen:

Ein naturgegebenes Besitzverhältnis braucht nicht besonders ausgedrückt zu werden: Amāmus patriam = Wir lieben *unser* Vaterland.

In erweitertem Gebrauch kann suus für *„eigen"* stehen: Hannibalem suī cīvēs (die eigenen Mitbürger) ē cīvitāte ēiēcērunt.

In einem Satz wie:

   Cōnsul eiusque mīlitēs (der Konsul und *seine* Soldaten) fūgerunt

handelt es sich eigentlich um zwei selbständige Sätze, die in einem gemeinsamen Prädikat verbunden sind (Cōnsul fūgit et eius mīlitēs fūgērunt.).

III. Das Demonstrativpronomen

(prōnōmen dēmōnstrātīvum = hinweisendes Fürwort)

Die meisten Formen, besonders im Plural, entsprechen denen eines Adjektivs der 2./1. Deklination. Charakteristisch für das Pronomen sind im Singular ⌐-ius⌐ für den Genetiv, ⌐-ī⌐ für den Dativ und ⌐-d⌐ für das Neutrum.

1. **hic, haec, hoc** dieser, diese, dieses (bei mir, zur 1. Person gehörig)

	Singular Mask.	Fem.	Neutr.	Plural Mask.	Fem.	Neutr.
Nom.	hic	haec	hoc	hī	hae	haec
Gen.	huius*	huius	huius	hōrum	hārum	hōrum
Dat.	huic*	huic	huic	hīs	hīs	hīs
Akk.	hunc	hanc	hoc	hōs	hās	haec
Abl.	hōc	hāc	hōc	hīs	hīs	hīs

Das an den meisten Formen hängende -c verstärkt die hinweisende Bedeutung. Es tritt in seiner vollen Gestalt -ce (vgl. ecce siehe da!) gelegentlich auch an die mit -s auslautenden Kasus (z. B. huiusce, hōsce).

2. **iste, ista, istud** der da (bei dir)
   Deklination wie ille, illa, illud.

3. **ille, illa, illud** jener, jene, jenes (bei ihm, zur 3. Person gehörig)

	Singular Mask.	Fem.	Neutr.	Plural Mask.	Fem.	Neutr.
Nom.	ille	illa	illud	illī	illae	illa
Gen.	illīus	illīus	illīus	illōrum	illārum	illōrum
Dat	illī	illī	illī	illīs	illīs	illīs
Akk.	illum	illam	illud	illōs	illās	illa
Abl.	illō	illā	illō	illīs	illīs	illīs

4. **is, ea, id** a) (zurückweisend) dieser, diese, dieses (schwächer betont als hic, haec, hoc)
   b) (besonders in den obliquen Kasus abgeschwächt zum Personalpronomen) er, sie, es (vgl. § 18)
   c) (auf ein Relativpronomen weisend) der(jenige), die(jenige), das(jenige)
   d) (im Genetiv der Ersatz für das nicht-reflexive Possessivpronomen) sein, ihr (vgl. § 19)

	Singular Mask.	Fem.	Neutr.	Plural Mask.	Fem.	Neutr.
Nom.	is	ea	id	eī (oder iī)	eae	ea
Gen.	eius*	eius	eius	eōrum	eārum	eōrum
Dat.	eī	eī	eī	eīs (oder iīs) eīs	eīs	eīs
Akk.	eum	eam	id	eōs	eās	ea
Abl.	eō	eā	eō	eīs (oder iīs) eīs	eīs	eīs

* huius ist hujjus zu sprechen, eius (§ 20, 4) ejjus (vgl. § 16, 5 Fn.), das -ui- in huic als Diphthong.

5. **īdem, éadem, idem** derselbe, dieselbe, dasselbe

	Singular			Plural		
	Mask.	Fem.	Neutr.	Mask.	Fem.	Neutr.
Nom.	īdem	éadem	idem	eīdem (īdem)	eaedem	éadem
Gen.	eiusdem	eiusdem	eiusdem	eōrundem	eārundem	eōrundem
Dat.	eīdem	eīdem	eīdem	eīsdem (īsdem)	eīsdem	eīsdem
Akk.	eundem	eandem	idem	eōsdem	eāsdem	éadem
Abl.	eōdem	eādem	eōdem	eīsdem (īsdem)	eīsdem	eīsdem

Das Pronomen īdem ist eine Zusammensetzung aus is + dem; dabei kommt es zu einigen lautlichen Veränderungen.

6. **ipse, ipsa, ipsum** selbst (im Deutschen unflektiert!)
Deklination wie ille, illa, illud, außer im Nom. u. Akk. des Neutrums: **ipsum**.

§ 21

IV. Das Interrogativpronomen

(prōnōmen interrogātīvum = Fragefürwort)

a) „substantivisch" gebraucht: **quis?** wer?, **quid?** was?
b) „adjektivisch" (d. h. in Verbindung mit einem Substantiv) gebraucht:
qui? welcher?, **quae?** welche? **quod?** welches?

	Singular			Plural		
	Mask.	Fem.	Neutr.	Mask.	Fem.	Neutr.
Nom.	quī	quae	quod	quī	quae	quae
Gen.	cuius*	cuius	cuius	quōrum	quārum	quōrum
Dat.	cui*	cui	cui	quibus	quibus	quibus
Akk.	quem	quam	quod	quōs	quās	quae
Abl.	quō	quā	quō	quibus	quibus	quibus

Ebenso wird das substantivische quis? quid? dekliniert; es weicht also nur in diesen beiden Formen von dem adjektivischen Interrogativpronomen ab.

Fragepronomen ist auch **uter, utra, utrum** welcher von beiden?
Darüber s. § 24, 1.

§ 22

V. Das Relativpronomen

(prōnōmen relātīvum = bezügliches Fürwort)

1. **qui, quae, quod** der, die, das (od. welcher, welche, welches); (allgemeiner) wer, was.
Seine Formen fallen mit denen des adjektivischen Interrogativpronomens zusammen.
Beide Pronomina bilden wieder (vgl. § 18)
besondere Verbindungen mit **cum**.

quōcum(?) quācum(?) quibuscum (?)
mit welchem (?) usw.

---

* **cuius** ist cujjus zu sprechen, das -ui in cui als Diphthong.

2. *Verallgemeinernde* Relativpronomina mit der Bedeutung
(subst.) wer auch immer (= jeder, der), was auch immer (= alles, was);
(adjekt.) welcher, welche, welches auch immer:

a) **quīcumque, quaecumque, quodcumque** (subst. und adjekt.)
b) **quisquis, quidquid** (fast nur im Sing. und subst.)

Sie werden dekliniert wie das Interrogativpronomen; -cumque bleibt dabei
unverändert: quemcumque, quibuscumque *.
Beispiel für adjektivisches quisquis im Abl.: quōquō modō sē rēs habet (es sei, wie es wolle).

VI. Das Indefinitpronomen   § 23

(prōnōmen indēfīnītum = unbestimmtes Fürwort)

Bei diesen Pronomina wird der mit qu- beginnende Bestandteil wie das Inter-
rogativpronomen dekliniert.

1. Das Pronomen „irgendeiner"

substantivisch jemand, etwas		adjektivisch irgendein(e)		
aliquis	aliquid	**aliquī**	aliqua	aliquod (N. Pl. aliqua)
(tonlos) **quis**	quid	(tonlos) **quī**	(quae u.) qua	quod (N. Pl. qua u. quae)
quisquam	quidquam	**ūllus** (§ 24, 1) ūlla		ūllum
quīdam, quaedam quiddam		**quīdam**	quaedam	quoddam

1. Das tonlose Pronomen **quis** und **quī** lehnt sich an ein anderes Wort an. Es
steht besonders hinter sī, nisi, nē, num und Relativen (Relativpronomina und
-adverbia), z.B. sī quis wenn jemand, nē quis (damit nicht jemand =) damit niemand,
num qua fēmina ob irgendeine Frau, quem quis amat wen jemand liebt.
2. **quisquam** (dessen Neutrum auch quicquam lautet) und **ūllus** stehen in Sätzen mit
negativem Sinn, z.B. neque quisquam mē vīdit (und nicht jemand =) und niemand
hat mich gesehen, sine ūllā spē rediērunt sie kamen ohne irgendeine (deutsch
besser: ohne jede) Hoffnung zurück, an quisquam hoc putat? glaubt dies etwa je-
mand? (negative Scheinfrage, vgl. § 135).
3. **quīdam** ** in der Bedeutung ‚ein gewisser' (den man nicht nennen will oder kann)
entspricht oft nur unserem unbestimmten Artikel; neben einem Adjektiv hat es
auch steigernde Wirkung; z.B. singulāris quaedam virtūs eine ganz einzig-
artige Tüchtigkeit.
4. Im Sinne von aliquis kommt (selten) quispiam, quidpiam (adj. quispiam, quaepiam, quodpiam) vor;
z.B. dīxerit quispiam es könnte jemand sagen (vgl. § 132, 1).

---

* Ebenso sind mit -cumque oder durch Verdoppelung gebildet einige seltenere Pronomina wie
quantuscumque (wie groß auch immer), **quāliscumque** (wie beschaffen auch immer), **quotquot**
(wie viele auch immer). Diese und die entsprechend gebildeten Adverbien s. § 24.
** Zu beachten sind die Deklinationsformen quendam, quandam, quōrundam, quārundam mit -n-
(statt -m-) vor -d- (wie in īdem § 20).

2. Das Pronomen „jeder"

substantivisch			adjektivisch		
quisque		quidque	quisque	quaeque	quodque
		jeder einzelne			
quivīs	quaevīs	quidvīs	quīvīs	quaevīs	quodvīs
quīlibet	quaelibet	quidlibet	quīlibet	quaelibet	quodlibet
		jeder beliebige			
uterque, utráque, utrumque (vgl. § 24, 1)					
jeder von beiden					

1. **quisque** lehnt sich an ein betontes Wort an, und zwar besonders
   an das Reflexivum **suus** (**suum cuique** jedem das Seine!),
   an ein Relativ- od. Interrogativpronomen (**quid quisque audīverit**, quaerunt
   sie fragen, was jeder einzelne gehört habe),
   an einen Superlativ (**nōbilissimus quisque** jeder einzelne Vornehmste = gerade die
   Vornehmsten),
   an eine Ordinalzahl (**quīntō quōque annō** in jedem fünften Jahr = alle vier Jahre).
   Vollbetont ist die Verstärkungsform **ūnusquisque** (Gen. **ūnīuscuiusque** usw).

2. **quivīs** ist entwickelt aus (dem Akk.) **quem vīs** wen du willst, **quīlibet** mit libet
   (es beliebt) zusammengesetzt.

3. **uterque cōnsul** heißt (jeder von den beiden Konsuln =) beide Konsuln, **uterque
   nostrum** (jeder von uns beiden [vgl. § 18] =) wir beide.

3. Das Pronomen „keiner"

	substantivisch		adjektivisch
Nom.	**nēmō** niemand	**nihil** nichts	**nūllus,** a um kein(e)
Gen.	nūllīus	nūllīus reī	nūllīus
Dat.	nēminī	nūllī reī	nūllī
Akk.	nēminem	nihil	nūllum, am, um
Abl.	nūllō	nūllā rē	nūllō, ā, ō

Anmerkung: Wenn „kein" nur schwach betont ist, wird es durch **non** ausgedrückt, z. B. **Nōn
habeō pecūniam**. Ich habe kein Geld.
Für das adjektivische **nūllus** (**nūlla fēmina, nūllum animal**) steht bei männlichen Personenbezeich-
nungen auch **nēmō**, z. B. **nēmō Rōmānus** (kein Römer).

§ 24   **Zusätze zu den Pronomina**

1. Unter der Bezeichnung **„Pronominaladjektive"** faßt man die folgenden Wörter
   zusammen, die teils wirkliche Pronomina (besonders Indefinita; vgl. § 23) sind, teils
   zu den Adjektiven gehören. Ihr gemeinsamer pronominaler Charakter tritt in dem
   auf -**īus** gebildeten Genetiv und dem auf -**ī** gebildeten Dativ hervor; sonst gehen
   sie regelmäßig nach der **o/a**-Deklination.

Es sind neben **ūnus** ein(er), **sōlus** allein, **tōtus** ganz, **ūllus** irgendein(er)(s. § 23,1), **nūllus** (ūllus + nĕ, der alten auch in nōn, nēmō, nihil, nōlō, nesciō u. a. erhaltenen Negation) kein(er) (s. § 23, 3), **alius** ein anderer (mit dem Neutrum aliud und dem von alter entlehnten Gen. alterīus) die drei auf eine Zweizahl bezogenen Wörter **alter** (altera, alterum) der eine u. der andere von beiden, **uter** (utra, utrum) wer od. welcher von beiden (vgl. § 21), **neuter** (neutra, neutrum; aus nĕ + uter) keiner von beiden (daher das „Neutrum"!). Sie lassen sich merken in dem Vers:

> ūnus, sōlus, tōtus, ūllus,
> alter, uter, neuter, nūllus
> gehn auf -īus und auf -ī;
> alius auch hat ali-ī.

Mit uter ist uterque ‚jeder von beiden' (§ 23, 2) gebildet, mit nūllus die Zusammensetzung nōn-nūllus ‚mancher'; sie werden entsprechend dekliniert.

2. Zu den *Pronomina* rechnet man *in weiterem Sinne* einige **Adjektive der Quantität und Qualität,** die nicht (wie die „Pronominaladjektive") pronominal dekliniert werden.

interrogativ und relativ		demonstrativ		indefinit	
quantus, a, um (?)	wie groß	**tantus**	so groß	aliquantus	ziemlich groß
quantuscumque	wie groß auch immer				
quantum (?)	wieviel	**tantum**	soviel	aliquantum	ziemlich viel
quantumcumque	wieviel auch immer	tantúndem	ebenso- viel		
quālis, e (?)	wie be- schaffen	**tālis**	so be- schaffen		
quāliscumque	wie beschaffen auch immer				
quot (?) (undekl.)	wieviele	**tot**	soviele	aliquot	einige, ziemlich viele
quotcumque ⎫ quotquot ⎭	wieviele auch immer	tótidem	ebenso- viele		

Von diesen Gruppen stehen die Relativa und die Demonstrativa in einer bestimmten Wechselbeziehung zueinander, die man **Korrelation** nennt. Dienen sie nämlich einem Vergleich, so folgt dem Demonstrativum das entsprechende Relativum (und umgekehrt), während in der deutschen Übertragung gewöhnlich das eine Vergleichsglied verkürzt wird:

> Utinam mihi tālis amīcus esset, quālis est tibi!
> Hätte ich nur einen solchen Freund *wie* (!) du!
> Nōn habeō tot librōs quot tū.
> Ich habe nicht so viele Bücher *wie* (!) du. (Vgl. § 158.)

Die Bezeichnung „korrelative Pronomina" für das ganze obige System bezieht sich nur auf die *formale* Entsprechung der Dreiergruppen. Auf die Demonstrativa tantus, tālis, tot kann auch ein Konsekutivsatz folgen, z. B. tot librōs habēs, ut omnēs tibi invideant (vgl. § 149).

37

3. Den Demonstrativ-, Interrogativ-, Relativ- und Indefinitpronomina entsprechen
— meist auch formal — Adverbien des Orts, der Zeit und der Art u. Weise, die
man „**Pronominaladverbien**" nennt. Die wichtigsten sind in folgender Tabelle
zusammengestellt.

	interrogativ und relativ		demonstrativ		indefinit	
Ort	**ubi** (?) ubicumque	wo wo auch immer	**ibi** ibidem **hīc** istīc **illīc**	da, dort ebenda, eben- dort hier (bei mir) dort (bei dir) dort (bei ihm)	**alicubi** ⎫ usquam ⎭ **alibī** (**nusquam**	irgendwo anderswo nirgends)
	quō (?) quōcumque	wohin wohin auch immer	**eō** eōdem **hūc** istūc **illūc**	dahin, dorthin ebendahin hierher (zu mir) dorthin (zu dir) dorthin (zu ihm)	**aliqō** ⎫ quōquam ⎭ **aliō**	irgendwohin anderswohin
	unde (?) undecum- que	woher woher auch immer	**inde** indidem **hinc** istinc **illinc**	von da, von dort ebendaher von hier (bei mir) von dort (bei dir) von dort (bei ihm)	alicunde **undique** aliunde	irgendwoher von überall her anderswoher
	quā (?) quācumque	auf welchem Wege, wo auf welchem Wege, wo auch immer	**eā** ⎫ **hāc** ⎪ istāc ⎬ illāc ⎪ eādem ⎭	auf diesem (je- nem) Wege; da, hier, dort auf demselben Wege	aliquā	auf irgendeinem Wege, irgendwo
Zeit	cum **quandō?** quandō- cumque **quotiē(n)s** quotiē(n)s- cumque	zur Zeit wo wann? wann auch immer wie oft, so oft wie oft auch immer	**tum** tunc **nunc** **totiē(n)s**	da(mals), darauf da(mals) jetzt so oft	**quondam** **aliquandō** aliquotiē(n)s **umquam** (**numquam**	einstmals irgend einmal einigemal jemals niemals)
Art und Weise	**quōmodo?** ⎫ **quī?** ⎭ wie? **ut** (utī) utcumque **quam** quamquam	wie? wie (nur Relat.) wie auch immer wie (sehr) wie sehr auch	**ita, sīc** item **tam** (nur vor Adj. u. Adv.)	so (Art) ebenso so (Grad)	utique	in jeder Weise, jedenfalls

Beispiel für eine „*Korrelation*" zwischen demonstrativen und relativen Adverbien:

Totiēs ad tē veniam, quotiēs poterō.
Ich werde so oft zu dir kommen, *wie* (!) ich kann.

	Kardinal- (Grund-)Zahlen	Ordinal- (Ordnungs-) Zahlen
1 I	ūnus, a, um einer	prīmus, a, um der erste
2 II	duo, duae, duo	secundus od. alter (§ 24,1)
3 III	trēs, trēs, tria	tertius
4 IV	quattuor	quārtus
5 V	quīnque	quīntus
6 VI	sex	sextus
7 VII	septem	septimus
8 VIII	octō	octāvus
9 IX	novem	nōnus
10 X	decem	decimus
11 XI	undecim	undecimus
12 XII	duodecim	duodecimus
13 XIII	trēdecim	tertius decimus
14 XIV	quattuordecim	quartus decimus
15 XV	quīndecim	quīntus decimus
16 XVI	sēdecim	sextus decimus
17 XVII	septendecim	septimus decimus
18 XVIII	duodēvīgintī	duodēvīcēsimus
19 XIX	undēvīgintī	undēvīcēsimus
20 XX	vīgintī	vīcēsimus
30 XXX	trīgintā	tricēsimus
40 XL	quadrāgintā	quadrāgēsimus
50 L	quīnquāgintā	quīnquāgēsimus
60 LX	sexāgintā	sexāgēsimus
70 LXX	septuāgintā	septuāgēsimus
80 LXXX	octōgintā	octōgēsimus
90 XC	nōnāgintā	nōnāgēsimus
100 C	centum	centēsimus
200 CC	ducentī, ae, a	ducentēsimus
300 CCC	trecentī, ae, a	trecentēsimus
400 CCCC	quadringentī, ae, a	quadringentēsimus
500 D	quīngentī, ae, a	quīngentēsimus
600 DC	sēscentī, ae, a	sēscentēsimus
700 DCC	septingentī, ae, a	septingentēsimus
800 DCCC	octingentī, ae, a	octingentēsimus
900 DCCCC	nōngentī, ae, a	nōngentēsimus
1000 M	mīlle	mīllēsimus
2000 MM od. ĪĪ*	duo mīlia	bis mīllēsimus
10 000 X̄*	decem mīlia	deciēs mīllēsimus
1 000 000 X̄*	deciēs centēna mīlia	deciēs centiēs millēsimus

* Übergesetzter Strich bedeutet 1000 mal, ⊓ bedeutet 100000 mal.

§ 26

	Distributiv- (Einteilungs-) Zahlen	Zahladverbien (Multiplikative)		Distributiv- (Einteilungs-) Zahlen	Zahladverbien (Multiplikative)
1	singulī, ae, a	semel einmal	21	vīcēnī singulī	vīciēs semel
2	bīnī usw.	bis		(singulī et vīcēnī)	(semel et vīciēs)
3	ternī (od. trīnī)	ter	29	undētrīcēnī	undētrīciēs
4	quaternī	quater	30	trīcēnī	trīciēs
5	quīnī	quīnqu**iēs**	40	quadrāgēnī	quadrāgiēs
6	**sēnī**	sexiēs	50	quīnquāgēnī	quīnquāgiēs
7	sēptenī	septiēs			
8	octōnī	octiēs	80	octōgēnī	octōgiēs
9	novēnī	noviēs	90	nōnāgēnī	nōnāgiēs
10	dēnī	deciēs	100	centēnī	centiēs
11	undēnī	undeciēs			
12	duodēnī	duodeciēs	200	ducēnī	ducentiēs
13	ternī dēnī	ter deciēs	300	trecēnī	trecentiēs
14	quaternī dēnī	quater deciēs	400	quadringēnī	quadringentiēs
15	quīnī dēnī	quīnquiēs deciēs			
16	sēnī dēnī	sexiēs deciēs	900	nōngēnī	nōngentiēs
17	septēnī dēnī	septiēs deciēs	1000	singula mīlia	mīliēs
18	duodēvīcēnī	duodēvīciēs			
19	undēvīcēnī	undēvīciēs	2000	bīna mīlia	bis mīliēs
20	vīcēnī	vīciēs	10000	dēna mīlia	deciēs mīliēs

§ 27   **Deklination und Gebrauch der Numeralia**

1. Beispiele für die Zusammensetzung der Zahlen über 20:

		Cardinalia	Ordinalia
21	XXI	vīgintī ūnus (a, um) oder: ūnus et vīgintī*	vīcēsimus prīmus oder: ūnus (!) et vīcēsimus
22	XXII	vīgintī duo (ae, o) oder: duo et vīgintī	vīcēsimus alter oder: alter et vīcēsimus
28	XXVIII	duodētrīgintā	duodētrīcēsimus
29	XXIX	undētrīgintā	undētrīcēsimus
113	CXIII	centum trēdecim	centēsimus tertius decimus
345	CCCXLV	trecentī quadrāgintā quīnque*	trecentēsimus quadrāgēsimus quīntus

---

* Während man die Zahlen zwischen den Zehnern bilden kann, wie *wir schreiben* (21 = zwanzig eins) oder wie *wir sprechen* (21 = ein und zwanzig), werden bei den Bildungen über 100 die Zahlen nur in der ersten Art ohne et aneinandergereiht, soweit nicht feste Verbindungen vorliegen (wie bei den durch Subtraktion gebildeten Zusammensetzungen mit 8 und 9 und bei den Ordinalia von 13 bis 17). — 99 heißt und**ē**centum oder nōnāgintā novem (entsprechend in den anderen Reihen).

	Cardinalia	Ordinalia
769 DCCLXIX	septingentī undēseptuā- gintā	septingentēsimus undēseptuā- gēsimus
1965 MCMLXV	mīlle nōngentī sexāgintā quīnque	mīllēsimus nōngentēsimus sexāgēsimus quīntus

Entsprechend die Distributiva und Multiplicativa.

2. Die Cardinalia stehen auf die Frage quot? (wie viele?)
   die Ordinalia auf die Frage quotus? (der wievielte?)
   die dem Lateinischen eigentümlichen Distributiva auf die Frage quotēnī? (wie viele jedesmal?)
   die Multiplicativa (Adverbien!) auf die Frage quotiē(n)s? (wievielmal?).

   Die **Ordinalia** und **Distributiva** gehen alle dreiendig nach der o/a-Deklination.

   Von den **Cardinalia** sind deklinierbar nur die drei ersten und die Hunderter; ferner der zu mīlle gehörige Plural mīlia (mīlium, mīlibus), an den sich das gezählte Substantiv im Genetiv anschließt (mīlle equitēs 1000 Reiter, duo mīlia quīngentī equitēs 2500 Reiter; aber: duo mīlīa equitum 2000 Reiter).

Nom.	ūnus	ūna	ūnum	duo	duae	duo	trēs	trēs	tria
Gen.	ūnīus	ūnīus	ūnīus	duōrum	duārum	duōrum	trium	trium	trium
Dat.	ūnī(§ 24,1)	ūnī	ūnī	duōbus	duābus	duōbus	tribus	tribus	tribus
Akk.	ūnum	ūnam	ūnum	duōs	duās	duo	trēs	trēs	tria
Abl.	ūnō	ūnā	ūnō	duōbus	duābus	duōbus	tribus	tribus	tribus

Wie duo wird auch ambō, ambae, ambō ‚beide‘ dekliniert.

3. Zur Angabe von **Jahreszahlen** verwendet der Lateiner die Ordinalia, z.B. annō trecentēsimō trīcēsimō tertiō im Jahre 333.

4. Mit **Pluralwörtern** (vgl. § 8, 9) werden statt der Cardinalia die Distributiva verbunden; z. B. bīnae litterae zwei Briefe (aber duae litterae zwei Buchstaben). Auch **multipliziert** wird mit Hilfe der Distributiva, z.B. deciēs dēna sunt centum 10 × 10 = 100.

5. Auf die Frage **„zum wievielten Male?"** stehen die Akkusative prīmum, iterum, tertium, quārtum... postrēmum (zum ersten, zweiten, dritten, vierten... letzten Male).

6. **Brüche** werden mit Hilfe von pars ausgedrückt:
   $1/2$ = dimidia pars $4/5$ = quattuor partēs $3/5$ = trēs quīntae (zu erg. partēs)
   $1/3$ = tertia pars $6/7$ = sex partēs $2/7$ = duae septimae.
   $1/7$ = septima pars

F. Das Verb und seine Konjugation

Vorbemerkungen

1. Noch mehr als in der Deklination der Nomina (vgl. § 5) macht in der Konjugation des Verbs das Arbeiten mit dem Begriff „Stamm" dem lernenden Anfänger Schwierigkeiten. Denn jetzt muß man neben drei Einzelstämmen noch einen *allen* Formen eines Verbs zugrunde liegenden *Verbalstamm* beachten, der oft nur aus einer einfachen Wurzel (vgl. § 60) besteht.

Beispiele: Der „thematisch" erweiterte Präsensstamm těg-e neben dem „sigmatisch" gebildeten Perfektstamm tēx und dem mit Suffix -tum gebildeten Supinstamm tēc-tu weist auf einen Verbalstamm těg; aus den Einzelstämmen laudā, laudāv, laudātu schließt man auf einen Verbalstamm laudā.

Wieder empfiehlt es sich, für die Einprägung den Begriff „*Stock*" heranzuziehen, wenigstens bei den Formen des Präsens- und des Supinstamms. Bei Präsensstämmen wie laudā und tege (s. o.) läßt sich z. B. in der Konjunktivform laudēs (-dent) und in der Indikativform tegis(-gunt) nur schwer der stammhafte erste Teil absondern, wohl aber der immer gleichbleibende *Präsensstock* laud-bzw. teg-, an den sich der (in der Regel mehrteilige, vgl. § 29,1) „Ausgang"-ēs bzw.-is anfügt. Andererseits ergeben sich aus den Supinstämmen laudātu, tēctu, vīsu bei Abtrennung des Ausgangs -u die *Supinstöcke* laudat-, tēct-, vīs-. Dem ist in den Tabellen der §§ 35—37 Rechnung getragen, während in den §§ 28—33 und 38—41 die geschichtliche Entstehung der Einzelformen von den Stämmen ausgeht.

2. Wir teilen die Verben ein in *regelmäßige Verben* und (wenige) *unregelmäßige Verben*. Die letzteren (s. §§ 54ff.) fallen äußerlich aus dem Rahmen der vier Konjugationen heraus, auf die wir die regelmäßigen zu verteilen pflegen, aber nur im Präsensstamm; im übrigen gilt auch für sie all das, was über Einteilung und Gestalt der Verbalformen zu sagen ist. Bei den regelmäßigen Verben lassen sich von denen mit Aktiv- und Passivformen die sog. *Deponentien* (s. § 48ff.) abtrennen, die in formaler Hinsicht keine Besonderheiten aufweisen.

I. Die regelmäßigen Verben

§ 28

1. Der Bestand an Verbalformen

1. Eine lateinische Verbalform gehört entweder zum Präsensstamm des Verbs oder zum Perfektstamm oder zum Supinstamm *.

> **laudāre** loben
> laudā-
> laudāv-
> laudātu-

Von dem **Präsensstamm** werden gebildet:

a) das Präsens (tempus praesēns) ⎱ Indikativ und
b) das Imperfekt (imperfectum) ⎰ Konjunktiv
c) das Futur I (futūrum) ⎱ im Aktiv und Passiv
d) der Imperativ I und II (modus imperātīvus)
e) der Infinitiv des Präsens (īnfīnītīvus praesentis) ⎰
f) das aktive Partizip des Präsens (participium praesentis āctīvī)
g) das (aktive) Gerundium (gerundium)
h) das (passive) Gerundivum (gerundīvum)

---

* Die Supina (vgl. § 121) sind erstarrte Substantiva nach der 4. Deklination, daher geht ihr Stamm auf ein kurzes -u aus (vgl. § 12). Zu der Bezeichnung *Part.-Perf.-Pass.-Stamm* vgl. § 31 Fußn.

Von dem (aktiven) **Perfektstamm** werden gebildet:

a) das Perfekt (perfectum)

b) das Plusquamperfekt (plūsquamperfectum) } Indikativ u. Konjunktiv

c) das Futur II

d) der Infinitiv des Perfekts (īnfīnītīvus perfectī āctīvī)

Von dem **Supinstamm** werden gebildet:

a) die beiden Supina (supīnum I und II)

b) das passive Partizip des Perfekts (participium perfectī passīvī)

c) die passiven Perfektformen, die aus der Verbindung des Perfektpartizips mit dem Hilfsverb **esse** ‚sein‘ (wie im Deutschen) entstehen: Perfekt, Plusquamperfekt, Futur II, Infinitiv

d) das aktive Partizip des Futur I (participium futūrī āctīvī)

e) der aktive Infinitiv des Futur I (īnfīnītīvus futūrī āctīvī), der aus der Verbindung des aktiven Partizips des Futur I mit **esse** entsteht; entsprechend andere Formen der sog. coniugātiō periphrastica āctīva

f) der passive Infinitiv des Futur I (īnfīnītīvus futūrī passīvī), der aus der Verbindung des Supinum I mit dem Infinitiv īrī entsteht.

2. Zur Unterscheidung von *finiten* und *nichtfiniten* Verbalformen (verbum fīnītum u. īnfīnītum) vgl. oben S. 8. Dem nichtfiniten Verb gehören im Lateinischen auch Supinum, Gerundium und Gerundivum an.

3. Von den aufgezählten lateinischen Verbalformen gehen die folgenden über den deutschen Formenbestand hinaus:

a) im *Aktiv*

das Partizip des Futur I   z. B. laudātūrus (a, um) ‚im Begriff zu loben‘

der Infinitiv des Futur I   laudātūrum (am, um) esse ‚künftig loben‘

das Gerundium   laudandī (um, ō) ‚des Lobens‘

das erste Supinum   laudātum ‚um zu loben‘

das zweite Supinum   laudātū ‚zu loben‘

b) im *Passiv*

der Infinitiv des Futur I   z. B. laudātum īrī ‚künftig gelobt werden‘

das Gerundivum   laudandus (a, um) ‚ein zu lobender‘

c) Außerdem hat der lateinische *Imperativ* mehr Formen als der deutsche, sowohl im Aktiv wie im Passiv (wo sie großenteils auf die Deponentien beschränkt sind); die mit -tō (-tor) gebildeten Formen werden als Imperativ II zusammengefaßt.

d) Die coniugātiō periphrastica āctīva ist eine „umschreibende Zusammensetzung“, welche u. a. die dem Futur fehlenden Formen ersetzt; z. B. steht cum laudātūrus sim „da ich im Begriff bin zu loben“ für ‚da ich loben werde‘.

Über die Bedeutung und Verwendung all dieser Formen wird in der *Satzlehre* gesprochen.

43

2. Die Bildung der Verbalformen

Vorausgeschickt sei, daß *nur in den Präsensstämmen* der Verben *verschieden „konjugiert"* (d. h. der Stamm mit Endungen bzw. Ausgängen zu einer Verbalform verbunden) wird, daß dagegen alle Perfekt- und Supinstämme dieselben Endungen bzw. Ausgänge haben (vgl. § 33, 2).

Die Formen des **Präsensstammes** bestehen jeweils nur aus einem einzigen Wort. Wir betrachten ihre Bildung an dem Beispiel des Musterverbs laudāre ,loben', zunächst die der finiten, dann die der nichtfiniten Formen.

1. Im ersten Teil einer **finiten**, zum Präsensstamm gehörigen **Verbalform** haben wir den Stamm, im letzten die Endung, z. B. laudā-s ,du lobst', laudā-ris ,du wirst gelobt'. Die **Endungen** des Präsensstammes lauten:

	1. Sing.	2. Sing.	3. Sing.	1. Plural	2. Plural	3. Plural
Aktiv	-ō oder -m	-s	-t	-mus	-tis	-nt
Passiv	-or oder -r	-ris (auch -re)	-tur	-mur	-minī	-ntur

Zwischen Stamm und Endung kann sich ein mittlerer Bestandteil schieben, um Tempus und Modus näher zu kennzeichnen. **Tempus-** und **Moduszeichen** sind

für den *Ind. des Imperfekts* -bā- (z. B. laudā-bā-s, laudā-bā-ris);

für das *Futur* ein -b-, vermehrt um einen kurzen „Bildevokal" zu -bĕ-, -bĭ-, -bŭ- (z. B. laudā-bi-s, laudā-be-ris, laudā-bu-nt);

für den *Konj. des Präsens* -ē-, das mit dem Stammauslaut verschmilzt (z. B. laudē-s, laudē-ris);

für den *Konj. des Imperfekts* -rē- (z. B. laudā-rē-s, laudā-rē-ris).

Der aktive *Imperativ I* fällt in der 2. Person des Singulars mit dem Stamm zusammen (laudā !) und hat im Plural die Endung -te (laudā-te !); die Endungen des passiven Imperativs und die des Imperativs II ersehe man aus den Tabellen der §§ 35 u. 36.

2. Von den **nichtfiniten Verbalformen**

hat der *Infinitiv* im Aktiv die Endung -re, im Passiv -rī (laudāre, laudārī);

sind das *Gerundium* und das *Gerundivum* mit dem Suffix (Anhängsel) -nd(o)- gebildet, vor dem der Stammauslaut gekürzt wird (laudăndī, laudăndus);

ist das *Partizip* des Präsens im Aktiv (im Passiv fehlt es!) mit dem Suffix -nt- gebildet, unter der gleichen Kürzung des auslautenden Stammvokals, außer (vgl. § 3 Fußn.) vor -ns im Nom. Sing. (laudāns, entstanden aus laudants, Gen. laudăntis usw.).

Über die von dem Schema laudāre abweichenden Tempus- und Moduszeichen der anderen Konjugationen s. § 33, 1.

Auch die Formen des **Perfektstammes** bestehen jeweils aus einem einzigen Wort. Die aktiven Endungen -ō od. -m, -s, -t, -mus, -tis, -nt (s. § 29) erscheinen dort wieder, aber in längeren Ausgängen, die, äußerlich gesehen, meist mit den Formen von esse (s. § 34) übereinstimmen (z. B. laudāv-erās du hattest gelobt). Besonders gebildet sind nur die Ausgänge des Ind. Perf. (Akt.):

laudāv- -ī, -istī, -it, -imus, -istis, -ērunt
(auch -ēre)

Die Einzelheiten ersehe man aus der Tabelle § 37; die Perfektstämme selbst lernt man in den Stammformenreihen der §§ 43 ff.

Was die Formen des **Supinstammes** betrifft, so sind die Supina selbst (vgl. § 28 §**31** Fußn.) mit **-tum** bzw. **-tū** gebildet, bisweilen — lautgesetzlich nach § 40 — mit **-sum** bzw. **-sū** (laudā-tum u. laudā-tū, daneben z. B. clausum u. clausū). Über die Verbindung des Supinum I mit dem Infinitiv īrī vgl. in der Satzlehre die §§ 116 u. 121. Mit dem Supinum I fällt formal zusammen *das passive Partizip des Perfekts* auf **-tus** bzw. **-sus,** das einem Adjektiv der o/a-Deklination gleichkommt (laudāt-us, a, um gelobt, daneben clausus, a, um geschlossen). Durch die Verbindung dieses Partizips mit den Formen des Hilfsverbs esse (s. § 34) werden — dem Deutschen entsprechend — die (zweiwortigen!) *passiven Perfektformen* gebildet, sowohl die finiten (z. B. laudātus es du bist gelobt worden) als auch der Infinitiv (laudātum, am, um esse gelobt worden sein; oder nur laudātum [Akk. des Mask.] esse, wenn beim Zitieren an keine bestimmte Person gedacht ist)*.

Zum Supinstamm gehört schließlich das (gleichfalls wie ein Adjektiv deklinierte) *aktive Partizip des Futurs*, gebildet mit **-tūrus** (laudāt-ūrus, a, um, daneben clausūrus, a, um). Durch seine Verbindung mit esse werden fehlende Formen des Futurs umschrieben (s. § 28, 3), vor allem ein *aktiver Infinitiv des Futurs* (laudāt-ūrum esse im Begriff sein zu loben od. künftig loben). Näheres steht in der Satzlehre (§§ 125, 116 u. 141).

3. Die vier Konjugationen §**32**

Bisher sind wir bei der Betrachtung der lateinischen Verbalformen von dem Musterverb laudāre ausgegangen und haben dessen Einzelstämme vorausgesetzt. Diese Einzelstämme hängen mit der Zugehörigkeit zu einer bestimmten Konjugation, d. h. Konjugations*klasse,* zusammen.

Nach dem Stammauslaut des (aktiven) Infinitivs (in welchem auch die alten Grammatiker die „Grundform" oder „Nennform" eines Verbs sahen) unterscheidet man **vier Konjugationen,** drei *langvokalische* und eine *konsonantische,* welcher einige *kurzvokalische* Stämme auf -ĭ- (des Typs capere/capiō) zugerechnet werden.**
Es gehören die Verben auf

-āre (wie laudā-re loben)	zur **ā**- oder **1.** Konjugation;
-ēre (wie dēlē-re vernichten)	zur **ē**- oder **2.** Konjugation;
-īre (wie audī-re hören)	zur **ī**- oder **4.** Konjugation;
-ĕre zur **3.** Konjugation, und zwar	

    die meisten (wie teg-ĕ-re bedecken) zur **konsonantischen** 3. Konjugation, weil ihr Stammauslaut (wie ·g-) ein Konsonant ist, hinter dem sich nur ein kurzer Bildevokal (vgl. §§ 29, 1 u. 33) eingeschoben hat,
    einige (wie capĕ-re nehmen) zur **kurzvokalischen** 3. od. ĭ-Konjugation, weil ihr Stammauslaut -ĕ- kein Bildevokal ist, sondern nur statt -ĭ- vor -r- erscheint (vgl. die Fußn. unten und die einzelnen Formen in den Tabellen §§ 35 u. 36).
Trennt man von diesen Ausgängen die eigentliche Endung -re (vgl. § 29,2) ab, so hat man in laudā-, dēlē-, audī-, legĕ-, capĭ- den jeweiligen Präsens*stamm.*
Trennt man den ganzen Ausgang ab, so bleibt in laud-, dēl-, aud-, leg-, cap- das übrig, was man als Präsens*stock* bezeichnen kann; vgl. § 33, 3.

---

* Nach dem Part. Perf. Pass. sagt man oft statt Supinstamm *PPP-Stamm.* Er müßte bei laudāre (gemäß dem Mask. laudātus) als laudā-tŏ angesetzt werden.
** Der Typ capere wird nur wegen seines Infinitivausgangs -ĕre zur 3. (konsonantischen) Konjugation gerechnet. Er lautete ursprünglich capĭre und steht daher eigentlich der langvokalischen ī-Konjugation (audīre) näher. — Zur (3.) konsonantischen Konjugation zählen auch einige *Verben auf -*ŭere** (wie statŭere, tribuere, struere, fluere). Manche von ihnen haben nur scheinbar einen (kurz-) *vokalischen* Stammauslaut -ŭ-, weil hinter diesem -ŭ- ursprünglich noch ein konsonantischer Laut stand (z. B. flu-ere aus fluv-ere, vgl. fluvius); die meisten sind alte Jot-Präsentien (z. B. statu-ō entstanden aus statŭ-jō).

1. In den §§ 35 u. 36 ist die *Präsensstamm*gruppe des Aktivs und des Passivs der vier Konjugationen zusammengestellt. In diesen beiden Übersichten ist noch folgendes zu beachten.

   a) Zu den Tempus- und Moduszeichen (vgl. § 29)

   α) Das Futur I wird nur in der 1. und 2. Konjugation mit -b- gebildet (wie laudābō auch dēlēbō). In der 4. und 3. Konjugation ist sein Tempuszeichen ein -ē- (zur Kürzung s. unten c), außer bei der 1. Pers. Sing., die ihr -a- dem Konjunktiv des Präsens entlehnt hat (z. B. audiēs, aber audiam u. tegam).

   β) Der Konjunktiv des Präsens wird nur in der 1. Konjugation mit -ē- gebildet. In den anderen Konjugationen ist sein (dem Stammauslaut angefügtes, oft gekürztes) Moduszeichen ein -ā- (dēleam, audiās, tegat).

   b) Zu den Bildevokalen -ĕ-, -ĭ-, -ŭ-

   α) Diese Bildevokale (auch „thematische" Vokale genannt) sind charakteristisch für die *konsonantische* Konjugation, wo sie zwischen den auf einen Konsonant endigenden Stamm und einen konsonantischen Ausgang treten (z. B. teg-i-s, teg-e-ris, teg-e-rēris, teg-u-nt, teg-i-to!, teg-e-ndus). Sie fehlen also nur vor den Ausgängen mit -o, -a, -e und bei dem Infinitiv des Passivs, der (abweichend von den anderen Konjugationen!) die Endung -ī hat. Die 2. Pers. Sing. des Imperativs I endigt auf den Bildevokal -ĕ (teg-e), der bei den Verben dīcere, dūcere, facere abfällt (dīc!, dūc!, fac!). Im Imperfekt erscheint als Bildevokal ein langes -ē- (z. B. teg-ē-bam), dessen Herkunft unklar ist.

   β) Sie finden sich aber auch in der *4. Konjugation*, jedoch nur vor einer Endung mit -n (z. B. audi-u-nt, audi-e-ndus) und im Imperfekt (als gedehntes -ē: audi-ē-bam); ebenso in der ĭ-Konjugation des Typs capiō. Über die Bildevokale in dem mit -b- gebildeten *Futur* der 1. und 2. Konjugation vgl. § 29.

   c) Zur Kürzung langer Stammvokale, Tempus- und Moduszeichen

   α) Nach der Regel Vōcālis ante vōcālem brevis est (vgl. § 3, Fußn.) wird in der 2. u. 4. Konjugation der lange Endvokal des Präsensstammes (-ē- bzw.-ī-) gekürzt, wenn der folgende Ausgang der Verbalform mit einem Vokal anfängt. Diese Kürzung ist vor allem dort zu beachten, wo sie für die Wortbetonung Bedeutung hat, also in der vorletzten Wortsilbe (vgl. § 3). Es heißt z. B. délĕ-o und aúdĭ-or, délĕ-am usw. und aúdĭ-ar usw., audī-ēbam usw.

   β) In den *Schlußsilben aller Konjugationsformen* werden die langen Vokale (sowohl die des Stammauslauts als auch die der Tempus- und Moduszeichen -bā-, -ē-, -ā-, -rē-) vor den Endkonsonanten außer vor -s gekürzt, in *vorletzter* Silbe auch vor -ntur. Es heißt also z. B. laudā-t (aber laudā-s; in vorletzter Silbe laudā-tis), dele-bă-m (aber dele-bā-s u. dele-bā-mus), laud-ĕ-r (aber laud-ē-ris) u. laud-ĕ-ntur (in vorletzter Silbe vor-ntur), audi-ă-m (aber audi-ā-s u. audi-ā-mus), tege-rĕ-t (aber tege-rĕ-s u. tege-rē-tur) u. tege-rĕ-ntur (in vorletzter Silbe vor -ntur).

2. In dem § 37 ist die Formengruppe des aktiven *Perfektstammes* und des — teils passive, teils aktive Formen bildenden — *Supinstammes* zusammengestellt. Da die Formen dieser beiden Stämme in allen Konjugationen gleichmäßig (mit denselben Endungen) gebildet werden, ist nur das Musterbeispiel laudāre durchkonjugiert. Für die anderen Konjugationen setzt man die entsprechenden Stämme ein, also statt laudāv- u. laudāt(u)- z. B. die der anderen Musterverben: dēlēv- u. dēlētu-, audīv- u. audītu-, tēx- u. tēctu-, cēp- u. captu-. Darüber s. § 38ff.

3. Die Formen der Präsensstammgruppe der vier Konjugationen präge man sich entweder *als ganze* ein und benutze sie dann als Muster für die Formenbestimmung (vom Lateinischen her) und die Formenbildung (vom Deutschen her) bei allen entsprechenden Verben. Eine andere Möglichkeit der Formen*bildung* ist die der *Zusammensetzung* aus den Bestandteilen. Da sich der Präsens*stamm* aber nicht immer scharf absondern läßt (vgl. Vorbemerkung vor § 28), empfiehlt es sich, die Verbalformen (gemäß dem Verfahren beim Deklinieren) aus dem Präsens**stock** und dem **Ausgang** zusammenzusetzen.

Der Präsensstock stellt das in allen Formen Gleichbleibende,
der Ausgang das Wechselnde dar.

Man findet den Präsensstock, indem man von der 1. Pers. Präs. Ind. Akt. -ō bzw. -eō bzw. -ō bzw. -iō oder vom Infinitiv den Ausgang -āre bzw. -ēre bzw. -ĕre bzw. -īre abstreicht; er heißt also bei den Musterverben laud-, dēl-, teg-, cap-, aud-.

Zu lernen braucht der Schüler bei diesem Verfahren nur die wechselnden Ausgänge der einzelnen Konjugationen; sie stehen in den Tabellen jeweils neben der Gesamtform. Da die eigentlichen Endungen (s. § 29) immer dieselben sind, lassen sich die Ausgangsreihen für das praktische Lernen noch verkürzen. Es genügt z. B., sich für das Aktiv der ē-Konjugation die Reihe:

```
eō ēs et ēmus ētis ent, ēbam, ēbo, eam, ērem,
ē ēte, ētō ētō ētōte entō, ēre endī, ēns entis
```

einzuprägen, für das Passiv der ī-Konjugation die Reihe:

```
ior īris ītur īmur īminī iuntur, iēbar, iar iēris,
iar iāris, īrer, īre īminī, ītor ītor iuntor, īrī, iendus
```

Für die (3.) ī-Konjugation (Typ **capere**), die, praktisch gesehen, aus Formen der (3.) konsonantischen und der (4.) ī-Konjugation gemischt ist, präge man sich die „vokalischen" Formen von **capere** als ganze ein — sie sind in der Tabelle fett gedruckt — und entnehme die Ausgänge für die übrigen (von dem Präsensstock **cap-** zu bildenden) Formen der (3.) konsonantischen Konjugation. Geht man von dem Verbalstamm **capĭ**- aus, so sieht man, daß dieser nur vor einem mit -r- beginnenden Ausgang als **capĕ**- erscheint (vgl. dazu § 42, 2).

Das Verb esse und seine Komposita   § 34

Das unregelmäßige Verb (s. die 2. Vorbemerkung vor § 28) **esse** muß hier vorweg behandelt werden, weil die meisten Formen des Supinstammes aller Verben aus Partizip + Formen von **esse** zusammengesetzt sind (vgl. §§ 28 u. 31).

Der eigentliche **Präsensstamm von esse** ‚sein' lautet **es-**.
Er erscheint vor einem Vokal als **er-**
(-s- zwischen Vokalen ist meist zu -r- geworden; vgl. iūs Recht und iūstus gerecht neben dem Genetiv iūr-is, § 10, 7 d),
in einigen Formen auch als bloßes **s-***, hinter dem im Präsens vor der Endung der kurze Bildevokal -u- eingeschoben ist.
Auffällig ist im Konjunktiv Präsens das Moduszeichen **-i-**.
Als **Perfektstamm** zu **esse** dient **fu-**.

---

* Vgl. dazu im Deutschen is-t neben s-ind und s-ei.

<table>
<tr><th colspan="2">Präsensstammgruppe</th><th colspan="2"></th><th colspan="2">Perfektstammgruppe</th><th colspan="2"></th></tr>
</table>

Präsensstammgruppe				Perfektstammgruppe			
Indikativ		**Konjunktiv**		**Indikativ**		**Konjunktiv**	
Präsens ich bin usw.	sum es(eig.ess) est sumus estis sunt	**Präsens** ich sei, oder: ich möge sein usw.	sim sīs sit sīmus sītis sint	**Perfekt** ich bin gewesen usw. (vgl. § 130, 3)	fuī fuistī fuit fúimus fuistis fuērunt	**Perfekt** ich sei gewesen, oder: ich möge gewesen sein usw.	fuerim fueris fuerit fuérimus fuéritis fúerint
Im-perfekt ich war usw. (vgl. § 130, 4)	eram erās erat erāmus erātis erant	**Im-perfekt** ich wäre, oder: ich würde sein usw.	essem essēs esset essēmus essētis essent	**Plus-quam-perfekt** ich war gewesen usw.	fueram fuerās fuerat fuerāmus fuerātis fúerant	**Plus-quam-perfekt** ich wäre gewesen, oder: ich würde ge-wesen sein usw.	fuissem fuissēs fuisset fuissēmus fuissētis fuissent
Futur I ich werde sein usw.	erō eris erit érimus éritis erunt			**Futur II** ich werde gewesen sein usw.	fuerō fueris fuerit fuérimus fuéritis fúerint		

Imperativ I	es	sei!
	este	seid!

Imperativ II	estō	du sollst sein!
	estō	er (sie, es) soll sein!
	estōte	ihr sollt sein!
	suntō	sie sollen sein!

Infinitiv Präs.	esse	sein

Infinitiv Perf.	fuisse	gewesen sein
Infinitiv Fut. *	futūrum, am, um esse	künftig sein

Die Komposita von esse

Die wichtigsten mit esse zusammengesetzten Verben sind:

abesse	**ab**sum	**ā**fuī	abwesend sein
adesse	**ad**sum	**ad**fuī oder **af**fuī	anwesend sein, helfen
deesse	**dē**sum	**dē**fuī	(weg sein) fehlen
interesse	**intér**sum	**intér**fuī	(dazwischen sein) teilnehmen
obesse	**ob**sum	**ob**fuī	(entgegen sein) schaden
praeesse	**prae**sum	**prae**fuī	(voran sein) vorstehen
prōdesse	**prō**sum	**prō**fuī	(förderlich sein) nützen
superesse	**supér**sum	**supér**fuī	übrig sein

* Für futūrum esse steht oft (das auch zu fu- gehörige) **fore**; für den Konj. Impf. essem erscheint bisweilen **forem**.

Diese Komposita gehen wie esse. Doch ist zu beachten:

1. abesse hat im Perfekt āfuī. adesse hat im Perfekt neben adfuī auch affuī
(ebenso sind im Präsensstamm Angleichungen vor -s möglich, wie assum = adsum).

2. Ein **Partizip des Präsens** ist noch erhalten in den Formen:
absēns, absentis abwesend; praesēns, praesentis anwesend (!), gegenwärtig.
Das Partizip des Futurs (vgl. den Infinitiv) heißt futūrus, a, um („im Begriff zu sein" =
bevorstehend, künftig).

3. **prōdesse** ‚nützen' behält die alte Form prōd-, wenn ein-e-folgt, sonst steht prō-.

Präsens	Ind.	prōsum, prōdes, prōdest, prōsumus, prōdestis, prōsunt
	Konj.	prōsim, prōsīs, prōsit, prōsīmus, prōsītis, prōsint
Imperf.	Ind.	prōderam, prōderās, prōderat, prōderāmus, prōderātis, prōderant
	Konj.	prōdessem, prōdessēs, prōdesset, prōdessēmus, prōdessētis, prōdessent
Futur I		prōderō, prōderis, prōderit, prōdérimus, prōdéritis, prōderunt
Imperativ		prōdes!, prōdeste!, prodestō!, prōdestōte!, prōsunto!
Infinitiv		prōdesse
Perfektstamm		prōfuī usw., prōfuerim usw.; prōfueram usw., profuissem usw.; prōfuerō usw., prōfuisse

4. **posse** ‚können' ist ebenfalls ein Kompositum von esse. Es wird gebildet mit
pote ‚mächtig, imstande'. Bei der Zusammenziehung mit den Formen von esse
wird pot-vor-s-zu pos-. Außerdem wird die Silbe es- im Infinitiv des Präsens —
und entsprechend im Konjunktiv des Imperfekts* — ausgestoßen.
Die Perfektformen entsprechen denen von monēre (s. unten § 38).

Präsens	Ind.	possum, potes, potest, póssumus, potestis, possunt
	Konj.	possim, possīs, possit, possīmus, possītis, possint
Imperf.	Ind.	poteram, poterās, poterat, poterāmus, poterātis, poterant
	Konj.	possem, possēs, posset, possēmus, possētis, possent
Futur I		poterō, poteris, poterit, potérimus, potéritis, poterunt
Infinitiv		posse
Perfektstamm		potuī usw., potuerim usw.; potueram usw., potuissem usw ; potuerō usw., potuisse

---

* Der Konjunktiv des Imperfekts wird *praktisch* so gebildet, daß man die § 29 aufgeführten En-
dungen an den Infinitiv hängt; ein innerer Zusammenhang aber besteht zwischen den beiden
Formen nicht.

1. od. ā-Konjugation   2. od. ē-Konjugation

Indikativ				
Präsens ich lobe, du lobst usw. (entspr. jeweils ich ver- nichte, höre, bedecke, nehme)	laudō (aus -āō, -aō) laudā-s lauda-t lauda-mus laudā-tis lauda-nt	ō ās at āmus ātis ant	dēle-ō dēlē-s dēle-t dēlē-mus dēlē-tis dēle-nt	eō ēs et ēmus ētis ent
Imperfekt ich lobte, du lobtest usw. (§ 130, 4)	laudā-ba-m laudā-bā-s laudā-ba-t laudā-bā-mus laudā-bā-tis laudā-ba-nt	ābam ābās ābat ābāmus ābātis ābant	dēlē-ba-m dēlē-bā-s dēlē-ba-t dēlē-bā-mus dēlē-bā-tis dēlē-ba-nt	ēbam ēbās ēbat ēbāmus ēbātis ēbant
Futur I ich werde loben, du wirst loben usw.	laudā-b-ō laudā-bi-s laudā-bi-t laudā́-bi-mus laudā́-bi-tis laudā-bu-nt	ābō ābis ābit ābimus ābitis ābunt	dēlē-b-ō dēlē-bi-s dēlē-bi-t dēlḗ-bi-mus dēlḗ-bi-tis dēlē-bu-nt	ēbō ēbis ēbit ēbimus ēbitis ēbunt

Konjunktiv				
Präsens ich lobe, du lobest oder: ich möge loben usw.	laude-m (aus -āēm) laudē-s laude-t laudē-mus laudē-tis laude-nt	em ēs et ēmus ētis ent	dēle-a-m dēle-ā-s dēle-a-t dēle-ā-mus dēle-ā-tis dēle-a-nt	eam eās eat eāmus eātis eant
Imperfekt ich lobte, du lobtest oder: ich würde loben usw.	laudā-re-m laudā-rē-s laudā-re-t laudā-rē-mus laudā-rē-tis laudā-re-nt	ārem ārēs āret ārēmus ārētis ārent	dēlē-re-m dēlē-rē-s dēlē-re-t dēlē-rē-mus dēlē-rē-tis dēlē-re-nt	ērem ērēs ēret ērēmus ērētis ērent

Imperativ I lobe!, lob(e)t!	2. Sg. laudā! 2. Pl. laudā-te!	ā āte	dēlē! dēlē-te!	ē ēte
Imperativ II du sollst, er soll, ihr sollt, sie sollen loben!	2. Sg. laudā-tō! 3. Sg. laudā-tō! 2. Pl. laudā-tōte! 3. Pl. lauda-ntō!	ātō ātō ātōte antō	dēlē-tō! dēlē-tō! dēlē-tōte! dēle-ntō!	ētō ētō ētōte entō
Infinitiv loben	laudā-re	āre	dēlē-re	ēre
Gerundium des Lobens usw.	lauda-ndī	andī	dēle-ndī	endī
Partizip lobend usw.	laudā-ns, Gen. lauda-ntis	āns, antis	dēlē-ns, Gen. dēle-ntis	ēns, entis

Konjugationen des Aktivs

4. od. ī-Konjugation		3. konsonant. Konjugation		3. ĭ-(kurzvokal.) Konjugation
Indikativ				
audi-ō	iō	teg-ō	ō	capi-ō
audī-s	īs	teg-i-s	is	capi-s
audi-t	it	teg-i-t	it	capi-t
audī-mus	īmus	tég-i-mus	imus	cápi-mus
audī-tis	ītis	tég-i-tis	itis	cápi-tis
audi-u-nt	iunt	teg-u-nt	unt	capi-u-nt
audi-ē-ba-m	iēbam	teg-ē-ba-m	ēbam	capi-ē-ba-m
audi-ē-bā-s	iēbās	teg-ē-bā-s	ēbās	capi-ē-bā-s
audi-ē-ba-t	iēbat	teg-ē-ba-t	ēbat	capi-ē-ba-t
audi-ē-bā-mus	iēbāmus	teg-ē-bā-mus	ēbāmus	capi-ē-bā-mus
audi-ē-bā-tis	iēbātis	teg-ē-bā-tis	ēbātis	capi-ē-bā-tis
audi-ē-ba-nt	iēbant	teg-ē-ba-nt	ēbant	capi-ē-ba-nt
audi-a-m	iam	teg-a-m	am	capi-a-m
audi-ē-s	iēs	teg-ē-s	ēs	capi-ē-s
audi-e-t	iet	teg-e-t	et	capi-e-t
audi-ē-mus	iēmus	teg-ē-mus	ēmus	capi-ē-mus
audi-ē-tis	iētis	teg-ē-tis	ētis	capi-ē-tis
audi-e-nt	ient	teg-e-nt	ent	capi-e-nt
Konjunktiv				
audi-a-m	iam	teg-a-m	am	capi-a-m
audi-ā-s	iās	teg-ā-s	ās	capi-ā-s
audi-a-t	iat	teg-a-t	at	capi-a-t
audi-ā-mus	iāmus	teg-ā-mus	āmus	capi-ā-mus
audi-ā-tis	iātis	teg-ā-tis	ātis	capi-ā-tis
audi-a-nt	iant	teg-a-nt	ant	capi-a-nt
audī-re-m	īrem	tég-e-re-m	erem	cápe-re-m
audī-rē-s	īrēs	teg-e-rē-s	erēs	cape-rē-s
audī-re-t	īret	teg-e-re-t	eret	cape-re-t
audī-rē-mus	īrēmus	teg-e-rē-mus	erēmus	cape-rē-mus
audī-rē-tis	īrētis	teg-e-rē-tis	erētis	cape-rē-tis
audī-re-nt	īrent	teg-e-re-nt	erent	cape-re-nt
audī!	ī	teg-e!	e	cape!
audī-te!	īte	tég-i-te!	ite	cápi-te!
audī-tō!	ītō	tég-i-tō!	itō	cápi-tō!
audī-tō!	ītō	tég-i-tō!	itō	cápi-tō!
audī-tōte!	ītōte	teg-i-tōte!	itōte	capi-tōte!
audi-u-ntō!	iuntō	teg-u-ntō!	untō	capi-u-ntō!
audī-re	īre	teg-ĕ-re	ere	capĕ-re
audi-e-ndī	iendī	teg-e-ndī	endī	capi-e-ndī
audi-ē-ns,	iēns,	teg-ē-ns,	ēns,	capi-ē-ns
Gen. audi-e-ntis	ientis	Gen. teg-e-ntis	entis	Gen. capi-e-ntis

	1. od. ā-Konjugation		2. od. ē-Konjugation	
Indikativ				
Präsens ich werde gelobt, du wirst gelobt usw. (entspr. jeweils vernichtet, gehört, bedeckt, genommen)	laudor laudā-ris laudā-tur laudā-mur laudā-minī lauda-ntur	or āris ātur āmur āminī antur	dḗle-or dēlḗ-ris dēlḗ-tur dēlḗ-mur dēlē-minī dēlē-ntur	eor ēris ētur ēmur ēminī entur
Imperfekt ich wurde gelobt, du wurdest gelobt usw. (§ 130, 4)	laudā-ba-r laudā-bā-ris laudā-bā-tur laudā-bā-mur laudā-bā-minī laudā-ba-ntur	ābar ābāris ābātur ābāmur ābāminī ābantur	dēlē-ba-r dēlē-bā-ris dēlē-bā-tur dēlē-bā-mur dēlē-bā-minī dēlē-ban-tur	ēbar ēbāris ēbātur ēbāmur ēbāminī ēbantur
Futur I ich werde gelobt werden, du wirst gelobt werden usw.	laudā-b-or laudā́-be-ris laudā́-bi-tur laudā́-bi-mur laudā-bi-minī laudā-bu-ntur	ābor āberis ābitur ābimur ābiminī ābuntur	dēlē-b-or dēlḗ-be-ris dēlḗ-bi-tur dēlḗ-bi-mur dēlē-bi-minī dēlē-bu-ntur	ēbor ēberis ēbitur ēbimur ēbiminī ēbuntur
Konjunktiv				
Präsens ich werde gelobt, du werdest gelobt oder: ich möge gelobt werden usw.	laude-r laudē-ris laudē-tur laudē-mur laudē-minī laude-ntur	er ēris ētur ēmur ēminī entur	dēle-a-r dēle-ā-ris dēle-ā-tur dēle-ā-mur dēle-ā-minī dēle-a-ntur	ear eāris eātur eāmur eāminī eantur
Imperfekt ich würde gelobt (werden), du würdest gelobt (werden) usw.	laudā-re-r laudā-rē-ris laudā-rē-tur laudā-rē-mur laudā-rē-minī laudā-re-ntur	ārer ārēris ārētur ārēmur ārēminī ārentur	dēlē-re-r dēlē-rē-ris dēlē-rē-tur dēlē-rē-mur dēlē-rē-minī dēlē-re-ntur	ērer ērēris ērētur ērēmur ērēminī ērentur
Imperativ I werde, werdet gelobt! (§ 28, 3c)	laudā-re! laudā-minī!	āre āminī	dēlē-re! dēlē-minī!	ēre ēminī
Imperativ II du sollst, er soll, sie sollen gelobt werden!	2.Sg. laudā-tor! 3.Sg. laudā-tor! 3.Pl. lauda-ntor!	ātor ātor antor	dēlē-tor! dēlē-tor! dēle-ntor!	ētor ētor entor
Infinitiv gelobt werden	laudā-rī	ārī	dēlē-rī	ērī
Gerundivum ein zu lobender usw.	lauda-ndus	andus	dēle-ndus	endus

des Passivs

4. od. ī-Konjugation		3. konsonant. Konjugation		3. ĭ-(kurzvokal.) Konjugation

Indikativ

audi-or	ior	teg-or	or	capi-or
audī-ris	īris	tég-e-ris	eris	cápe-ris
audī-tur	ītur	tég-i-tur	itur	cápi-tur
audī-mur	īmur	tég-i-mur	imur	cápi-mur
audī-minī	īminī	teg-i-minī	iminī	capi-minī
audi-u-ntur	iuntur	teg-u-ntur	untur	capi-u-ntur
audi-ē-ba-r	iēbar	teg-ē-ba-r	ēbar	capi-ē-ba-r
audi-ē-bā-ris	iēbāris	teg-ē-bā-ris	ēbāris	capi-ē-bā-ris
audi-ē-bā-tur	iēbātur	teg-ē-bā-tur	ēbātur	capi-ē-bā-tur
audi-ē-bā-mur	iēbāmur	teg-ē-bā-mur	ēbāmur	capi-ē-bā-mur
audi-ē-bā-minī	iēbāminī	teg-ē-bā-minī	ēbāminī	capi-ē-bā-minī
audi-ē-ba-ntur	iēbantur	teg-ē-ba-ntur	ēbantur	capi-ē-ba-ntur
audi-a-r	iar	teg-a-r	ar	capi-a-r
audi-ē-ris	iēris	teg-ē-ris	ēris	capi-ē-ris
audi-ē-tur	iētur	teg-ē-tur	ētur	capi-ē-tur
audi-ē-mur	iēmur	teg-ē-mur	ēmur	capi-ē-mur
audi-ē-minī	iēminī	teg-ē-minī	ēminī	capi-ē-minī
audi-e-ntur	ientur	teg-e-ntur	entur	capi-e-ntur

Konjunktiv

audi-a-r	iar	teg-a-r	ar	capi-a-r
audi-ā-ris	iāris	teg-ā-ris	āris	capi-ā-ris
audi-ā-tur	iātur	teg-ā-tur	ātur	capi-ā-tur
audi-ā-mur	iāmur	teg-ā-mur	āmur	capi-ā-mur
audi-ā-minī	iāminī	teg-ā-minī	āminī	capi-ā-minī
audi-a-ntur	iantur	teg-a-ntur	antur	capi-a-ntur
audī-re-r	īrer	tég-e-re-r	erer	cápe-re-r
audī-rē-ris	īrēris	teg-e-rē-ris	erēris	cape-rē-ris
audī-rē-tur	īrētur	teg-e-rē-tur	erētur	cape-rē-tur
audī-rē-mur	īrēmur	teg-e-rē-mur	erēmur	cape-rē-mur
audī-rē-minī	īrēminī	teg-e-rē-minī	erēminī	cape-rē-minī
audī-re-ntur	īrentur	teg-e-re-ntur	erentur	cape-re-ntur

audī-re!	īre	teg-e-re!	ere	cape-re!
audī-minī!	īminī	teg-i-minī!	iminī	capi-minī!
audī-tor!	itor	tég-i-tor!	itor	cápi-tor!
audī-tor!	itor	tég-i-tor!	itor	cápi-tor!
audi-u-ntor!	iuntor	teg-u-ntor!	untor	capi-u-ntor!
audī-rī	īrī	teg-ī	ī	cap-ī
audi-e-ndus	iendus	teg-e-ndus	endus	capi-e-ndus

Perfekt- und Supinstammgruppe
(Muster laudāre)

a) Perfektformen des Aktivs **b) Perfektformen des Passivs**

Indikativ		Indikativ		
Perfekt ich habe gelobt, du hast gelobt usw. (§ 130, 3)	laudāv-ī laudāv-istī laudāv-it laudāv-imus laudāv-istis laudāv-ērunt	**Perfekt** ich bin gelobt worden, du bist gelobt worden usw. (§ 130, 3)	laudāt-us, a, um laudāt-ī, ae, a	{ sum es est { sumus estis sunt
Plusquam-perfekt ich hatte gelobt, du hattest gelobt usw.	laudāv-eram laudāv-erās laudāv-erat laudāv-erāmus laudāv-erātis laudāv-erant	**Plusquam-perfekt** ich war gelobt worden, du warst gelobt worden usw.	laudāt-us, a, um laudāt-ī, ae, a	{ eram erās erat { erāmus erātis erant
Futur II ich werde gel. haben du wirst gel. haben usw.	laudāv-erō laudāv-eris laudāv-erit laudāv-erimus laudāv-eritis laudāv-erint	**Futur II** ich werde gelobt worden sein, du wirst gelobt worden sein usw.	laudāt-us, a, um laudāt-ī, ae, a	{ erō eris erit { erimus eritis erunt
Konjunktiv		**Konjunktiv**		
Perfekt ich habe gelobt, du habest gelobt od. ich möge gel. haben usw.	laudāv-erim laudāv-eris laudāv-erit laudāv-erimus laudāv-eritis laudāv-erint	**Perfekt** ich sei gelobt worden, du seist gelobt worden oder: ich möge gelobt worden sein usw.	laudāt-us, a, um laudāt-ī, ae, a	{ sim sīs sit { sīmus sītis sint
Plusquam-perfekt ich hätte gelobt, du hättest gelobt usw.	laudāv-issem laudāv-issēs laudāv-isset laudāv-issēmus laudāv-issētis laudāv-issent	**Plusquam-perfekt** ich wäre gelobt worden, du wärest gelobt worden usw.	laudāt-us, a, um laudāt-ī, ae, a	{ essem essēs esset { essēmu essētis essent
Infinitiv gelobt haben	laudāv-isse	**Infinitiv** gelobt worden sein	laudāt-um, am, um esse	
Partizip	—	**Partizip** gelobt	laudāt-us, a, um	

c) Formen des Supinstammes mit aktivischer Bedeutung

Supinum I um zu loben	laudāt-**um**	**Supinum II** „zu loben"	laudāt-**ū**
Infinitiv **des Futur I** „künftig loben"	laudāt-**ūrum (am,um)esse**	**Partizip** **des Futur I** „im Begriff zu loben"	laudāt-**ūrus (a, um)**

Die 6 lateinischen Infinitive s. auch Syntax § 116.

4. Die Gestalt der Einzelstämme $\S\,38$

Präsens-, Perfekt- und Supinstamm eines Verbs werden festgehalten in den **Stammformenreihen.** Sie bestehen aus Inf. Präs. Akt., 1. Pers. Sing. Perf. Akt. und Supinum I; bei den Verben des Typs **capere** muß man noch, um sie von der konsonantischen 3. Konjugation abzuheben, die 1. Pers. Sing. Präs. Akt. hinzu-fügen. (Zur Erleichterung der Aussprache kann man diesen Zusatz bei *allen* Konjugationen machen.) Die Stammformenreihen der bisher betrachteten Musterverben lauten also:

laudāre	laudō	**laudāvī**	**laudātum**
dēlēre	dēleō	**dēlēvī**	**dēlētum**
audīre	audiō	**audīvī**	**audītum**
. . . .	. . . . .	. . . . .	. . . .
tegere	tegō	**tēxī**	**tēctum**
capere	capiō	**cēpī**	**captum**

Die drei ersten Reihen fallen durch ihre Gleichmäßigkeit (Perf. auf -vī, Supinum auf -tum) auf. Nach dem Muster von **laudāre** gehen die meisten Verben der 1. (ā-), nach dem von **audīre** die meisten der 4. (ī-) Konjugation. Das Schema von **dēlēre** ist dagegen auf wenige Verben beschränkt (Merke: „Wie **dēlēre** nur **flēre**, -**plēre**"). Die meisten Verben der 2. (ē-) Konjugation bilden das Perfekt auf -**uī** (wohl entstanden aus -evī mit kurzem -e-, das bei Betonung der ersten Wortsilbe ausfiel) und haben im Supinstamm ein kurzes -i (vgl. § 40); wir können uns als Musterverb merken:

monēre moneō **mónuī mónitum** (mahnen)

Ganz anders sind die Stämme bei **tegere** und **capere** gestaltet, die wir für die 3. Konjugation zu Musterverben genommen haben. Hier finden wir zwei neue Perfektbildungen: ein Perfekt auf-**sī** (**tēxī** aus teg-sī) und ein Perfekt mit Dehnung (**cap**- gedehnt zu **cēp**-; Ablaut). Über das lange -ē- des Supinums **tēctum** vgl. § 3 Fußn. und § 46, 102.

Perfekta auf-**sī** und mit Dehnung gibt es auch in den anderen Konjugationen, also Abweichungen von der Norm unserer Musterverben (vgl. die Verzeichnisse der §§ 43 ff.), darüber hinaus noch weitere Bildungstypen der Einzelstämme, vor allem in der mannigfaltigen 3. Konjugation. Wir stellen sie im folgenden zusammen.

§ 39 Innerhalb der einzelnen Konjugationen gliedert man die Verben nach der **Bildung des Perfektstammes.** Es finden sich dort folgende Bildungsweisen:

1. *Das Perfekt auf* **-vī**

   Außer bei den Musterverben der vokalischen Konjugationen (laudā-vī, dēlē-vī, audī-vī) und ihren zahlreichen Entsprechungen tritt es in der 3. Konjugation auf (z. B. sī-vī zu si-n-ere lassen, nō-vī zu nō-sc-ere kennenlernen); auch nach einer Stammerweiterung (wie bei pet-ī-vī zu petere erstreben und cup-ī-vī zu cupere (cupiō) begehren).

   Zu beachten sind bei diesem vī-Perfekt *Formen ohne* v, weil nämlich das -vī vor folgendem -s-, das -ve vor folgendem -r- und das -v allein (in -īvī-Verben) vor folgendem -e- häufig ausfällt, z.B. laudā-stī = laudāvistī, dēlē-ssem = dēlēvissem, nō-sse = nōvisse; laudā-runt = laudāvērunt, dēlē-ram = dēlēveram; audi-erās = audīverās, peti-erō = petīverō (bisweilen auch noch audi-ī = audīvī, peti-ī = petīvī, petīsset = petīvisset).

2. *Das Perfekt auf* **-uī,**

   entstanden aus -vī nach kurzem Vokal (vgl. § 38) oder Konsonant.

   Außer bei den meisten Verben der ē-Konjugation (mon-uī zu monēre, cēns-uī zu cēnsēre schätzen) tritt es auch in den anderen Konjugationen auf, z. B. cub-uī zu cubāre liegen, sal-uī zu salīre springen, col-uī zu colere pflegen, rap-uī zu rapere (rapiō) rauben.

3. *Das Perfekt auf* **-sī**

   Es tritt in allen Konjugationen außer in der 1. auf; vor allem aber finden wir es bei den meisten Verben der 3. Konjugation.

   Bei der Anhängung des (stimmlosen, „scharfen") -s- an den konsonantischen Stammauslaut ergeben sich lautliche Veränderungen, da der vorangehende Verschlußlaut stimmlos („hart") sein muß (tēxī [= tecsī] zu tegere, auxī zu augēre vermehren; scrīp-sī zu scrībere schreiben) und da Dental (Zahnlaut) + s zu -ss- wird (z. B.quassī zu quatere schütteln), hinter langem Vokal und Diphthong weiterhin zu einfachem -s- (z. B. suāsī zu suādēre raten, clausī zu claudere schließen);

   ferner entsteht hinter dem Nasal (Nasenlaut) -m der „Übergangslaut" -p- (z. B. contem-p-sī zu contem-n-ere verachten).

   In einer Gruppe von drei Konsonanten fällt ein mittlerer Guttural (Gaumenlaut) aus, z. B. sparsī (statt spargsī) zu spargere ausstreuen.

4. *Das Perfekt mit* **Dehnung des Stammvokals**

   Es kommt in allen Konjugationen vor. Die Dehnung beruht in den selteneren Fällen (bei Verben auf -vāre und -vēre) auf einer *Kontraktion* (Zusammenziehung) zweier Vokale nach Ausfall eines zwischen ihnen stehenden -v- (z. B. bei iūvī zu iuvāre unterstützen, wo wahrscheinlich ein vī-Perfekt iuvāvī zugrunde lag; ähnlich bei mōvī zu movēre bewegen u. a.).

   Meist aber handelt es sich bei der Längung um eine „quantitative" *Ablaut*-Erscheinung (z. B. lēgī zu legere lesen, fōdī zu fodere graben; ähnlich auch vīdī zu vidēre sehen und fūgī zu fugere fliehen), die sich mit einem „qualitativen" Ablaut (Vokal*änderung*) verbinden kann (z. B. frēgī zu fra-n-gere, cēpī zu capere).

5. *Das Perfekt mit* **Reduplikation** („Verdoppelung"),

   d. h. mit Vorsetzung einer Silbe, die aus dem Anfangskonsonanten + e besteht (an dessen Stelle bisweilen infolge von Angleichung an den Stammvokal o oder u tritt). Auch dieses Perfekt kommt in allen Konjugationen vor, z. B. stetī (aus ste-st-ī) zu stāre stehen, momordī zu mordēre beißen, tetendī zu tendere spannen, cucurrī zu currere laufen.

   Zu beachten ist dabei die „Vokalschwächung" (vgl. § 42, 2) in der Stammsilbe (z. B. ce-cin-ī zu can-ere singen, fe-fell-ī zu fall-ere täuschen, pe-per-ī zu par-ere gebären).

   Komposita verlieren in der Regel die Reduplikation (z. B. con-tendī zu con-tendere anspannen). Infolge von „Synkope" (Ausdrängung eines unbetonten kurzen Vokals zwischen Konsonanten; vgl. § 42 Fußn.) zeigen einige Komposita nur noch Reste der alten Reduplikation (z. B. re-c-cidī, Simplex ce-cidī zu cadere fallen; re-p-perī zu reperīre finden, das zu parere gehört).

   Einige Perfekta sind aus nichtreduplizierten Komposita verselbständigt und nicht mehr als alte Reduplikationsformen zu erkennen (z. B. scidī zu scindere zerreißen).

6. *Das Perfekt* **ohne** (erkennbare) **Stammveränderung**

   Es kommt nur in der 3. Konjugation vor (z. B. scandī zu scandere steigen, vertī zu vertere wenden), besonders bei den Verben auf -uere u. -vere (z. B. statuī zu statuere festsetzen, volvī zu volvere wälzen). Eigentlich handelt es sich dabei um verdunkelte andere Bildungstypen (reduplizierte od. -vī-Perfekta).

Die **Bildung des Supinstammes** geschieht in der Regel durch Anfügung von §40
-tu- (vgl. die Supina I laudā-tum, dēlē-tum, audī-tum, cap-tum).

Vor -tum erscheint oft ein kurzes -i- (moni-tum zu monēre, domi-tum zu domāre, geni-tum zu gi-gn-ere u. a.) als Ablaut zu den verschiedenen Endvokalen des Verbalstammes, besonders bei den Verben, die das Perf. Akt. auf -uī bilden. Dieses -ī- kann durch „Synkope" (vgl. § 39,5 u. 42, Fußn.) ausfallen: z. B. doctum (aus docĭtum) zu docēre lehren, cautum (aus cavĭtum) zu cavēre sich hüten; lautum (aus lavĭtum) zu lavāre waschen; mōtum (aus movĭtum) zu movēre bewegen.

Besonders in der 3. (konsonantischen) Konjugation ergeben sich beim Antritt von -tum Lautveränderungen (ähnlich wie beim Perfekt auf -sī): die Verschlußlaute -g- und -b- werden vor dem -t- zu -c- und -p- (z. B. tēctum zu tegere, scrīptum zu scrībere; auctum zu augēre), und Dental + t wird zu -ss- (z. B. quassum zu quatere, sessum zu sedēre), das wieder vereinfacht werden kann (versum zu vertere, clausum zu claudere, cāsum zu cadere u. a.). Das so entstandene Suffix -sum wurde dann „analogisch" auch auf nichtdentale Stämme übertragen, z. B. cursum zu currere laufen, mānsum zu manēre bleiben, pulsum zu pellere stoßen, fīxum (= fīg-sum) zu figere heften, auch sparsum zu spargere (zum Ausfall des Gutturals -g- in der Konsonantengruppe -rgs- vgl. 39, 3).

Wie beim Perf. Akt. vor -s-, so entsteht auch vor -t- der Übergangslaut -p-, wenn ein -m den Stammauslaut bildet; z. B. contem-p-tum zu contem-n-ere.

In der **Bildung des Präsensstammes** finden wir vor allem* bei der 3. (konso- §41 nantischen) Konjugation eine Anzahl Besonderheiten gegenüber den beiden anderen Einzelstämmen:

1. Erweiterung durch einen **Nasal** (n oder m)

Dieser ist entweder eingeschoben (sog. „Nasalinfix") oder angehängt (sog. „Nasalsuffix").

Beispiele: vi-n-cere (aber vīcī, victum) besiegen, fu-n-dere (aber fūdī, fūsum) ausgießen, ta-n-gere (aber tetigī, tāctum) berühren, ru-m-pere (aber rūpī, ruptum) zerbrechen; si-n-ere (aber sīvī, situm) lassen, contem-n-ere (aber contempsī, contemptum) verachten.
Bisweilen wird er in den Perfektstamm übertragen, z. B. fi-n-gere und fī-n-xī (aber fictum) bilden; manchmal auch noch in den Supinstamm, z. B. iu-n-gere, iū-n-xī, iū-n-ctum verbinden (Stamm iug-, vgl. iugum Joch und coniux, coniugis Gatte; auch „Konjugation").

2. Erweiterung zu -ll-,

z. B. bei pel-l-ere (aber pe-pul-ī, pulsum) stoßen, wohl aus pel-n-ere entstanden, und bei tol-l-ere (aber -tul-ī; auch tol-erāre), wohl aus tol-n-ere entstanden; bei per-cellere (aber -cul-ī, -culsum) geht -ll- wohl auf -ld- zurück.

3. Erweiterung durch ein -t-,

z. B. bei flec-t-ere (flexī, flexum) biegen, nectere (nexuī, nexum) knüpfen.

4. Erweiterung durch -sc-,

z. B. nō-sc-ere (nō-vī, nō-tum) kennenlernen, crē-sc-ere (crēvī, crē-tum) wachsen. Ein Teil dieser sc-Verben hat „inkohativen" (incohāre = anfangen) Sinn, d. h. sie drücken den allmählichen Eintritt in einen Vorgang oder Zustand aus. *Verba incohātīva* werden mit -sc- auch zu anderen Verben oder Nomina gebildet, z. B. convalēscere (convaluī, –) erstarken, zu valēre stark sein; revīvīscere (revīxī, revīctum) wieder aufleben, zu vīvere leben; coalēscere (coaluī, –) zusammenwachsen und (mit Ablaut) adolēscere (adolēvī, adultum) heranwachsen, zu alere ernähren; concupīscere (-cupīvī, -cupītum) von starker Begierde ergriffen werden, zu cupere begehren; mātūrēscere (mātūruī, –) reif werden, zu mātūrus reif; ērubēscere (ērubuī, –) erröten, zu ruber rot.

5. Bildung durch Präsens-**Reduplikation,**

d. h. durch Vorsetzung des Anfangskonsonanten + i. Beispiele: gi-gn-ere (gen-uī, gen-itum) erzeugen, sīdere (aus si-sd-ere; sēd-ī, sessum aus sed-tum) sich setzen, sistere (aus si-st-ere) stellen; dabei erscheint der Stamm (gen; sed; sta-) in der verkürzten „Schwundstufe" (vgl. s- neben es- bei esse § 34).

---

* Auf die (in der lebendigen Sprache nicht mehr erkennbare) Bildung des Präsensstammes bei den *vokalischen* Konjugationen näher einzugehen, würde über den Rahmen einer Schulgrammatik hinausführen. Vgl. den Hinweis auf Jot-Präsentien in § 32 Fußn.

57

5. Die Bildung der verbalen Komposita

1. Zusammengesetzte Verben sind in der lateinischen Prosa sehr beliebt. Ihr erster Bestandteil ist

entweder eine *gewöhnliche* (sonst bei einem Kasus stehende) *Präposition;* diese kann aber als „Präverb" eine besondere Bedeutung haben, und sie kann ihre Form ändern, indem sie sich dem Anlaut des folgenden Simplex angleicht (*assimiliert*); oder eine *nur in der Zusammensetzung erscheinende Vorsilbe* wie dis-, re-, sē- u. a.

2. Über das Wegfallen der Reduplikation im Kompositum vgl. oben § 39, 5. Vor allem aber treten bei der Zusammensetzung im Stammvokal des Simplex diejenigen Veränderungen ein, die wir als **Vokalschwächung** bezeichnen*. Die Grundregel dieser Erscheinung (die wir bereits bei den Nomina beobachtet haben; vgl. § 10, 7) heißt:

Kurze Vokale in nichtersten Silben werden abgeändert (geschwächt) *vor einfachem Konsonant* (in offener, d.h. vokalisch auslautender Silbe) *in kurzes* -i- (z. B. căpere/excĭpere), *vor mehreren Konsonanten* (in geschlossener, d.h. konsonantisch auslautender Silbe) *und vor* -r- *in kurzes* -e- (z. B. cărpere/excĕrpere, dăre/ēdĕre).

Unter das Gesetz der Vokalschwächung fallen auch die (an sich langen!) Diphthonge au und ae, deren zweiter Bestandteil konsonantische Geltung bekommen konnte; hier sind die Übergänge schwieriger zu erkennen, z.B. bei claudere (clavdere)/exclūdere (-clevdere), caedere/occīdere. — Auch Schwächungen zu kurzem -u- kommen vor, z. B. saltāre/exsultāre, altus/adultus.

Die folgende Tabelle (in welche auch Deponentien und unregelmäßige Verben aufgenommen sind) veranschaulicht die verbale Komposition nach Form und Bedeutung. (Die *nominale* Komposition ist in § 64 behandelt.)

Präverb	Bedeutung	Beispiele
1. **ab-, abs-, ā-**	weg-, fort-, ab-; völlig, miß-	ab-esse abwesend sein, ab-icere fortwerfen, ab-dere (weg-tun =) verbergen, ab-sūmere aufbrauchen u. wegraffen, ab-ūtī aufbrauchen u. mißbrauchen; abs-trahere wegschleppen, abs-cēdere fortgehen; as-portāre forttragen; ā-vertere abwenden, ā-movēre entfernen.
2. **ad-**	heran-, hinzu-, herbei-; dabei-; zu-, an-	ad-esse dabei sein, ad-dūcere heranführen; ac-cēdere herankommen, ac-quīrere (dazu)erwerben, af-ficere antun, ag-gredī (herangehen =) angreifen, al-ligāre anbinden, ap-portāre herbeitragen, ar-ripere an sich reißen, as-(u. ad-)sidēre dabei sitzen, at-tribuere zuteilen; a-scendere hinaufsteigen.
3. **ante-**	vor-, voran-, voraus-	ante-ferre vorantragen, ante-pōnere vorziehen, ante-cēdere vorausgehen.
4. **circum-**	herum-, um-	circum-mittere herumschicken, circum-sistere umstellen.
5. **com-** (vgl. cum)	a) zusammen-; b) völlig (verstärkend)	com-pōnere zusammensetzen; con-venīre zusammenkommen, col-lābī zusammensinken, cor-ruere zusammenstürzen, co-ercēre zusammenhalten, einschränken; com-plēre anfüllen, cōn-ficere fertigmachen, cōn-sequī einholen, erreichen.

---

* Die Vokalschwächung hängt mit der altlateinischen (vorliterarischen) *Wortbetonung* zusammen: Ursprünglich wurden alle lateinischen Wörter (ohne Rücksicht auf ihre Länge und auf die Quantität der Silben) mit verstärkter Stimme („Intensitätsakzent") auf der *ersten* Silbe betont; dies führte zu einem undeutlicheren Aussprechen der folgenden Silbe und ihres Vokals, konnte sogar einen Schwund dieses Vokals bewirken (sog. Synkope [„Zusammenschlagen"]; Beispiele: valĭdus/valdē; reccidī § 39,5; doctum § 40).

Präverb	Bedeutung	Beispiele
6. **dē-**	a) herab-, hinab-, weg-; b) völlig (verstärkend)	dē-silīre hinabspringen, dē-spicere herabsehen (auf = verachten), dē-cēdere weggehen, dē-spērāre die Hoffnung aufgeben, dē-ferre auch (von einem Ort weg zu einem anderen) *hin*tragen; dē-vincere völlig besiegen, dē-mōnstrāre genau zeigen, darlegen; dēgere (agere) verbringen, dēmere (emere) wegnehmen.
7. **(ec-), ex-, ē-**	a) heraus-, aus-; b) völlig (verstärkend)	**ef**-fundere (aus ec-) ausgießen, ef-fugere *ent*fliehen; ex-īre herausgehen, ex-trahere herausziehen, ex-pōnere aus(einander)setzen, ex-clāmāre ausrufen, ex(s)istere heraustreten (= entstehen); ē-dūcere herausführen, ē-bibere austrinken, ē-gredī herausgehen, ē-migrāre auswandern, ē-ripere entreißen, ē-icere herauswerfen, ē-volāre enteilen; ex-acerbāre völlig erbittern, ex-pūgnāre *er*obern, ex-haurīre *er*schöpfen.
8. **in-**	hinein-, ein-, auf-; darin, darauf	in-esse darin sein, īn-ferre hineintragen, in-cumbere sich darauflegen (in-cubāre darauf liegen); **il**-licere anlocken, **im**-plēre anfüllen, im-portāre einführen, **ir**-rumpere einbrechen, ir-rīdēre *ver*lachen.
9. **inter-**	dazwischen-, unter-	inter-esse dazwischen sein (teilnehmen, unterschieden sein, von Bedeutung sein); inter-venīre dazwischenkommen, **intel**-legere (dazwischen wählen, geistig =) einsehen, inter-dīcere untersagen; inter-īre untergehen.
10. **ob-, o(b) s-, o-**	entgegen-, dagegen-	ob-esse (entgegensein =) schaden, ob-sidēre (dagegensitzen =) belagern; os-tendere (entgegenstrecken =) zeigen; **oc**-currere entgegenlaufen, **of**-fendere *an*stoßen, **op**-pūgnāre *be*stürmen; o-mittere fahren lassen, unterlassen.
11. **per-**	a) hindurch-, durch-; b) (bis zum Ziel) hin-; c) völlig (verstärkend); d) ver- (verschlechternd)	per-currere durcheilen, per-spicere durchschauen; per-venīre hingelangen; per-turbāre völlig verwirren, per-ficere vollenden, per-suādēre (mit Erfolg raten =) überreden u. überzeugen; per-vertere verderben, per-dere zugrunde richten u. verlieren, per-īre zugrunde gehen; **pel**-licere (zum Schlechten)verlocken.
12. **post-**	hintan-	post-habēre u. post-pōnere hintansetzen.
13. **prae-**	voran-, voraus-, vorher	prae-esse (voran sein =) vorstehen, prae-stāre (voranstehen =) übertreffen, prae-ficere an die Spitze stellen, prae-mittere vorausschicken, prae-dīcere vorher sagen (auch: prophezeien u. anordnen).
14. **praeter-**	vorüber-	praeter-īre vorübergehen (auch: vergehen, übergehen u. übertreffen), praeter-mittere vorübergehen lassen (auch: unterlassen, übersehen).
15. **prōd-, prō-** u. **prŏ-**	a) vor (wärts)-, hervor-; b) fort-, weg-	prōd-īre hervorkommen u. vorrücken, prō-gredī u. prō-cēdere vorrücken, prō-icere vorwerfen u. fortwerfen; prōd-esse (förderlich sein =) nützen; prō-hibēre *fern*halten, prō-fugere *ent*fliehen, prō-ficīscī (anfangen sich fortzumachen =) aufbrechen.

59

*Präverb	Bedeutung	Beispiele
16. **sub-,** **su(b)s-,** **su-**	unter-, darunter-; von unten empor-; heimlich; ein wenig	sub-igere u. sub-icere unterwerfen, **suc**-cumbere unterliegen, **suf**-fodere untergraben (auch: von unten durchbohren), **sug**-gerere zuführen, **sum**-movere entfernen, **sup**-primere unterdrücken, **sur**-ripere (heimlich) entwenden; sus-tinēre emporhalten, aushalten; su-spicere (von unten) emporblicken u. beargwöhnen; sub-īrāscī ein wenig zornig werden.
17. **super-**	darüber-, darüber hinaus-	super-struere darüberbauen, super-sedēre sich hinwegsetzen über; super-esse übrig sein.
18. **trāns-**	hinüber-, über-; hindurch-	trāns-īre hinübergehen; **trān**-scendere übersteigen; **trā**-dūcere hinüberführen; trā-icere hinüberbringen, übersetzen; trāns-figere durchbohren.
19. **amb-** (aus ambi-)	herum-, um-	amb-īre herumgehen, umwerben; **am**-plectī umschlingen, umarmen; **an**-quīrere aufsuchen, untersuchen.
20. **au-**	weg-, davon-	au-ferre wegtragen, au-fugere davonfliehen.
21. **dis-**	auseinander-, zer-; (un- od.) miß-	dis-cēdere auseinandergehen, fortgehen, dis-sidēre uneins sein; dis-pōnere (auseinanderstellen =) ordnen, verteilen; **dif**-fidere mißtrauen; **dir**-imere (auseinandernehmen =) trennen, beendigen; **dī**-mittere auseinanderschicken, entlassen; **dī**-ruere (auseinanderreißen =) zerstören, dī-videre teilen; **di**-stāre (auseinanderstehen =) entfernt od. verschieden sein.
22. **intrō-**	hinein-	intrō-mittere hineinlassen, hineinschicken.
23. **nĕ-**	nicht	nĕ-scīre nicht wissen.
24. **nec-**	nicht	**neg**-legere nicht achten, vernachlässigen.
25. **por-**	hervor-, hin-, dar-	por-rigere hinstrecken, darreichen; por-tendere prophezeien; **pol**-licērī (darbieten =) versprechen.
26. **re-,** (vor Vokal) **red-**	zurück-, wieder-; dagegen-, wider-; pflichtgemäß (nach Gebühr)	re-vertī u. red-īre zurückkehren, red-integrāre wieder erneuern; re-pūgnāre Widerstand leisten; re-nuntiāre pflichtgemäß melden; (mit verblaßten re-) red-igere (zu etwas) bringen od. machen. [reddere mit Synkope aus redupl. re-di-dere.]
27. **sē-** (aus sēd-)	beiseite-	sē-cēdere (beiseite gehen =) sich absondern, sē-cernere u. sē-parāre absondern, trennen. [sēd-itiō Aufruhr]

6. Stammformenreihen der wichtigsten Verben und ihrer Komposita

(ohne die *Deponentien,* die in den §§ 51 bis 53 folgen)

Der Stern vor der Zahl weist auf eine Bemerkung in den Fußnoten.

Verben der 1. (ā-) Konjugation   § 43

Perfekt auf -ā-vī

1. **laudāre**   laudō   laudāvī   laudātum   loben

Ebenso die meisten Verben der 1. Konjugation. Dazu gehören als besondere Gruppe die auf -tāre (-sāre) oder -itāre gebildeten **Intensiva** und **Iterativa** (od. *Frequentativa*), die eine „Anspannung", d. h. Verstärkung, bzw. eine Wiederholung gegenüber dem zugehörigen Verb ausdrücken. Sie sind gewöhnlich von dessen Supinstamm abgeleitet:

cantāre (cant-) singen, captāre (capt-) haschen, cessāre (cess-) zögern, gestāre (gest-) tragen, iactāre (iact-) schleudern, dormītāre (dormīt-) schläfrig sein.

Bildungen von Verben auf -āre mit Supinum -ātum vermeiden den Gleichklang von zweimaligem -ā-, daher

clāmitāre (statt clāmātāre) oft od. laut rufen, rogitāre dringend fragen;

auch Doppelfrequentativa wie

dictitāre (zu dictāre, dieses zu dīcere) immer wieder sagen, ventitāre (Sup. vent-!) oft kommen.

In den Präsensstamm übertragen ist -itāre bei

agitāre (wiederholt od. heftig) treiben, quaeritāre eifrig suchen u. a.

Perfekt auf -uī

*2.	**crepāre**	crepō	crepuī	crepitum	schallen, krachen

     Ebenso increpāre anfahren, schelten.

3.	**cubāre**	cubō	cubuī	cubitum	liegen
4.	**domāre**	domō	domuī	domitum	zähmen, bezwingen
5.	**sonāre**	sonō	sonuī	sonitum	tönen
6.	**vetāre**	vetō	vetuī	vetitum	verbieten
7.	micāre	micō	micuī	—	zucken

     (Aber dīmicāre, -āvī, -ātum kämpfen.)

8.	tonāre	tonō	tonuī	(tonitum)	donnern
9.	**secāre**	secō	secuī	sectum	schneiden

Perfekt mit Dehnung

*10.	**iuvāre**	iuvō	iūvī	iūtum	
				(iuvātūrus)	unterstützen, helfen
	adiuvāre	ádiuvō	adiūvī	adiūtum	(amīcum)
				(adiūtūrus)	
11.	**lavāre**	lavō	lāvī	lautum	waschen
				u. lavātum	

---

* 2.—9.: Nur der Präsensstamm hat langes -ā, den beiden andern Stämmen liegt ein kurzer Vokal als Auslaut zugrunde (z. B. cubuī aus cubă-vī cubitum aus cubătum). sectum beruht auf Synkope (dgl. 10. iūtum und 11. lautum). Vgl. die §§39, 2 und 40. — *10. und 11. vgl. §§ 39, 4 und 40. —

*12. **stāre**   stō   stetī   statum   stehen

ebenso:

circumstāre circúmstō circumstetī   —   herumstehen

aber:

praestāre praestō praestitī praestātum 1. voranstehen, übertreffen (cēterīs); 2. leisten, zeigen (virtūtem, sē)

Ebenso instāre bevorstehen, bedrängen; cōnstāre bestehen, kosten; restāre übrigbleiben; distāre (ohne Perf.) entfernt sein u. a.

*13. **dăre**   dō   dedī   **dătum**   geben

Das -a- der Stammsilbe ist überall kurz außer in dās, dā, dāns.
Wie dăre geht

circúmdare circúmdō circúmdedī circúmdatum umgeben

Die übrigen Komposita von dăre sind (vermischt mit Komposita eines alten Stammes, der 'legen od. machen' bedeutete) in die 3. Konjugation übergegangen, weil das -ă- vor -r- zu -ĕ- geschwächt wurde (vgl. § 42, 2), z. B.

addĕre addō **addidī** additum hinzufügen

Ebenso: abdere verbergen; condere bergen, gründen; crēdere anvertrauen, glauben; dēdere übergeben; ēdere herausgeben; perdere zugrunde richten, verlieren; prōdere überliefern, verraten; reddere zurückgeben, machen zu; trādere überliefern; vendere verkaufen.

§ 44   Verben der 2. (ē-) Konjugation

Perfekt auf -ē-vī

14. **dēlēre** dēleō **dēlēvī** dēlētum vernichten, zerstören
15. **(dē)flēre** (dē)fleō **(dē)flēvī** (dē)flētum (be)weinen
16. **complēre** compleō **complēvī** complētum anfüllen

Ebenso implēre anfüllen, explēre ausfüllen, supplēre ergänzen.

17. **abolēre** aboleō **abolēvī** abólitum abschaffen
18. **ciēre** cieō u. ciō **cīvī** cĭtum erregen

Ebenso conciēre u. exciēre; aber nach der 4. Konjug. accīre (-īvī, -itum) herbeiholen. Von cĭtum ist das „Intensivum" citāre 'aufrufen' abgeleitet mit den Komposita ex-, con-, incitāre antreiben u. a.

Perfekt auf -uī

*19. **monēre** moneō **monuī** monitum mahnen, erinnern
20. **habēre** habeō **habuī** habitum haben, halten

Ebenso adhibēre anwenden, prohibēre hindern.

*dēbēre dēbeō dēbuī dēbitum schulden, verdanken, müssen

praebēre praebeō praebuī praebitum gewähren

---

* 12. stetī ist aus ste-st-ī (-st- „Schwundstufe" zu stā) vereinfacht; vgl. § 41,5. Mit prae-stāre ist ein älteres praes-stāre = 'als Bürge (praes, praedis) stehen' zusammengeflossen; daher die verschiedenartigen Bedeutungen. — * 13. dare war ursprünglich auch im Präs. (s. § 41, 5) redupliziert (vgl. reddō, aus re-di-dō synkopiert); wegen seines kurzen -a- (das auf eine besondere Stufe des Ablauts zurückgeht) gehört das Verb eigentlich zu den „unregelmäßigen". dedī = de-d-ī (Schwundstufe). — * 19. mon-ēre u. me-min-isse (§ 58) zeigen verschiedenen Ablaut zu men (vgl. mēns); zu-itum s. § 40. — *20. dēbēre aus dē-hibēre ('von jem. haben'), praebēre aus prae-hibēre ('vorhalten').

21. **arcēre**	arceō	arcuī	—	abhalten, abwehren
coërcēre	coërceō	coërcuī	coërcitum	zügeln
exercēre	exerceō	exercuī	(exercitum)	üben

Ebenso die meisten Verben der 2. Konjugation, u.a. carēre entbehren, dolēre Schmerz empfinden, iacēre liegen, merēre verdienen, nocēre schaden, pārēre gehorchen (appārēre erscheinen), placēre gefallen (displicēre mißfallen), tacēre schweigen, terrēre erschrecken (abs- u. dēterrēre abschrecken), valēre gesund sein, vermögen;
ohne Supinstamm: egēre bedürfen, florēre blühen, horrēre schaudern, latēre verborgen sein, maerēre trauern, ēminēre hervorragen (imminēre drohend bevorstehen), patēre offenstehen, silēre schweigen, sordēre schmutzig sein, splendēre glänzen, studēre eifrig betreiben, stupēre staunen, timēre fürchten, tumēre geschwollen sein, vigēre rüstig sein.
(Auch die im § 89 genannten Impersonalia.)

*22. **docēre**	doceō	docuī	**doctum**	lehren
23. **tenēre**	teneō	tenuī	**tentum**	halten
retinēre	retineō	retinuī	retentum	zurückhalten

Ebenso (z. T. ohne Supinstamm) abstinēre sich enthalten, continēre zusammenhalten, obtinēre innehaben, pertinēre sich erstrecken, sustinēre aushalten u. a.

*24. **torrēre**	torreō	**torruī**	**tostum**	dörren, rösten
*25. **miscēre**	misceō	**miscuī**	**mixtum**	mischen
26. **cēnsēre**	cēnseō	**cēnsuī**	**cēnsum**	schätzen, meinen

Ebenso recēnsēre mustern, suscēnsēre zürnen.

Perfekt auf **-sī**

27. **augēre**	augeō	**auxī**	**auctum**	vermehren
28. **lūgēre**	lūgeō	**lūxī**	**lūctum**	(be)trauern
29. **lūcēre**	lūceō	**lūxī**	—	leuchten
*30. **torquēre**	torqueō	**torsī**	**tortum**	drehen, foltern
31. **urgēre**	urgeō	**ursī**	—	(be)drängen
32. **indulgēre**	indulgeō	**indulsī**	**indultum**	nachgeben
33. **fulgēre**	fulgeō	**fulsī**	—	glänzen
34. **mulcēre**	mulceō	**mulsī**	**mulsum**	streicheln
*35. **rīdēre**	rīdeō	**rīsī**	**rīsum**	lachen, belachen

Ebenso dērīdēre u. irrīdēre auslachen.

36. **suādēre**	suādeō	**suāsī**	**suāsum**	raten

Ebenso persuādēre überreden, überzeugen (cīvibus); dissuādēre widerraten.

37. **ārdēre**	ārdeō	**ārsī**	**ārsum**	brennen (= in Brand sein)
*38. **iubēre**	iubeō	**iussī**	**iussum**	heißen (= beauftragen), befehlen
*39. **haerēre**	haereō	**haesī**	**haesum**	haften, hangen
*40. **manēre**	maneō	**mānsī**	**mānsum**	bleiben

Ebenso permanēre verbleiben, remanēre zurückbleiben.

---

* Zu 22. doctum (Synkope) vgl. § 40. — * 24. tostum (mit kurzem o) entstanden aus torstus (vgl. „Durst"). — * Bei 25. miscēre liegen verschiedene (bedeutungsverwandte) Stämme vor. — * Bei 30. torquēre ist im Perfekt vor s, im Supinum vor t der Guttural (Gaumenlaut) geschwunden (vgl. § 39, 3 u. 40); ebenso bei den folgenden Verben 31—34. — *35. Zu rīdēre und 36., 37. u. 39 vgl. § 39, 3 u. 40. — * 38. Der Verbalstamm von iubēre war ursprünglich ein Dental (Zahnlaut), der im Präs. zu -b- geworden ist. — * 39. Der Verbalstamm von haerere lautet haes; er ist im Präs. zwischen zwei Vokalen zu haer- geworden („Rhotazismus"; vgl. § 34). — *40. Zu mānsum (analogische Übertragung von -sum) vgl. § 40.

*41. **cavēre**   caveō   **cāvī**   **cautum**   sich hüten (canem)
42. **favēre**   faveō   **fāvī**   **fautum**   begünstigen (poētīs)
43. **fovēre**   foveō   **fōvī**   **fōtum**   wärmen, hegen
44. **movēre**   moveō   **mōvī**   **mōtum**   bewegen

> Ebenso commovēre u. permovēre (Präs. cómmovet etc.) bewegen, erregen; āmovēre, removēre u. submovēre (od. summovēre) entfernen.

45. **vovēre**   voveō   **vōvī**   **vōtum**   geloben

> Ebenso dēvovēre den Unterirdischen weihen, verfluchen.

*46. **sedēre**   sedeō   **sēdī**   **sessum**   sitzen
    obsidēre   obsideō   obsēdī   obsessum   belagern

> Ebenso dissidēre uneins sein, possidēre besitzen u. a.

47. **vidēre**   videō   **vīdī**   **vīsum**   sehen

> Ebenso invidēre (Präs. ínvidet etc.) beneiden (beātō), prōvidēre voraussehen (futūrum), sorgen für (frūmentō).

    vidērī   videor   **vīsus sum**   scheinen

Perfekt mit Reduplikation

*48. **pendēre**   pendeō   **pependī**   **pēnsum**   hangen
    impendēre   impendeō   —   —   hereinhangen, drohen
49. **mordēre**   mordeō   **momordī**   **morsum**   beißen
*50. **spondēre**   spondeō   **spopondī**   **spōnsum**   geloben
    respondēre respondeō   **respondī**   **respōnsum**   antworten
51. **tondēre**   tondeō   **totondī**   **tōnsum**   scheren

§ 45   Verben der 4. (ī-) Konjugation

Perfekt auf -ī-vī

52. **audīre**   audiō   **audīvī**   **audītum**   hören

> Ebenso die meisten Verben der 4. Konjugation; meist ohne Perfekt- u. Supinstamm einige „Desiderativa", die ein Begehren bezeichnen, wie (zu edere Nr. 143) ēs-urīre essen wollen, Hunger haben und parturīre (zu parere Nr. 209) Geburtswehen haben.

*53. **sepelīre**   sepeliō   **sepelīvī**   **sepultum**   begraben

Perfekt auf -uī

54. **aperīre**   aperiō   **aperuī**   **apertum**   öffnen
    operīre   operiō   **operuī**   **opertum**   bedecken
55. **salīre**   saliō   **saluī**   **saltum**   springen
    dēsilīre   dēsiliō   dēsiluī   dēsultum   herabspringen

> Ebenso insilīre hineinspringen, trānsilīre hinüberspringen u. a.

---

* In 41. cautum u. 42. fautum liegt Synkope (§ 40) vor, wie bei 11. lautum; dabei ist -av- zu -au- geworden. Ebenso bei den folgenden fōtum, mōtum, vōtum, wo -ovi- zu -ō- wurde. Zu den Dehnungen vgl. § 39, 4. — * Zu 46. sessum (aus sed-tum) vgl. § 40; vīsum (aus vid-tum) hat sein langes -ī- wohl aus dem Perfektstamm. — * Zu 48. pependī und den folgenden Reduplikationsbildungen vgl. § 39, 5, zu den Supinstämmen (pēnsum aus pend-tum) § 40. — * 50. spopondī aus spo-spond-ī vereinfacht (wie bei Nr. 12). — * 53. Der Übergang von -el- (über -ol-) zu -ul- vor -t- beruht auf einer besonderen Aussprache des -l- (vgl. vel-le neben vul-t § 55); vgl. auch sepulcrum ‚Grab‘.

56.	saepīre	saepiō	saepsī	saeptum	einzäunen
*57.	**sancīre**	sanciō	sānxī	sānctum	heiligen, festsetzen
58.	**vincīre**	vinciō	vīnxī	vīnctum	fesseln
*59.	**fulcīre**	fulciō	fulsī	fultum	stützen
60.	**farcīre**	farciō	farsī	fartum	vollstopfen
61.	**sarcīre**	sarciō	sarsī	sartum	flicken
*62.	**haurīre**	hauriō	hausī	haustum	schöpfen
63.	**sentīre**	sentiō	sēnsī	sēnsum	fühlen, merken

Ebenso cōnsentīre übereinstimmen, dissentīre anderer Meinung sein.

Perfekt mit Dehnung

64.	**venīre**	veniō	vēnī	ventum	kommen

Ebenso advenīre (Präs. ádvenit, Perf. advēnit) ankommen; convenīre zusammenkommen, (tr.) treffen; invenīre (er)finden; pervenīre hingelangen; subvenīre zu Hilfe kommen u. a.

Perfekt mit Reduplikation

*65.	**reperīre**	reperiō	**repperī**	repertum	finden

Perfekt ohne erkennbare *Stammveränderung*

*66.	**comperīre**	comperiō **comperī**	compertum	erfahren.

Verben der 3. konsonantischen Konjugation   § 46

Perfekt auf -vī *und* -īvī

*67.	**sinere**	sinō	sīvī	situm	lassen, zulassen
	dēsinere	dēsinō	dēsiī	dēsitum	ablassen, aufhören
	pōnere	pōnō	**posuī**	positum	setzen, legen, stellen

Ebenso compōnere zusammenstellen; dēpōnere niederlegen; dispōnere ordnen; expōnere aussetzen, auseinandersetzen; oppōnere entgegenstellen; praepōnere an die Spitze stellen u. a.

68.	**linere**	linō	**lēvī**	litum	bestreichen
*69.	**serere**	serō	**sēvī**	satum	säen, pflanzen
	īnserere	īnserō	īnsēvī	īnsitum	einpflanzen
*70.	**cernere**	cernō	**crēvī**	crētum	sichten, deutlich sehen

Ebenso dēcernere beschließen, discernere unterscheiden, sēcernere absondern.

71.	**spernere**	spernō	**sprēvī**	sprētum	verschmähen
72.	**sternere**	sternō	**strāvī**	strātum	hinbreiten, niederstrecken

Ebenso prōsternere niederstrecken.

---

* 57. Zur Dehnung des kurzen Stammvokals in sānctum (ebenso vīnctum) vgl. § 3 Fußn. — * 59. fulsī (statt fulcsī), farsī, sarsī nach § 39, 3; vgl. auch oben zu 30. — * 62. haurīre zum Stamm haus- mit Rhotazismus (vgl. Nr. 39). — * Zu 65. repperī vgl. § 39, 5. — * 66. comperīre gehört zu einem verlorengegangenen Simplex mit redupl. Perf.; der Stamm liegt auch in perītus ‚erfahren' und perīculum ‚Gefahr' vor. — * 67. si-n-ere nach § 41, 1, dgl. li-n-ere, cer-n-ere, sper-n-ere, ster-n-ere. pōnere aus po-si-nere (mit im Lat. sonst verlorengegangenem Präverb). — * 69. serere aus si-s-ere (redupl. Präs., § 41, 5); -s- (Schwundstufe), -sa-, -sē- (vgl. sēmen Same) sind Ablautstufen. — * 70. crē- ist Ablautform zu cer-; entsprechend sprē-, strā-, trī-.

73. terere	terō	trīvī	trītum	reiben
*74. **crēscere**	crēscō	crēvī	crētum	wachsen
75. pāscere	pāscō	pāvī	pāstum	weiden (trans.; Pass. = intr.)
76. **quiēscere**	quiēscō	quiēvī	quiētum	ausruhen
77. **suēscere**	suēscō	suēvī	suētum	sich gewöhnen

Ebenso cōnsuēscere (Perf. cōnsuēvī = ich pflege) u. assuēscere.

78. **nōscere**	nōscō	nōvī (= ich kenne)	nōtum	kennenlernen
īgnōscere	īgnōscō	īgnōvī	īgnōtum	verzeihen
cōgnōscere	cōgnōscō	cōgnōvī	cógnitum	erkennen, erfahren
79. scīscere	scīscō	scīvī	scītum	beschließen

Ebenso cōnscīscere.

80. **arcessere**	arcessō	arcessīvī	arcessītum	herbeiholen

Ebenso die Nebenform accersere.

*81. **lacessere**	lacessō	lacessīvī	lacessītum	reizen
82. **petere**	petō	petīvī	petītum	erstreben, erbitten

Ebenso appetere erstreben, oppetere entgegengehen, repetere wiederholen, sup-petere (reichlich) vorhanden sein.

*83. **quaerere**	quaerō	quaesīvī	quaesītum	suchen, (er)fragen
conquīrere	conquīrō	conquīsīvī	conquīsītum	zusammensuchen

Ebenso acquīrere (dazu) erwerben u. a.

Perfekt auf -ui

84. fremere	fremō	fremuī	fremitum	murren
85. gemere	gemō	gemuī	gemitum	seufzen, stöhnen
86. **strepere**	strepō	strepuī	strepitum	lärmen
87. **tremere**	tremō	tremuī	—	zittern
88. vomere	vomō	vomuī	vomitum	speien
*89. **in-cumbere**	incumbō	incubuī	incubitum	sich verlegen (auf etwas)

Ebenso occumbere niedersinken (auch: sterben), prōcumbere sich niederlegen, succumbere unterliegen.

*90. **gi-gnere**	gīgnō	genuī	genitum	erzeugen
91. **alere**	alō	aluī	altum	nähren
*92. **colere**	colō	coluī	cultum	pflegen, bebauen

Ebenso incolere (be)wohnen.

93. **occulere**	occulō	occuluī	occultum	verbergen
94. **cōnsulere**	cōnsulō	cōnsuluī	cōnsultum	befragen; sorgen für
95. **serere**	serō	seruī	sertum	reihen

Ebenso cōnserere verknüpfen, dēserere im Stich lassen, disserere erörtern.

96. **texere**	texō	texuī	textum	weben

Ebenso contexere zusammenfügen, retexere rückgängig machen.

97. metere	metō	messuī	messum	ernten

Ebenso dēmetere abernten.

---

* Zu 74. crē-sc-ere und den folgenden Präsensstämmen mit -sc- vgl. § 41, 4. scīscere gehört zu scīre ‚wissen'. — * 81. vgl. §.47, 201. — * 83. quaerere zum Stamm quaes- (vgl. quaestor) mit Rhotazismus. Zu-quīrere vgl. § 42, 2. * 89. in-cu-m-bere (nach § 41,1) gehört zu (3.) cubāre. — * Zu 90. gi-gn-ere vgl. § 41,5 u. § 40. — * Zu 92. cultum vgl. Nr. 53.

*98. dīcere   dīcō (dīc!) dīxī   dictum   sagen
Ebenso ēdīcere verordnen, interdīcere untersagen, maledīcere schmähen u. a.

99. dūcere   dūcō (dūc!)dūxī   ductum   führen
Ebenso condūcere mieten, ēdūcere (ēdūcō) herausführen, trādūcere hinüberführen u. a.

100. cōnflīgere   cōnflīgō cōnflīxī   cōnflīctum   kämpfen
Ebenso afflīgere niederschlagen.

*101. regere   regō   rēxī   rēctum   richten, lenken
corrigere   córrigō   corrēxī   corrēctum   verbessern
Ebenso dīrigere leiten, ērigere aufrichten, porrigere hinstrecken;
aber:
pergere   pergō   perrēxī   perrēctum   fortfahren
(cŏn)surgere   surgō   surrēxī   surrēctum   sich erheben, aufstehen

102. tegere   tegō   tēxī   tēctum   decken, bedecken
Ebenso dētegere aufdecken, prōtegere schützen.

*103. trahere   trahō   trāxī   tractum   ziehen
Ebenso abstrahere wegschleppen, contrahere zusammenziehen, subtrahere (heimlich) entziehen u. a.

104. vehere   vehō   vēxī   vectum   fortbewegen, fahren (trans.)
Ebenso āvehere wegfahren, dēvehere hinbefördern, subvehere heranführen u. a.
vehī   vehor   vectus sum   fahren (intr.), reiten

105. coquere   coquō   coxī   coctum   kochen (trans.)
106. cingere   cingō   cīnxī   cīnctum   umgürten, umschließen
107. tingere   tingō   tīnxī   tīnctum   eintauchen, färben
108. ung(u)ere   ung(u)ō   ūnxī   ūnctum   salben
*109. exstínguereexstínguō exstīnxī   exstīnctum   auslöschen
Ebenso distinguere unterscheiden.

*110. iungere   iungō   iūnxī   iūnctum   verbinden
Ebenso coniungere verbinden, disiungere u. sēiungere trennen.

*111. fingere   fingō   fīnxī   fictum   bilden, erdichten
112. pingere   pingō   pīnxī   pictum   malen
113. stringere   stringō   strīnxī   strictum   (ab)streifen, zücken
Ebenso dēstringere; obstringere verpflichten.

*114. fluere   fluō   flūxī   flūctum   fließen
Ebenso īnfluere hineinfließen, praeterfluere vorbeifließen u. a.

115. struere   struō   strūxī   strūctum   aufschichten
Ebenso cōnstruere u. exstruere aufbauen; dēstruere zerstören; īnstruere einrichten, ausstatten, unterrichten u. a.

---

* 98. Von dīcere ist durch Ablaut (kurzes i!) getrennt dicāre ‚weihen‘; ebenso indicāre ‚anzeigen‘ (neben indīcere ‚ansagen‘), praedicāre ‚preisen‘ (neben praedīcere ‚vorhersagen‘; entsprechend ēducāre ‚erziehen‘ neben ēdūcere). Zu den Imperativen dīc u. dūc vgl. § 33, 1 b. — * Zu 101. rēctum (ebenso tēctum u. a.): Der Vokal des Supinstamms wird gedehnt bei Verben, deren Verbalstamm (sichtbar im Präsens) auf ein stimmhaftes -g ausgeht; ebenso Nr. 145, 151, 157, aber făctus zu facere Nr. 205. — Auf Synkope beruht pergere aus perrigere, surgere aus surrigere. — * 103. Das -h- in trahere geht auf einen Guttural zurück, dgl. bei vehere (vgl. „bewegen“ u. „Wagen“). — * 109. Zur konsonantischen Aussprache des -u- hinter dem -g- vgl. § 2, 2. Zum Schwund dieses -v- (auch bei qu, z. B. coquere) vor -t- s. unten 146. — * 110. Zu dem verschleppten Nasal vgl. § 41, 1; dgl. bei fingere, pingere, stringere. — * 111. Zu trennen von fīgere unten 117. — * 114. fluere aus flugvere (der Guttural ist in flūctus ‚Flut‘, das -v- in fluvius erhalten); struere (ohne Guttural) scheint sich der Stammbildung von fluere angeglichen zu haben.

*116. **vivere** vīvō vīxī victum leben
117. **figere** fīgō fīxī fīxum heften, befestigen
Ebenso affīgere anheften, trānsfīgere durchbohren u. a.

*118. **flectere** flectō flexī flexum biegen, beugen
119. **nectere** nectō nexuī nexum knüpfen
Ebenso cōnectere verknüpfen, verbinden.

*120. **mergere** mergō mersī mersum eintauchen
Ebenso dēmergere versenken, ēmergere hervortauchen (intr.).

121. **spargere** spargō sparsī sparsum ausstreuen
dispergere dispergō dispersī dispersum zerstreuen
Ebenso cōnspergere u. respergere bespritzen.

*122. **gerere** gerō **gessī** **gestum** tragen, (aus)führen
Ebenso suggerere zuführen, liefern.

123. **ūrere** ūrō **ussī** ustum verbrennen (trans.)
Ebenso combūrere u. exūrere verbrennen, einäschern.

*124. **premere** premō **pressī** **pressum** drücken
opprimere ópprimō oppressī oppressum unterdrücken, überfallen
Ebenso comprimere zusammendrücken, exprimere ausdrücken.

*125. **contemnere** contemnō contempsī contemptum verachten
126. **carpere** carpō carpsī carptum pflücken
dēcerpere dēcerpō dēcerpsī dēcerptum abpflücken
127. **sculpere** sculpō sculpsī sculptum meißeln
128. **serpere** serpō serpsī serptum schleichen
129. **rēpere** rēpō rēpsī rēptum kriechen
*130. **nūbere** nūbō nūpsī nuptum heiraten (virō)
131. **scrībere** scrībō scrīpsī scrīptum schreiben
Ebenso cōnscrībere ausheben, dēscrībere beschreiben, praescrībere vorschreiben, prō-
scrībere ächten u. a.

*132. **cēdere** cēdō cessī cessum gehen, weichen
Ebenso concēdere einräumen, gestatten; dēcēdere weggehen; discēdere auseinander-
gehen, sich entfernen; succēdere heranrücken, nachfolgen u. a.

*133. **mittere** mittō mīsī missum loslassen, schicken
Ebenso āmittere verlieren; committere überlassen, begehen (scelus), beginnen (proelium);
dīmittere entlassen; omittere unterlassen; permittere erlauben; praemittere vorausschicken;
prōmittere versprechen u. a.

*134. **claudere** claudō clausī clausum schließen
exclūdere exclūdō exclūsī exclūsum ausschließen
Ebenso inclūdere einschließen, interclūdere absperren (abschneiden) u. a.

---

* 116. Der Guttural im Perfekt und Supinum von vīvere scheint — wie bei stru(v)ere — auf
analogischer Übertragung zu beruhen. — * Zum Supinstamm von 117.—121. s. § 40. — * 118. Zum
Präsensstamm bei flectere u. nectere vgl. § 41, 3. — * 120. Zu mergere (u. spargere) vgl. § 39, 3 u. 40
und oben zu 59. u. 30. — * 122. Verbalstamm ges-, im Präs. Rhotazismus. Ebenso bei ūrere (das -b-
von comb-ūrere ist fälschlich aus amb-ūrere ‚ringsum anbrennen‘ übertragen). — * 124. Im Perfekt
u. Supinum liegt ein besonderer Stamm pres- zugrunde. — * 125. Zu dem Übergangslaut -p- vgl.
§ 39, 3 u. 40. — *130. u. 131. Zu den Veränderungen der Labiale (Lippen-Verschlußlaute) vgl. § 39, 3
u. 40. — * 132.—142. Zu den Veränderungen der Dentale (Zahn-Verschlußlaute) vgl. § 39, 3 u. 40. —
* 133. mittere aus mītere (wie neben littera lītera). — * 134. Zu -clūdere vgl. § 42, 2; ebenso zu 136.
-līdere.

68

135. **plaudere**   plaudō **plausī**   **plausum**   (Beifall) klatschen

    Ebenso applaudere Beifall klatschen; aber

    explōdere   explōdō explōsī   explōsum   auszischen

136. **laedere**   laedō **laesī**   **laesum**   verletzen

    ēlīdere   ēlīdō ēlīsī   ēlīsum   ausstoßen

137. **lūdere**   lūdō **lūsī**   **lūsum**   spielen

    Ebenso ēlūdere u. illūdere verspotten.

138. **rādere**   rādō **rāsī**   **rāsum**   schaben
139. **rōdere**   rōdō **rōsī**   **rōsum**   nagen
140. **trūdere**   trūdō **trūsī**   **trūsum**   stoßen
141. **vādere**   vādō **vāsī**   **vāsum**   schreiten, gehen

    Ebenso ēvādere herausgehen, entrinnen; invādere eindringen, angreifen.

142. **dīvidere**   dīvidō **dīvīsī**   **dīvīsum**   teilen, trennen

Perfekt mit Dehnung

*143. **edere**   edō **ēdī**   **ēsum**   essen
*144. **emere**   emō **ēmī**   **ēmptum**   nehmen, kaufen

    Ebenso coëmere (Präs. cóëmit, Perf. cöēmit) aufkaufen; aber:

    redimere   rédimō redēmī   redēmptum   loskaufen, pachten

    Ebenso dirimere (aus dis-) trennen, eximere herausnehmen, interimere beseitigen;
    dagegen:

    dēmere   dēmō dēm**psī**   dēm**ptum**   wegnehmen
    prōmere   prōmō prōm**psī**   prōm**ptum**   hervorholen
    sūmere   sūmō **sūmpsī**   **sūmptum**   nehmen

    Ebenso cōnsūmere aufbrauchen, aufzehren.

*145. **legere**   legō **lēgī**   **lēctum**   lesen

    perlegere   pérlegō perlēgī   perlēctum   durchlesen; aber:
    colligere   cólligō **collēgī**   **collēctum**   sammeln

    Ebenso dēligere u. ēligere auswählen;
    aber:

    dīligere   dīligō **dīlēxī**   **dīlēctum**   hochschätzen, lieben
    intellegere   intéllegō **intellēxī**   **intellēctum**   einsehen
    neglegere   néglegō **neglēxī**   **neglēctum**   vernachlässigen

*146. **relinquere**   relinquō **relīquī**   **relictum**   zurücklassen
147. **vincere**   vincō **vīcī**   **victum**   (be)siegen

    Ebenso convincere überführen, dēvincere völlig besiegen.

148. **rumpere**   rumpō **rūpī**   **ruptum**   zerbrechen (trans.)

    Ebenso corrumpere verderben, bestechen; ērumpere ausbrechen; irrumpere einbrechen.

149. **fundere**   fundō **fūdī**   **fūsum**   (aus)gießen

    Ebenso cōnfundere verwirren; diffundere zerstreuen, verbreiten; infundere einflößen.

---

143 ff.: Zu der Dehnung im Perfekt vgl. § 39, 4. edere hat Nebenformen, die (außer in der Quantität) den Formen von esse gleichen; z. B. ēs = edis, ēst = edit, ēs = ede, ēste = edite, ēsse = edere. — * 144. Zu dem Übergangslaut -p- vgl. § 39, 3 u. 40. sūmere ist aus subs-emere, dirimere aus dis-emere (Rhotazismus) entstanden. — * 145. Zum langen Vokal im Sup. (auch 150. bei agere) vgl. oben zu 101, auch § 3 Fußn. — Die Komposita mit s-Perfekt gehören vielleicht zu einem besonderen Stamm, zu dem auch religiō (als die gebührende gewissenhafte Scheu) zu rechnen ist. — * 146. ff. Beachte den Nasal im Präs. (§ 41,1). Im Supinum relictum ist der labiale Bestandteil von qu- (= qv-) vor Konsonant geschwunden.

*150.	**agere**	agō	**ēgī**	**āctum**	treiben, handeln
	peragere	péragō	perēgī	perāctum	vollenden
	aber:				
	redigere	rédigō	redēgī	redāctum	zurückbringen, in einen Zu-stand bringen

Ebenso exigere vertreiben, fordern; subigere unterwerfen.

	cōgere	cōgō	**coēgī**	**coāctum**	sammeln, zwingen
	dēgere	dēgō	dēgī	—	verbringen (aetātem)
*151.	**frangere**	frangō	**frēgī**	**frāctum**	brechen (trans.)
	perfringere	perfringō	perfrēgī	perfrāctum	durchbrechen

Ebenso cōnfringere zerbrechen, refringere aufbrechen.

*152.	**sīdere**	sīdō	**sēdī**	**sessum**	sich setzen

Ebenso cōnsīdere sich setzen, sich niederlassen; possīdere in Besitz nehmen.

Perfekt mit Reduplikation

*153.	**tendere**	tendō	**tetendī**	**tentum**	spannen, ausstrecken
	attendere	attendō	attendī	attentum	beachten, achtgeben

Ebenso contendere anspannen, sich anstrengen (kämpfen, eilen, behaupten); intendere richten auf; portendere prophezeien; ostendere zeigen.

154.	**canere**	canō	**cécinī**	**cantum**	singen
*155.	**pungere**	pungō	**púpugī**	**pūnctum**	stechen
156.	**pangere**	pangō	**pepigī**	**pāctum**	festsetzen
*157.	**tangere**	tangō	**tétigī**	**tāctum**	berühren
	attingere	attingō	áttigī	attāctum	anrühren

Ebenso contingere u. obtingere zuteil werden.

*158.	**discere**	discō	**didicī**	—	lernen

Ebenso (mit Redupl.) ēdiscere auswendig lernen.

*159.	**sistere**	sistō	**stetī**	**statum**	stellen
	ebenso:				
	circumsistere	circumsistō	circúmsteti	—	umstellen
	aber:				
	cōnsistere	cōnsistō	cōnstitī	—	sich hinstellen, stehen bleiben

Ebenso dēsistere abstehen, exsistere entstehen, obsistere sich entgegenstellen, resistere widerstehen, subsistere stehen bleiben.

*160.	**bibere**	bibō	**bibī**	**(pōtum)**	trinken
*161.	**pendere**	pendō	**pependī**	**pēnsum**	wägen, zahlen
162.	**tundere**	tundō	**tutudī**	**tūsum**	stoßen
*163.	**cadere**	cadō	**cécidī**	**cāsum**	fallen
	incidere	íncidō	íncidī	incāsum	hineinfallen, stoßen auf

Ebenso decidere herabfallen; occidere untergehen, sterben; accidere (ohne Sup.) sich ereignen; beachte das Perfekt bei

	recidere	récidō	réccidī	recāsum	zurückfallen

---

* 150. cōgere aus co-agere, dēgere aus dē-agere (vgl. Tabelle § 42). — * 151. frangere/perfringere (statt -frengere) als Ausnahme zu der § 42, 2 gegebenen Regel; das Schwächungsprodukt -ĕ- wird zu -ĭ- vor -ng-. — * 152. Zu sīdere vgl. § 41, 5. — * 153 ff. Zur Perfektreduplikation vgl. § 39, 5, zu den Schwächungen im Perfekt § 42, 2. — * 155. Das Nasalinfix des Präs. ist auch in den Supin-stamm eingedrungen; vgl. oben Nr. 110. — * 157. Zu den Komposita vgl. Nr. 151; dort und hier zum langen -a- im Supinum Nr. 101. — * 158. discere aus di-dc-scere gehört mit doc-ēre zusammen. — * 159. Zum Präs. vgl. § 41, 5; das Perfekt stetī (aus ste-st-ī) fällt mit dem von stāre (s. Nr. 12) zusammen. — * 160. bibere (aus bi-b-ere) ist im Perfekt bibī nicht mehr als redupliziert zu erkennen. — * 161. ff. Zu den Supina auf -sum vgl. § 40. — * 163. Zu reccidī vgl. § 39, 5.

*164.	**caedere** caedō	cecīdī	caesum	niederhauen, fällen
	occīdere occīdō	occīdī	occīsum	töten

Ebenso concīdere zusammenhauen; incīdere einschneiden u. a.

165.	**currere** currō	cucúrrī	cursum	laufen
	accurrere accurrō	ac(cu)currī	accursum	herbeieilen

Ebenso (meist ohne Reduplikation) concurrere zusammenlaufen; occurrere begegnen; succurrere zu Hilfe eilen u. a.

166.	**fallere** fallō	feféllī	falsum	täuschen
167.	**parcere** parcō	pepércī	(parsurus)	sparen, schonen (vitae)
*168.	**pellere** pellō	pépulī	pulsum	stoßen, vertreiben
	expellere expellō	éxpulī	expulsum	aus- od. vertreiben

Ebenso appellere herantreiben, landen; impellere antreiben; beachte das Perfekt bei

	repellere repellō	réppulī	repulsum	zurücktreiben

169.	**poscere** poscō	poposcī	—	fordern
*170.	percellere percellō	pérculī	perculsum	niederschlagen

Vgl. auch, ohne Perf. und Sup., antecellere und excellere hervorragen, übertreffen.

*171.	**findere** findō	fīdī	fissum	spalten
172.	**scindere** scindō	scīdī	scissum	zerreißen

Ebenso rescindere losreißen, abbrechen.

*173.	**tollere** tollō	sustulī	sublātum	aufheben, beseitigen

Perfekt ohne erkennbare *Stammveränderung*

*174.	**incendere** incendō	incendī	incēnsum	anzünden

Ebenso accendere anzünden.

175.	**dēfendere** dēfendō	dēfendī	dēfēnsum	abwehren, verteidigen

Ebenso offendere anstoßen, beleidigen.

176.	**prehendere** prehendō	prehendī	prehēnsum	ergreifen

(auch kontrahiert prendere prendō prendī prēnsum)
Ebenso comprehendere ergreifen, dēprehendere ertappen, reprehendere tadeln.

177.	**scandere** scandō	scandī	scānsum	steigen
	ascendere ascendō	ascendī	ascēnsum	ersteigen

Ebenso cōnscendere besteigen, dēscendere herabsteigen.

*178.	**pandere** pandō	pandī	passum	ausbreiten
179.	īcere īcō	īcī	ictum	schlagen
*180.	vellere vellō	vellī	vulsum	zupfen, rupfen

Ebenso ēvellere herausreißen, revellere wegreißen.

---

* 164. Zu -cīdere vgl. § 42, 2. — caedere ist nicht verwandt mit cadere. — * 165. Zu cucurri vgl. § 39, 5; zu cursum § 40, ebenso -sum in 166.—172. — * 168. Zum Präs. vgl. § 41, 2. pulsum ist aus pultum entstanden; daher das u (s. oben Nr. 53). Zu reppulī (aus re-pe-pulī) vgl. § 39, 5. — * 170. percellere hat als Kompositum zu einem verlorengegangen Simplex (zu welchem clādēs gehört) keine Reduplikation. Bei ante- u. excellere (vgl. collis ‚Hügel' und celsus ‚ragend') liegt ein Simplex mit der Bedeutung ‚ragen' zugrunde. — *171. Zu findere u. scindere vgl. § 39, 5 a. E. — * 173. tollere (aus tol-nere) ist durch ein Kompositum von ferre (§ 54) ergänzt, dessen Perfekt noch im Altlatein tetulī lautet. — * 174ff. Zur Perfektbildung vgl.§ 39,6. — *178.passum zum Stamm pat; Präs. u. Perf. haben eingeschobenen Nasal(§ 41, 1). — * 180. vulsum nach pulsum (168) gebildet.

181. **vertere**   vertō   vertī   versum   wenden
Ebenso āvertere abwenden; convertere ändern; ēvertere umstürzen, zerstören; animadvertere bemerken u. a.

*182. **solvere**   solvō   solvī   solūtum   lösen, bezahlen
Ebenso absolvere freimachen, freisprechen, vollenden; dissolvere auflösen.

183. **volvere**	volvō	volvī	volūtum	wälzen
*184. **acuere**	acuō	acuī	acūtum	schärfen
185. **arguere**	arguō	arguī	argūtum	beschuldigen
186. **congruere**	congruō	congruī	—	übereinstimmen
187. **imbuere**	imbuō	imbuī	imbūtum	anfeuchten, beflecken
188. **luere**	luō	luī	(luitūrus)	abzahlen, büßen
*189. **abluere**	abluō	abluī	ablūtum	abwaschen (zu lavare!)

Ebenso dīluere auflösen, polluere besudeln.

190. **metuere**	metuō	metuī	—	fürchten
*191. **abnuere**	abnuō	abnuī	(abnūtum)	abwinken, ablehnen

Ebenso annuere zunicken, zusagen.

192. **minuere**   minuō   minuī   minūtum   vermindern
Ebenso dēminuere u. imminuere vermindern.

193. **pluere**	pluit	pluit	—	regnen
*194. **ruere**	ruō	ruī	rutum	stürzen (intrans.)
			(ruitūrus)	

Ebenso corruere zusammenstürzen; irruere hineinstürzen, eindringen; dīruere zerstören, obruere überschütten.

195. **statuere**   statuō   statuī   statūtum   festsetzen, beschließen
cōnstituere   cōnstituō   cōnstituī   cōnstitūtum   ordnen, beschließen
Ebenso dēstituere im Stich lassen; īnstituere einrichten, beginnen; restituere wiederherstellen.

196. **tribuere**   tribuō   tribuī   tribūtum   zuteilen
Ebenso attribuere zuteilen, distribuere verteilen.

197. **exuere**   exuō   exuī   exūtum   ausziehen, berauben
Ebenso induere anziehen.

§ 47   Verben der 3. Konjugation auf -iō

Die Wurzelsilbe hat regelmäßig kurzen Vokal (cŭp, căp, făc etc.).

Perfekt auf -vī

198. **cupere**	cupiō	cupīvī	cupītum	begehren
199. sapere	sapiō	sapīvī	—	schmecken, Geschmack haben

Zu *182 ff. vgl. § 39, f. solvere u. solvī aus so-luere (vgl. Nr. 188; so = se = sē) u. so-luī; entsprechend volvere. — *184. acuere und andere Präsentien mit -ŭere gehen auf ŭjere zurück; vgl. § 32 Fußn. — 189. Neben lavāre (Nr. 11) bei Dichtern auch lavĕre; aus ablavere (mit Anfangsbetonung; vgl. § 42 Fußn.) ist abluere geworden. — *191. Vgl. nūtus, Wink' und nūmen, göttliches Walten, Gottheit'. — *194. In dem -ruere der transitiven Komposita dīruere u. obruere scheint ein anderes Verb vorzuliegen, das mit dt. ,roden' verwandt ist.

Perfekt auf -uī

200. rapere rapiō rapuī raptum raffen, rauben
dīripere dīripiō dīripuī dīreptum plündern

Ebenso abripere fortreißen, arripere an sich reißen, ēripere entreißen, corripere ergreifen.

Perfekt auf -sī

*201. illicere illiciō illexī illectum verlocken

Ebenso allicere anlocken, dēlicere u. pellicere verlocken; aber

ēlicere ēliciō ēlicuī ēlicitum herauslocken

*202. quatere quatiō (quassī) quassum schütteln
concutere concutiō concussī concussum erschüttern

Ebenso incutere einflößen; percutere erschüttern, durchstoßen.

*203. cōnspicere cōnspiciō cōnspexī cōnspectum erblicken

Ebenso aspicere anblicken; circumspicere sich umsehen, überlegen; dēspicere verachten; prōspicere ausschauen, sorgen für (patriae); respicere berücksichtigen; suspicere emporblicken, beargwöhnen.

Perfekt mit Dehnung

*204. capere capiō cēpī captum fassen, nehmen
accipere accipiō accēpī acceptum annehmen, empfangen

Ebenso dēcipere täuschen, excipere ausnehmen u. aufnehmen, praecipere vorschreiben, recipere aufnehmen, suscipere unternehmen.

incipere incipiō (coepī) inceptum anfangen
(u. coeptum)

205. facere faciō (fac!) fēcī factum tun, machen

Passiv dazu fierī (§ 57).
Ebenso ohne „Vokalschwächung":

assuēfacere assuēfaciō assuēfēcī assuēfactum gewöhnen

Paß s. assuēfierī; ebenso calefacere wärmen, patefacere öffnen, satisfacere Genugtuung leisten; aber die echten Verbalkomposita

afficere afficiō affēcī affectum antun, versehen mit

Pass. áfficī; ebenso cōnficere beenden; dēficere abfallen, erlahmen, im Stich lassen; efficere bewirken; interficere töten, perficere vollenden, praeficere an die Spitze stellen u. a. Diese mit regelmäßigem Imperativ: áffice, cónfice.

*206. iacere iaciō iēcī iactum werfen
abicere abiciō abiēcī abiectum wegwerfen

Ebenso adicere beifügen; ēicere herauswerfen; inicere einflößen; obicere entgegenwerfen, vorwerfen; subicere von unten werfen, unterwerfen; trāicere hinüberbringen u. a.

---

* 201. Das verlorengegangene Simplex zeigt lac-essere (Nr. 81); vgl. dē-lect-āre ‚ergötzen'. — * 202. con-cutere aus con-qu(a)tere mit Synkope, wobei das -u- (-v-) vor dem durch Synkope ausgefallenen -a- zum Vokal wurde. Entsprechend ist in den Komposita von iacere durch vokalisiertes -i- (-j-) ursprünglich -icere entstanden, das dann durch -jicere (geschrieben -icere) ersetzt wurde. — * 203. Vgl. speciēs ‚Anblick' zu dem im Altlatein erhaltenen Simplex specere. — * 204 ff. Vgl. zum Ablaut im Perfekt § 39,4. — * 204. Weiterbildung zu capere ist capessere ‚ergreifen'; vgl. auf -essere Nr. 80 u. 81. — -cup- in occupāre u. recuperāre ist eine besondere Form der Vokalschwächung statt -cip-. *206. -icere in den Komposita ist **-jicere** zu sprechen (vgl. 202); daher kann ein Präverb wie in- eine positionslange (vgl. § 3 Fußn.) Silbe bilden (z. B. ịnicit).

*207. **fugere** fugiō fūgī fugitum fliehen

Ebenso aufugere (Präs. aúfugit, Perf. aufūgit etc.) davonfliehen, cōnfugere flüchten, effugere entfliehen, perfugere hinfliehen, überlaufen u. a.

208. **fodere** fodiō fōdī fossum graben

Ebenso cōnfodere niederstechen, effodere ausgraben, perfodere u. trānsfodere durchbohren.

Perfekt mit Reduplikation

*209. **parere** pariō péperī partum gebären, erwerben.
(paritūrus)

7. Die Deponentien und ihre Stammformenreihen

Vorbemerkung. Die lateinischen Deponentien gehören, historisch gesehen, zu einem älteren dritten genus verbī, dem („in der Mitte stehenden") *Medium*, aus welchem sich das Passiv erst in den einzelnen Sprachen entwickelt hat. Reste des Mediums — dem eine stärkere Beziehung des Verbalinhalts auf das Subjekt eigen ist, entweder als Wirkung auf dieses oder als seine besondere Anteilnahme — liegen auch in denjenigen Passivformen vor, die wir *reflexiv* übersetzen (z. B. mūtārī als ‚sich ändern‘, fallī als ‚sich täuschen‘) oder *intransitiv* wiedergeben (z. B. vidērī als ‚scheinen‘, minuī als ‚abnehmen‘, vehī als ‚fahren‘); vgl. § 129.

§ 48 **Deponentien** (verba dēpōnentia) sind Verben mit *passiver Form,* aber *aktiver Bedeutung* (z. B. hortārī = ermahnen, partīrī = teilen); sie haben — nach der Auffassung der alten Grammatiker — ihre passivische Bedeutung „abgelegt" und eine aktivische angenommen. Dabei ist jedoch zu merken:

1. Das **Gerundivum** eines Deponens behält seine **passivische** Bedeutung:
             z. B. hortandus   ein zu ermahnender
2. Das Deponens hat eine Anzahl *aktiver Formen:*

das **Gerundium**	z. B. hortandī	des Ermahnens
das **Partizip des Präsens**	hortāns	ermahnend
das **Partizip des Futurs**	hortātūrus	im Begriff zu ermahnen
den **Infinitiv des Futurs**	hortātūrum esse	künftig ermahnen
die **Supina**	hortātum	um zu ermahnen
	hortātū	zu ermahnen.

§ 49 Als Muster ist in der folgenden Tabelle das Deponens der 1. Konjugation hortārī benutzt. Für die Deponentien der anderen Konjugationen sei auf die Tabellen der §§ 34—37 verwiesen, da die Endungen bzw. Ausgänge die gleichen sind wie bei den gewöhnlichen Verben.

---

* 207. fug-i-tum ist vom Präsensstamm abgeleitet, ebenso par-i-turus in 209. — * 209. peperī mit Vokalschwächung in -e- vor -r- (§ 42, 2).

Präsensstammgruppe			Supinstammgruppe		
Indikativ			**Indikativ**		
Präsens ich ermahne, du ermahnst usw.	hort**or** hortā-**ris** hortā-**tur** hortā-**mur** hortā-**minī** horta-**ntur**		**Perfekt** ich habe ermahnt, du hast ermahnt usw. (§ 130, 3)	hortā-**tus, -a, -um** hortā-**tī, -ae, -a**	sum es est sumus estis sunt
Imperfekt ich ermahnte, du ermahntest usw.	hortā-**ba-r** hortā-**bā-ris** hortā-**bā-tur** hortā-**bā-mur** hortā-**bā-minī** hortā-**ba-ntur**		**Plusquam- perfekt** ich hatte ermahnt, du hattest ermahnt usw.	hortā-**tus, -a, um** hortā-**tī, -ae, -a**	eram erās erat erāmus erātis erant
Futur I ich werde ermahnen, du wirst ermahnen usw.	hortā-**b-or** hortá-**be-ris** hortá-**bi-tur** hortá-**bi-mur** hortā-**bi-minī** hortā-**bu-ntur**		**Futur II** ich werde ermahnt haben, du wirst ermahnt haben usw.	hortā-**tus, -a, -um** hortā-**tī, -ae, -a**	erō eris erit erimus eritis erunt

Konjunktiv			**Konjunktiv**		
Präsens ich ermahne (möge ermahnen), du ermahnest usw.	horte-**r** hortē-**ris** hortē-**tur** hortē-**mur** hortē-**minī** horte-**ntur**		**Perfekt** ich habe ermahnt (möge ermahnt haben) usw.	hortā-**tus, -a, um** hortā-**tī, -ae, -a**	sim sīs sit sīmus sītis sint
Imperfekt ich ermahnte (würde ermahnen) usw.	hortā-**re-r** hortā-**rē-ris** hortā-**rē-tur** hortā-**rē-mur** hortā-**rē-minī** hortā-**re-ntur**		**Plusquam- perfekt** ich hätte ermahnt (würde ermahnt haben) usw.	hortā-**tus, -a, um** hortā-**tī, -ae, -a**	essem essēs esset essēmus essētis essent

Imperativ I ermahne! ermahn(e)t!	hortā-**re**! hortā-**minī**!	**Supinum I** um zu ermahnen	hortā-**tum**
Imperativ II du sollst ermahnen! er soll ermahnen! sie sollen ermahnen!	hortā-**tor**! hortā-**tor**! horta-**ntor**!	**Supinum II** zu ermahnen	hortā-**tū**

Infinitiv Präsens ermahnen	hortā-rī	Infinitiv Perfekt ermahnt haben	hortā-**tum, -am, -um esse**
Gerundium des Ermahnens	horta-ndī usw.	Infinitiv Futur künftig ermahnen	hortā-**tūrum, -am,-um esse**
Partizip Präsens ermahnend	hortā-ns, horta-ntis	Partizip Perfekt ermahnt habend	hortā-**tus, -a, -um**
Gerundivum ein zu ermahnender (passivisch!)	horta-ndus, -a, um	Partizip Futur im Begriff zu ermahnen	hortā-**tūrus, -a, -um**

§ 50   Die *Stammformenreihen* der Deponentien bestehen (da ein Perfekt-Aktiv-Stamm fehlt) aus dem Infinitiv des Präsens und der 1. Person des (formal passiven) Perfekts. Die 1. Person des Präsens kann man, wie bei den gewöhnlichen Verben, noch hinzunehmen (man *muß* es wieder bei den Deponentien der (3.) ī-Konjugation).

In der folgenden Übersicht befindet sich auch die kleine Gruppe der **Halbdeponentien (Sēmidēpōnentia)**, die entweder nur im Perfektstamm oder nur im Präsensstamm deponential sind (d. h. passive Formen mit aktiver Bedeutung haben); z. B. **audēre, ausus sum** wagen (audeō = ich wage, ausus sum = ich habe gewagt) und **revertī, revertī** zurückkehren (revertor = ich kehre zurück, revertī = ich bin zurückgekehrt).

    Für die Bildung der Stämme und die Gestalt der Komposita gelten die zu den gewöhnlichen Verben gegebenen Regeln der §§ 38—42.

Stammformenreihen der wichtigsten Deponentien und ihrer Komposita
(Ein * vor der Zahl weist auf eine Erläuterung in den Fußnoten.)

§ 51   **1. und 2. Konjugation**

1. **hortārī**   hortor   hortātus sum   ermahnen
     Ebenso cohortārī.
     Nach diesem Muster gehen *alle* Deponentien *der 1. Konjugation*. Auch hier gibt es Intensiva und Iterativa, z. B. sectārī (zu sequī) nachjagen, tūtārī (zu tuērī) schützen.

*2. **licērī**   liceor   licitus sum   (auf etwas) bieten
    pollicērī   polliceor   pollicitus sum   versprechen
3. **merērī**   mereor   meritus sum   verdienen, sich verdient
*4. **miserērī**   misereor   miseritus sum   sich erbarmen   [machen
5. **tuērī**   tueor   tuitus sum   schützen
     Ebenso intuērī anschauen.

6. **verērī**   vereor   veritus sum   scheuen, (sich) fürchten

---

*2. Zu pol- vgl. § 42. — *4. Unterscheide miserārī bejammern!

*7. **fatērī**   fateor   **fassus sum**   }   bekennen, gestehen
   cōnfitērī   cōnfiteor   **cōnfessus sum** }
    Ebenso profitērī offen erklären.

*8. **rērī**   reor   **ratus sum**   berechnen, meinen

9. **medērī**   medeor   (sānāvī)   heilen (vulnerī, aegrōtō)

Halbdeponentien

10. **solēre**   soleō   **solitus sum**   pflegen (= gewohnt sein)

*11. **audēre**   audeō   **ausus sum**   wagen

*12. **gaudēre**   gaudeō   **gāvīsus sum**   sich freuen

4. Konjugation   § 52

13. **blandīrī**   blandior   **blandītus sum**   schmeicheln

14. **largīrī**   largior   **largītus sum**   spenden, schenken

15. **mentīrī**   mentior   **mentītus sum**   lügen

16. **mōlīrī**   mōlior   **mōlītus sum**   (eine Last) in Bewegung setzen, unternehmen

17. **partīrī**   partior   **partītus sum**   teilen

18. **potīrī**   potior   **potītus sum**   sich bemächtigen (urbe)

19. **sortīrī**   sortior   **sortītus sum**   erlosen

20. **experīrī**   experior   **expertus sum**   erproben

    opperīrī   opperior   oppertus sum   erwarten

*21. **ōrdīrī**   ōrdior   **ōrsus sum**   anfangen

*22. **orīrī**   orior   **ortus sum**   entstehen, sich erheben
    (oritūrus)

    Ebenso adorīrī angreifen; coorīrī u. exorīrī ausbrechen, entstehen.

*23. **assentīrī**   assentior   **assēnsus sum**   zustimmen

24. **mētīrī**   mētior   **mēnsus sum**   messen

    Ebenso dīmētīrī abmessen (dīmēnsus auch passivisch = abgemessen).

3. Konjugation   § 53

*25 **fungī**   fungor   **fūnctus sum**   verrichten, verwalten
                                           (cōnsulātū)

    Ebenso dēfungī u. perfungī verrichten, überstehen.

*26. **loquī**   loquor   **locūtus sum**   reden

    Ebenso álloquī anreden; cólloquī sich unterreden; ēloquī aussprechen, ausplaudern.

27. **sequī**   sequor   **secūtus sum**   folgen (amīcum)

    Ebenso ássequī und cōnsequī erreichen, erlangen; īnsequī verfolgen, darauffolgen; prōsequī geleiten; subsequī auf dem Fuße folgen; obsequī (lēgibus!) willfahren, gehorchen u. a.

---

  * 7. Zu fassus vgl. § 40, zur Vokalschwächung im Kompositum § 42, 2. — * 8. In ratus (vgl. ratiō) liegt Ablaut vor. — * 11. Zu audēre gehört der alte Konj. (eig. „Optativ", vgl. § 55 Erl.) Perf. ausim, der potential (§ 132) gebraucht wird. — * 12. Aus gāvidēre entstanden (das nicht zu vidēre gehört). — * 21. Zu ōrsus vgl. § 40. — * 22. orīrī gehört (nach seinem Inf. Präs.) zur 4. Konjug. (auch Impf. Konj. orīrer, neben orerer), geht aber im Präs. (oreris, oritur usw.) und im Imperativ (orere, oritor usw.) wie der Typ capere; dasselbe gilt für die Komposita außer adorīrī, welches ganz nach der 4. Konj. geht. — * 23. Neben assēnsus sum auch assēnsī (vgl. § 45, Nr. 63). — * 25. Zum langen -u- in fūnctus vgl. § 3 Fußn. — * 26. loc-ūtus an Partizipien auf -ūtus angeglichen; -qu- (qv) wurde vor -u- zu -c-. Ebenso bei sequī.

*28.	**fruī** frᵘuor	**frūctus sum** (fruitūrus)	genießen (pāce)
*29.	**querī** queror	**questus sum**	klagen, sich beklagen
*30.	**amplectī** amplector	**amplexus sum**	umfassen

Ebenso complectī umfassen, umarmen.

31.	**nītī** nītor	**nīsus** u. **nīxus sum**	sich stützen, streben
32.	**ūtī** ūtor	**ūsus sum**	gebrauchen (cōnsiliō)

Ebenso abūtī ausnutzen, mißbrauchen.

*33.	**lābī** lābor	**lāpsus sum**	gleiten, sinken

Ebenso collābī zusammenstürzen, dīlābī zerfallen.

*34.	**nāscī** nāscor	**nātus sum**	geboren werden
35.	**īrāscī** īrāscor	(īrātus sum bin zornig)	zornig werden
*36.	**pacīscī** pacīscor	**pactus sum**	einen Vertrag schließen
37.	**nancīscī** nancīscor	**nactus (nānctus) sum**	bekommen
38.	**ulcīscī** ulcīscor	**ultus sum**	rächen, sich rächen (iniūriam, amīcum, inimīcum)
39.	**adipīscī** adipīscor	**adeptus sum**	erlangen
40.	**proficīscī** proficīscor	**profectus sum**	aufbrechen, (ab)reisen, marschieren
41.	**comminīscī** comminīscor	**commentus sum**	erdenken
	reminīscī reminīscor	(recordātus sum)	sich erinnern
42.	**oblīvīscī** oblīvīscor	**oblītus sum**	vergessen
43.	**expergīscī** expergīscor	**experrēctus sum**	erwachen
44.	**vēscī** vēscor	—	sich nähren

Deponentien der 3. Konjug. auf **-ior**

*45.	**morī** morior	**mortuus sum** (moritūrus)	sterben
46.	**patī** patior	**passus sum**	leiden, zulassen
	pérpetī perpetior	perpessus sum	erdulden
*47.	**gradī** gradior	**gressus sum**	schreiten
	aggredī aggredior	**aggressus sum**	angreifen

Ebenso congredī zusammentreffen, sich messen; ēgredī herausgehen, prōgredī vorrücken, trānsgredī überschreiten u. a.

Halbdeponentien

48.	**fīdere** fīdō	**fīsus sum**	(ver)trauen

Ebenso cōnfīdere vertrauen, diffīdere mißtrauen.

*49.	**revertī** revertor	**revertī**	zurückkehren

Dazu Partiz. reversus (zurückgekehrt) u. reversūrus. Ebenso devertī einkehren.

---

* 28. fruī aus frūgvī entstanden; daher frūctus (vgl. § 46, Nr. 114). — * 29. Stamm ques; zum Rhotazismus vgl. § 34. — * 30. Zur Präsenserweiterung -t- vgl. § 41; plectere heißt ‚flechten‘, am(b)plectī eigentlich ‚sich herumflechten‘. — * 33. Zu lāpsus vgl. § 40. — * 34ff. Zur Erweiterung mit -sc- vgl. § 41. — * 36ff. Die Verben auf -īscī bilden eine Gruppe für sich. nancīscī zeigt im Präs. nasale Erweiterung (vgl. § 41), die auch das Partiz. Perf. haben kann. ultus ist aus ulctus entstanden (vgl. § 44, Nr. 30). Bei adipīscī (das zu aptus gehört) ist die Vokalschwächung zu beachten; desgl. bei proficīscī (dazu vgl. § 42 Tabelle unter pro-). -min-īscī gehört zum Stamm men- (vgl. mēns, monēre, me-min-isse). expergīscī gehört zu pergere (§ 46, Nr. 101). — * 45. mor-i-tūrus ist vom Präsensstamm abgeleitet; vgl. § 47, Nr. 207 Fußn. — * 47. gressus (statt grassus, das noch in dem Intensivum grassārī erhalten ist) hat sich den häufiger vorkommenden Komposita angeglichen. Das -e- (statt i) in -gredī beruht auf Angleichung an das Part. Perf. (ebenso bei perpetī). — * 49. Vgl. vertere § 46, Nr. 181.

II. Die unregelmäßigen Verben (verba anōmala)

Sie fallen im *Präsensstamm* aus dem Rahmen der vier Konjugationen heraus, meist schon dadurch, daß sie (obwohl von konsonantischen Stämmen gebildet) in einer Anzahl von Formen keinen Bildevokal haben. Das zu ihnen gehörige Verb esse ist schon in § 34 behandelt.

ferre, ferō, tulī, lātum tragen   § 54

Aktiv

Indikativ		Konjunktiv	
Präsens	ferō	Präsens	feram
	fers		ferās
	fert		ferat
	ferimus		ferāmus
	fertis		ferātis
	ferunt		ferant
Imperfekt	ferēbam	Imperfekt	ferrem
	ferēbās		ferrēs
	usw.		usw.
Futur I	feram		
	ferēs		
	usw.		

Passiv

Indikativ		Konjunktiv	
Präsens	feror	Präsens	ferar
	ferris		ferāris
	fertur		ferātur
	ferimur		ferāmur
	feriminī		ferāminī
	feruntur		ferantur
Imperfekt	ferēbar	Imperfekt	ferrer
	ferēbāris		ferrēris
	usw.		usw.
Futur I	ferar		
	ferēris		
	usw.		

Imperativ (Aktiv)

Imp. I	fer	trage!
	ferte	tragt!
Imp. II	fertō	du sollst tragen!
	fertō	er (sie, es) soll tragen!
	fertōte	ihr sollt tragen!
	feruntō	sie sollen tragen!

Imperativ (Passiv)

Imp. I	ferre	(werde getragen =) laß dich tragen!
	feriminī	(werdet getragen =) laßt euch tragen!
Imp. II	fertor	du sollst getragen werden!
	fertor	er (sie, es) soll getragen werden!
	—	
	feruntor	sie sollen getragen werden!

Infinitiv Präsens	ferre	Infinitiv Futur	lātūrum, -am, -um esse
Gerundium	ferendī usw.		
Partizip Präsens	ferēns, ferentis	Partizip Futur	lātūrus, -a, -um

Infinitiv Präsens	ferrī	Infinitiv Futur	lātum īrī
Gerundivum	ferendus -a, -um		

Erläuterungen:
1. Die Formen mit Fettdruck sind vom Stamm fer (der mit dem aktiven Imperativ zusammenfällt) ohne Bildevokal gebildet. Der Infinitiv fer-re ist aus fer-se durch Assimilation entstanden (-se, die eigentliche, auch in es-se erhaltene Infinitivendung, ist *sonst* hinter Vokal durch „Rhotazismus" zu -re geworden); ferrī ist unregelmäßig nach ferre gebildet.
2. Perfekt (ursprünglich redupliziert, vgl. unten Fußn. und § 39, 5) und Supinum lātum (aus tlā-tum) sind von einem anderen Verb entlehnt, das mit to*l*erāre und unserem ‚dulden' verwandt ist.

Die wichtigsten **Komposita von ferre** (zur Bildung vgl. § 42) sind:

afferre	**áf**ferō	**át**tulī	**al**lātum	herbeitragen
auferre	auferō	**ab**stulī	**ab**lātum	wegtragen
cōnferre	cōnferō	contulī	**col**lātum	zusammentragen, vergleichen
dēferre	dēferō	dētulī	dēlātum	übertragen, berichten
differre	differō	**dis**tulī	**dī**lātum	aufschieben
differre	differō	—	—	sich unterscheiden
efferre	efferō	**ex**tulī	**ē**lātum	hinaustragen, bestatten
īnferre	īnferō	intulī	**il**lātum	hineintragen
offerre	offerō	**ob**tulī	**ob**lātum	anbieten
perferre	perferō	pertulī	perlātum	ertragen; berichten
praeferre	praeferō	praetulī	praelātum	vorziehen
referre	referō	**ret**tulī*	relatum	zurücktragen, melden

unpers. rēfert, rētulit (zu rēs) es kommt darauf an.

§ 55

velle,	**volō,**	**voluī**	wollen
nōlle,	**nōlō,**	**nōluī**	nicht wollen
mālle,	**mālō,**	**māluī**	lieber wollen

Indikativ				Konjunktiv			
Präsens	volō	nōlō	mālō	Präsens	**velim**	**nōlim**	**mālim**
	vīs	nōn vīs	māvīs		velis	nōlīs	mālīs
	vult	nōn vult	māvult		velit	nōlit	mālit
	volumus	nōlumus	mālumus		velīmus	nōlīmus	mālīmus
	vultis	nōn vultis	māvultis		velītis	nōlītis	mālītis
	volunt	nōlunt	mālunt		velint	nōlint	mālint
Imperfekt	volēbam	nōlēbam	mālēbam	Imperfekt	**vellem**	**nōllem**	**māllem**
	volēbās	nōlēbās	mālēbās		vellēs	nōllēs	māllēs
	usw.	usw.	usw.		usw.	usw.	usw.
Futur I	volam	nōlam	mālam				
	volēs	nōlēs	mālēs				
	usw.	usw.	usw.				

Imperativ		
Imp. I	—	**nōlī** —
		nōlīte
Imp. II	—	nōlītō —
		nōlītō
		nōlītōte
		nōluntō

Infinitiv Präsens	**velle**	**nōlle**	**mālle**
Partizip Präsens	volēns	nōlēns	—

Erläuterungen:

1. Der Stamm vel- (Infinitiv velle aus vel-se; vgl. ferre § 54) wechselt mit vol- und (vor den ohne Bildevokal angefügten Endungen -t u. -tis) mit vul- (vgl. § 45, Nr. 53). Die Form vīs läßt sich nicht mit Sicherheit erklären. vel-im ist (wie sim zu esse) Überbleibsel eines sonst dem Lateinischen verlorengegangenen Modus (des „Optativs"). Gerundium und Gerundivum fehlen.
2. nōlō ist aus ně + volō, mālō aus magis + volō entstanden. Zu beachten sind die drei getrennten Formen von nōlle.

---

* rettuli entstanden aus redupliziertem re-te-tulī nach „Synkope" des zweiten -e-; vgl. § 39, 5.

Indikativ		Konjunktiv		Indikativ		Konjunktiv	
Präsens	eō	Präsens	eam	Perfekt	iī	Perfekt	ierim
	īs		eās		īstī		ieris
	it		eat		iit		ierit
	īmus		eāmus		iimus		ierimus
	ītis		eātis		īstis		ieritis
	eunt		eant		iērunt		ierint
Im-perfekt	ībam	Im-perfekt	īrem	Plus-quam-perfekt	ieram	Plus-quam-perfekt	īssem
	ības		īrēs		ierās		īssēs
	usw.		usw.		usw.		usw.
Futur I	ībō			Futur II	ierō		
	ībis				ieris		
	usw.				usw.		

Imperativ		
Imp. I	ī	īte
Imp. II	ītō ītō ītōte euntō	

Infinitiv Präsens	īre
Gerundium	eundī usw.
Partizip Präsens	iēns, euntis

Infinitiv Perfekt	īsse
Infinitiv Futur	itūrum, -am, -um esse
Partizip Futur	itūrus, -a, -um

Erläuterungen:
1. In den meisten Formen sind die Endungen ohne Bildevokal an den Stamm ī- angefügt (ĭ- zeigen iēns und das Supinum ĭtum); *vor Vokal* erscheint (als erster Teil der alten Wurzel ei-) ein e-.
2. Im Perf. Akt. wird iī- vor -s- in der Regel zu ī- zusammengezogen.

Das *Passiv* wird entsprechend gebildet, erscheint aber nur, unpersönlich gebraucht, in der 3. Person:

ītur man geht
eundum est man muß gehen
itum est man ist gegangen.

Dagegen findet sich ein persönliches Passiv bei einigen transitiven Komposita wie (s. u.) adīre und praeterīre (z. B. adeor, adībar, praetereuntur) u. ä.
Über den Gebrauch des passiven Infinitivs īrī bei der Bildung eines Inf. Fut. Pass. vgl. § 116 u. § 121.

Die wichtigsten **Komposita von īre** sind:

abīre	weggehen	praeterīre	vorübergehen, übergehen
adīre	herangehen; (jem.) angehen	prōdīre	hervorgehen, vorgehen
exīre	hinausgehen	redīre	zurückkehren
inīre	eingehen, beginnen	subīre	daruntergehen, auf sich nehmen
interīre	untergehen	trānsīre	hinübergehen, überschreiten
obīre	begehen, auf sich nehmen	vēnīre	(aus vēnum īre „zum Verkauf
perīre	zugrunde gehen		kommen" =) verkauft werden;

ambīre (ambīvī, ambītum) herumgehen ist ganz in die 4. Konjugation übergegangen.

81

fierī, fīō (factus sum) werden, geschehen; gemacht werden

Indikativ		Konjunktiv	
Präsens	fīō fīs fit fīmus fītis fīunt	Präsens	fīam fīās usw.
Imperfekt	fīēbam fīēbās usw.	Imperfekt	fierem fierēs usw.
Futur I	fīam fīēs usw.		

Infinitiv Präsens	fierī
Infinitiv Futur	(ersetzt durch) **futūrum, -am, -um esse** (od. **fore**) künftig geschehen; dagegen **factum īrī** künftig gemacht werden

Erläuterungen:

1. Zu beachten ist die passivische Form des Inf. (Präs.) und die Länge des -i- vor Vokal in allen Formen außer in fīerī und fīerem usw.
2. fierī ‚gemacht werden‘ dient als Passiv zu facere und zu denjenigen Komposita von facere, welche das -a- behalten, wie calefacere/calefierī u. assuēfacere/assuēfierī (vgl. § 47, Nr. 205).

§ 58   In weiterem Sinne gehört zu den unregelmäßigen Verben auch die Gruppe der **unvollständigen Verben** (verba dēfectīva), die nur eine beschränkte Anzahl von Formen bilden.

1. Von **aiō** (gesprochen ajjō) ‚*ich sage, bejahe*‘ kommt nur der Indikativ des Präsens (**ais, ait, aiunt**) und des Imperfekts (**aiēbam** usw.) sowie **ait** als Perfekt häufiger vor.

2. **inquam** ‚*sage ich*‘ wird stets in die direkte Rede eingeschoben. Neben der häufigen 3. Pers. Sing. **inquit** (‚*sagt er*‘ u. ‚*sagte er*‘) finden sich vor allem noch die Präsensformen **inquīs** und **inquiunt** und vom Futur **inquiēs**.

3. Auch **quaesō** (Pl. **quaesumus**) ‚*bitte*‘ wird in die direkte Rede eingeschoben.

4. **quīre** ‚*können*‘ und **nequīre** ‚*nicht können*‘ sind nach īre gebildet* und werden entsprechend flektiert (z. B. nōn queō u. nequeō, nequeunt, queās), kommen aber nur gelegentlich in einzelnen Formen vor.

5. **coepisse** ‚*angefangen haben*‘ mit **coeptum** wird im Präsens durch incipere (vgl. § 47, Nr. 204) ergänzt.

6. **meminisse** ‚*sich erinnern, gedenken*‘ und **ōdisse** ‚*hassen*‘ sind Perfekta (ohne Präsensstamm) mit Präsens-Bedeutung:

   a) **meminī** usw. ich erinnere mich, **memineram** usw. ich erinnerte mich, **meminerō** usw. ich werde mich erinnern; Konjunktive **meminerim** u. **meminissem**. Dazu die Imperative **mementō** erinnere dich! u. **mementōte** erinnert euch!

   b) **ōdī** usw. ich hasse, **ōderam** ich haßte, **ōderō** ich werde hassen; Konjunktive **ōderim** u. **ōdissem**. Dazu das Partizip des Futurs **ōsūrus**.

   Anmerkung. Die präsentische Bedeutung der beiden Verben erklärt sich wie bei nōvī (ich [habe kennengelernt und] kenne [nun]) und bei cōnsuēvī (vgl. § 130): meminī (vgl. reminīscī § 53, 41) heißt eigentlich „ich habe nachgedacht“, ōdī „ich habe mich mit Haß (odium) erfüllt“.

---

* Ausgangspunkt war ein unpersönliches nequit (aus neque-it) „es geht nicht“ = es ist nicht möglich.

Auf die 3. Person des Singulars und den Infinitiv sind beschränkt die **unpersön-** § 59
lichen Verben (verba impersōnālia) wie:

pluere   regnen (z. B. pluit es regnet od. es hat geregnet, pluēbat es regnete,
              pluet es wird regnen)
pudēre   sich schämen (z. B. mē pudet „mich erfaßt Scham" = ich schäme mich)
paenitēre bereuen (z. B. eōs paenituit „sie hat Reue erfaßt" = sie haben bereut)
oportēre sich gehören (z. B. oportēbat es gehörte sich)
interesse von Wichtigkeit sein (z. B. intererit es wird darauf ankommen).

Von den unflektierbaren Wortarten sind die *Adverbien* in den §§ 17, 24, 2 u. 26f.
besprochen. Die *Präpositionen* und die *Konjunktionen* werden in der Satzlehre be-
handelt (§§ 114 u. 137ff. [159]).

Gebräuchlichere **Interjektionen** sind:
ō   „o" für alle möglichen Gefühle
heu u. **ēheu** „ach" für Klage und Schmerz (heu mē miserum = ach ich Armer!)
vae   „wehe" für Klage und Drohung (vae mihi weh mir!, vae tē wehe dir!)
heus   „he(da)" für den Anruf.

Aus der Wortbildungslehre

§ 60   Allgemeines. An dem *Stamm* eines Wortes haftet ein bestimmter Vorstellungsinhalt. Der Vergleich mehrerer Wortstämme verwandten Inhalts führt oft zu der Feststellung eines gemeinsamen (nicht weiter zerlegbaren) Grundelements, der *„Wurzel"*. Aus dieser entstehen die Stämme gewöhnlich durch das Hinzutreten von Bildungselementen; sie heißen *Präfixe,* wenn sie vorn, *Suffixe,* wenn sie hinten „angeheftet" sind*.

Über die Stammbildung der Verben ist bereits in der Formenlehre gesprochen; vgl. auch die Zusammenstellung der Präverbien (die zu den Präfixen gehören) in § 42 und die Hinweise auf die Inkohativa (§ 41), Intensiva und Iterativa (§ 43), Desiderativa (§ 45). Über die Bildung der Adverbien durch Suffixe vgl. § 17a. E.

Im folgenden soll nur auf die Wortbildung der *Nomina* eingegangen werden, bei der entweder *mit Hilfe von Suffixen* neue Wörter aus vorliegenden verbalen und nominalen Wurzeln und Stämmen *abgeleitet* sind oder die neuen Wörter auf einer *Zusammensetzung* vorhandener Stämme beruhen.

A. Abgeleitete Nomina, gebildet mit Suffixen

§ 61   **I. Nomina der 2. u. 1. (o/a-) Deklination**

1. **Substantive auf -ia.** Sie sind meist abgeleitet von Adjektiven der o/a- u. 3. Deklination und von Partizipien (z. B. modestus/modestia, memor/memoria, patiēns/patientia), seltener von Substantiven (z. B. custōs/custōdia). Sie bezeichnen größtenteils eine Eigenschaft.

    Weitere Beispiele: fācundia, īnsānia, invidia, īrācundia, molestia, perfidia, reliquiae, superbia; audācia, contumācia, ferōcia; concordia (dis-), inopia, dīvitiae; absentia (prae-), abstinentia (con-), adulēscentia, arrogantia, benevolentia, clēmentia, cōnstantia, dēmentia, dīligentia, ēlegantia, frequentia, impudentia, innocentia, īnsolentia, oboedientia, (im)potentia, (im)prūdentia, (cōn)scientia, sapientia, (in)temperantia, vehementia; colōnia; mīlitia, patria, īgnōminia, īnsidiae, luxuria.

2. **Substantive auf -itia.** Sie sind fast sämtlich abgeleitet von Adjektiven der o/a-Deklination (z. B. stultus/stultitia), nur vereinzelt von Substantiven (z. B. puer/pueritia). Sie bezeichnen eine Eigenschaft oder einen Zustand (auch eine Tätigkeit).

    Weitere Beispiele: amīcitia, inimīcitiae, avāritia, blanditia, iūstitia, laetitia, maestitia, malitia, pigritia, pudīcitia, saevitia; trīstitia.

3. **Substantive auf -ium.** Sie sind meist abgeleitet von Verben (z. B. imperāre/ imperium), seltener von Nomina (z. B. senex/senium). Sie bezeichnen einen Zustand, eine Tätigkeit, ein Ergebnis (auch ein Mittel).

    Weitere Beispiele: aedificium, dēsīderium, indicium, iūdicium, nāvigium, sacrificium, supplicium; gaudium, praesidium, studium; perfugium (re-), colloquium, obsequium, incendium, cōnsilium; exōrdium; beneficium, ministerium; artificium, coniugium, hospitium, sacerdōtium, silentium; cōnūbium, ingenium, remedium. — Auch Erweiterungen auf -**mōnium** wie mātrimōnium, patrimōnium, testimōnium.

---

* Über ein eingeschobenes „Infix" vgl. § 41, 1.

4. **Substantive auf -tūra** (verbaler Supinstock + -ūra), z.B. sepult/sepultūra, eine Tätigkeit oder ihr Ergebnis bezeichnend.

Weitere Beispiele: armātūra, statūra; nātūra, iactūra, coniectūra, pictūra, strūctūra, tīnctūra, scrīptūra, ūsūra, cultūra; sepultūra; cēnsūra, dictātūra, praetūra, quaestūra.

5. **Substantive auf -trum, -clum** (meist mit „Vokalentfaltung" -**culum**) u. (nach vorausgehendem -l-„dissimiliert" zu) -**crum** und -**bulum**. Sie sind meist abgeleitet von Verben (z. B. arāre/arātrum, cubāre/cubiculum, sepelīre/sepulcrum, vocāre/vocābulum) und bezeichnen gewöhnlich ein Mittel oder einen Ort.

Weitere Beispiele:
a) -**trum**: claustrum (aus claud-trum), rāstrum, rōstrum, spectrum.
b) -**clum** od. -**crum**: gubernāculum, ōrāculum, piāculum, receptāculum, saeculum, simulācrum, spectāculum, sepulcrum, pōculum; vehiculum, curriculum; perīculum (zu experīrī), vinculum; lucrum.
c) -**bulum**: venābulum, stabulum, pābulum.

6. **Substantive auf -mentum** (vgl. -men § 62, 5). Sie sind abgeleitet von Verben (z. B. ōrnāre/ōrnāmentum, īnstruere/īnstrūmentum) und bezeichnen ein Mittel.

Weitere Beispiele: armāmentum, fundāmentum, incitāmentum, sacrāmentum, testāmentum, adiūmentum, complēmentum (sup-), documentum, monumentum, augmentum, mōmentum, tormentum; argūmentum, frūmentum, fragmentum, pigmentum, caementum, alimentum, dētrīmentum, condīmentum, experīmentum, impedīmentum, mūnīmentum, vestīmentum.

7. **Adjektive auf -eus,** -a, -um. Sie sind abgeleitet von Substantiven (z. B. aurum/aureus) und bezeichnen einen Stoff oder eine Farbe.

Weitere Beispiele: argenteus, ferreus, lacteus, lāneus, laureus, līgneus, purpureus; īgneus, lapideus, marmoreus, niveus. Substantiviert vīnea.

8. **Adjektive auf -uus,** -a,-um und -**īvus,** -a,-um. Sie sind meist von Verben abgeleitet (z. B. continēre/continuus; stāre/statīvus, agere/āctīvus), seltener von Substantiven (z. B. annus/annuus, quālitās/quālitātīvus).

Weitere Beispiele:
a) -**uus**: assiduus, exiguus, indīviduus, ingenuus, perpetuus, praecipuus, vacuus.
b) -**īvus**: ablātīvus, accūsātīvus, collēctīvus, comparātīvus, īnfīnītīvus, passīvus u. a. Fachausdrücke; substantīvus; aestīvus, festīvus, tempestīvus.

9. **Adjektive auf -icus,** -a, -um und -**icius,** -a, -um. Sie sind meist abgeleitet von Substantiven (z. B. bellum/bellicus; pater/patrĭcius, novus/novīcius).

Weitere Beispiele:
a) -**icus**: cīvicus, classicus, hosticus, modicus; vīlicus.
b) -**icius**: tribūnĭcius, gentīlĭcius; advectīcius, adventīcius, dēditīcius, trā(ns)lātīcius.

10. **Adjektive auf -ārius,** -a, -um. Sie sind meist abgeleitet von Substantiven (z. B. aes/aerārius) und z. T. selbst wieder *substantiviert* (z. B. aerārium).

Weitere Beispiele: aquārius, columbārium, sagittārius, sīcārius; agrārius, argentārius, cibārium, commentārius; adversārius (contrārius), antīquārius; dēnārius, sēnārius; bo(v)ārius, gregārius, honōrārius, legiōnārius, onerārius, ōrdinārius (extra-), prōlētārius, rētiārius, sēminārium, vicārius; tumultuārius; temerārius, necessārius.

11. **Adjektive auf -ōsus,** -a, -um. Sie sind abgeleitet von Substantiven (z. B. umbra/umbrōsus, labor/labōriōsus) und bezeichnen eine Fülle („reich an").

Weitere Beispiele: animōsus, fābulōsus, fāmōsus, fōrmōsus; glōriōsus, herbōsus, lacrimōsus, luxuriōsus, maculōsus, nebulōsus; damnōsus, fastīdiōsus, flāgitiōsus, iocōsus, odiōsus, officiōsus, ōtiōsus, perīculōsus, pretiōsus, studiōsus, verbōsus, vitiōsus; bellicōsus; ambitiōsus, generōsus, libīdinōsus, sēditiōsus; frūctuōsus, tumultuōsus; perniciōsus, speciōsus.

12. **Adjektive auf -nus,** -a, -um. Sie sind abgeleitet von Nomina, aber auch von Adverbien, und zeigen die Erweiterungen **-ernus** (z. B. nach pater-nus sempiternus), **-ānus** (z. B. oppidum/oppidānus), **-īnus** (z. B. vīcus/vīcīnus); sie bezeichnen eine Zugehörigkeit.

Weitere Beispiele:
a) **-nus**: māter-nus, frāter-nus, exter-nus, īnfer-nus, inter-nus, vēr-nus, hībernus, hesternus, hodiernus, aeternus (aus aeviternus); dagegen nocturnus, diurnus, diūturnus.
b) **-ānus**: decumānus, īnsulānus; pāgānus, praetōriānus; prīmānus, secundānus, tertiānus, pūblicānus; montānus, urbānus; veterānus; Rōmānus, Cispadānus; Caesariānus.
c) **-īnus**: mātūtīnus, vespertīnus; dīvīnus, lībertīnus, masculīnus, fēminīnus; peregrīnus, repen-tīnus, intestīnus, clandestīnus.
   Substantive auf **-īna**: gallīna, rēgīna; disciplīna, medicīna; doctrīna; officīna (aus opificina), piscīna, salīnae; rapīna, ruīna.

13. **Adjektive auf -dus,** -a, -um. Sie sind abgeleitet von Verben und zeigen die Erweiterungen **-idus** (meist zu intransitiven Verben auf -ēre und Substantiven auf -or ge-hörig, z. B. splendēre/splendor/splendidus), **-cundus** (z. B. īrā-scī/īrācun-dus) und **-bundus** (z. B. morī/moribundus).

Weitere Beispiele:
a) **-idus**: avidus, calidus, callidus, candidus, fervidus, frīgidus, horridus, hūmidus, languidus, liquidus, madidus, nitidus, pallidus, pavidus, squālidus, stupidus, timidus, tumidus, validus; sordidus; gelidus; cupidus, rapidus.
b) **-cundus**: iūcundus (iuvāre), verēcundus, fācundus (fārī), fēcundus (vgl. fē-līx).
c) **-bundus**: cunctābundus, grātulābundus, indīgnābundus, mīrābundus, venerābundus; treme-bundus, furibundus.

14. **Adjektive auf -tus,** -a, -um. Sie sind meist von Substantiven abgeleitet und zeigen das Suffix als **-ātus** (z. B. barba/barbātus), **-estus** (z. B. scelus/scelestus), **-ustus** (z. B. onus/onustus).

Weitere Beispiele:
a) **-ātus**: fortūnātus, hastātus, īrātus, litterātus, togātus, candidātus, praetextātus; Cincinnātus; Torquātus, scelerātus.
b) **-estus**: fūnestus; honestus, modestus; molestus.
c) **-ustus**: iūstus, rōbustus; venustus, vetustus; angustus, augustus.

15. **Adjektive,** oft substantiviert, **auf -ulus,** -a, -um (auch -olus), **-ellus,** -a, -um, **-culus,** -a, -um. Sie sind abgeleitet von Nomina (z. B. parvus/parvulus; miser/misellus, liber/libellus; nāvis/nāvicula), selten von Verben (z. B. tre-mere/tremulus), und bezeichnen eine Verkleinerung.

Weitere Beispiele:
a) **-ulus**: Graeculus, paululum; adulēscentulus, rēgulus, rīvulus; crēdulus; fīliolus, palliolum.
b) **-ellus**: tenellus; agellus, capella, castellum, fabella, puella, sacellum.
c) **-culus**: flōsculus, ōsculum, muliercula, nāvicula, opusculum; articulus, ponticulus, versiculus.

§ 62
# II. Nomina der 3. Deklination

1. **Substantive auf -tor** (od. -sor), **-tōris,** daneben öfters die entsprechenden Feminina auf **-trīx,** trīcis. Sie sind abgeleitet vom verbalen Supinstamm (z. B. gubernāre/gubernātor/gubernātrīx, vincere/victor/victrīx) und bezeichnen die tätige Person (sog. nōmina agentis).

Weitere Beispiele: arātor, cūrātor, Cūnctātor, dēprecātor, dictātor, explōrātor, imperātor, līberātor, mercātor, ōrātor, spectātor, vēnātor, adiūtor, sector; fautor, auctor, doctor, cēnsor, professor; Stător, interfector, lēctor, rēctor, textor (textrīx); scrīptor, successor, crēditor, prōditor, ultor; ēmptor, genitor (genetrīx), cursor; tūtor, praetor; Angleichungsbildungen gladiātor, senātor.
Hierzu **Adjektive auf -ius,** -a, -um, z. T. *substantiviert:* amātōrius, cēnsōrius, gladiātōrius, mercātōrius, ōrātōrius, senātōrius; audītōrium, praetōrium, victōria.

2. **Substantive** (Feminina) **auf -iō,** iōnis. Sie sind sämtlich abgeleitet von Verben, und zwar meist vom Supinstamm (z. B. nāscī/nātiō, mūnire/mūnītiō; legere/ lēctiō u. legiō; obsessiō neben obsidiō), und bezeichnen eine Handlung oder deren Ergebnis.

Weitere Beispiele: accūsātiō (ex-), adhortātiō, admīrātiō, aestimātiō (exīst-), cōgitātiō, coniūrātiō, dēlīberātiō, dēspērātiō, dubitātiō, exercitātiō, expūgnātiō (op-), exspectātiō, grātulātiō, indīgnātiō, imitātiō, lēgātiō, moderātiō, ōrātiō, ostentātiō, perturbātiō, praefātiō, recordātiō, salūtātiō, stătiō; cōnfessiō (pro-), possessiō, recēnsiō, ratiō; profectiō, īnscrīptiō (prō-), contentiō, dēfēnsiō, occāsiō, dēditiō (prō-), repetītiō, quaestiō; ērudītiō, expedītiō, largītiō, cōntiō; sēditiō; interneciō, opīniō, rebelliō, religiō (vgl. Fußn. zu § 46,145), suspīciō, diciō (con-), regiō, oblīviō.

3. **Substantive auf -tās,** -tātis (bei o-Stämmen -i-tās, das auch auf konsonantische Stämme übertragen wird; bei io-Stämmen -ie-tās). Sie sind abgeleitet von Nomina (z. B. pauper/paupertās, novus/novitās, pius/pietās; cīvis/cīvitās) und bezeichnen u. a. häufig eine Eigenschaft.

Weitere Beispiele: aequitās (inīqu-), benīgnitās, cāritās, cupiditās, (īn)firmitās, (in)hūmānitās, integritās, paucitās, (im)probitās, propinquitās, sevēritās, tranquillitās, vastitās, vēritās; auctōritās, hērēditās; aedīlitās, alacritās, brevitās, celeritās, crūdēlitās, (īn)fēlīcitās, gravitās, levitās, mōbilitās, immortālitās, impūnitās, suāvitās, ūtilitās, vēlōcitās; necessitās, temeritās; proprietās, societās, varietās; lībertās, ūbertās, facultās, voluptās, egestās, honestās, maiestās, potestās, tempestās, venustās, vetustās *.

4. **Substantive auf -tūdō,** -tūdinis (gewöhnlich als -i-tūdō erscheinend). Sie sind meist abgeleitet von Adjektiven (z. B. māgnus/māgnitūdō, fortis/fortitūdō; cōn-suētūdō) und bezeichnen u. a. häufig eine Eigenschaft.

Weitere Beispiele: aegritūdō, altitūdō, amplitūdō, lātitūdō, longitūdō, multitūdō, pulchritūdō, sōlitūdō; similitūdō, turpitūdō; mānsuētūdō, necessitūdō, habitūdō, sollicitūdō.

5. **Substantive auf -men,** -minis. Sie sind (wie die auf -mentum, § 61, 6) meist von Verben abgeleitet (z. B. certāre/certāmen, fluere/flūmen) und bezeichnen u. a. ein Mittel.

Weitere Beispiele: cōnāmen, medicāmen, solāmen; fulmen, lūmen; acūmen, nūmen, volūmen, nōmen, agmerr, exāmen, culmen (zu cellere = ragen), crīmen, discrīmen.

6. **Substantive auf -or,** -ōris. Sie sind abgeleitet von Verben (meist solchen auf -ēre; vgl. § 61, 13), z. B. splendēre/splendor, errāre/error, und bezeichnen einen Zustand oder eine Eigenschaft.

Weitere Beispiele: calor, candor, fervor, horror, hūmor, nitor, pallor, pavor, squālor, stupor, timor, tumor; ārdor, dolor, favor, pudor, terror; amor, clāmor; furor.

7. **Adjektive auf -ĭlis,** -e und **-bilis,** -e. Sie sind abgeleitet von Verben (z. B. facere/facilis, amāre/amābilis) und bezeichnen meist die passive Möglichkeit.

Weitere Beispiele:
a) **-īlis**: agilis, docilis, fragilis, ūtilis.
b) **-bilis**: aequābilis, habitābilis, lāmentābilis, memorābilis, miserābilis, mūtābilis, inēvītābilis, inexōrābilis, innumerābilis, inviolābilis, irrevocābilis, optābilis, plācābilis, probābilis, (īn)sta-bilis, (in)tolerābilis; flēbilis, horribilis, mōbilis, terribilis; nōbilis, (in)crēdibilis.

8. **Adjektive auf -īlis,** -e und **-ālis,** -e od. (nach vorausgehendem -l- „dissimiliert" zu) **-āris,** -e. Sie sind abgeleitet von Nomina (z. B. puer/puerīlis, aequus/aequālis, familia/familiāris) und bezeichnen die Zugehörigkeit.

Weitere Beispiele:
a) **-īlis**: servīlis, suovetaurīlia, virīlis; quīntīlis, sextīlis; aedīlis, cīvīlis, gentīlis, hostīlis, senīlis, bovīle.
b) **-ālis** u. **-āris** (Neutra mit Abfall des -e- auch substantiviert): prōvinciālis, Vestālis; annālis, austrālis, autumnālis, fātālis, rīvālis, Sāturnālia, sociālis, triumphālis; līberālis, plūrālis; capitālis, hiemālis, hospitālis, mortālis, nāvālis, rēgālis, vōcālis, nātālis, vēnālis; auxiliāris, populāris, singulāris, mīlitāris, salūtāris; animal, tribūnal; exemplar, calcar.

---

* Gleichwertig ist das Suffix **-tūs,** -tūtis in einigen Wörtern wie virtūs, senectūs, iuventūs.

9. **Adjektive auf -ester, -estris, -estre.** Sie sind abgeleitet von Substantiven (z. B. equus/equester, silva/silvestris) und bezeichnen die Zugehörigkeit.

Weitere Beispiele, z. T. ohne besonderes Mask. auf **-ter**: campester, pedester, terrestris; agrestis (mit Schwund des -r- nach dem vorausgehenden -r- zwecks „Dissimilation"); palūstris; illūstris.

10. **Adjektive auf -āx,** ācis. Sie sind abgeleitet von Verben (z. B. audēre/audāx, loquī/loquāx) und bezeichnen eine Neigung zu etwas (bisweilen mit tadelndem Nebensinn).

Weitere Beispiele: mināx, pūgnāx; mordāx, tenāx, pertināx; vīvāx, dicāx, pervicāx, edāx, fallāx, ferāx, capāx, fugāx, efficāx, rapāx; sagāx.

§ 63

III. Nomina der 4. und 5. Deklination

1. **Verbalsubstantive auf -tus** (od. -sus), Gen. -tūs (z. T. im Akk. u. Dativ bzw. Abl. zum Supinum erstarrt) (z. B. stāre/status, canere/cantus, cadere/cāsus).

Weitere Beispiele: apparātus, cōnātus, sonitus; habitus, mōtus, vīsus, rīsus; nūtus, dīlēctus, cōnspectus (ad-, dē-, re-), vīctus, receptus, accessus (dis-, suc-), passus, ūsus, sūmptus, fremitus, gemitus, (con)cursus, (sug)gestus, partus; vestītus, ortus, aditus (amb-, circu-, ex-, inter-, intro-, ob-, red-, trāns-); exercitus, fluctus, frūctus, lūctus. Angleichungsbildungen senātus, cōnsulātus, dominātus, tribūnātus, prīncipātus, magistrātus, equitātus, peditātus.

2. **Substantive auf -iēs,** ēī und **-itiēs,** ēī, meist abgeleitet von Nomina und eine Eigenschaft bezeichnend (z. B. pauper/pauperiēs, māter/māteriēs neben māteria; dūrus/dūritiēs neben dūritia, plānus/plānitiēs neben plānitia).

§ 64

B. Zusammengesetzte Nomina

Eine Gruppe für sich bilden diejenigen Wortverbindungen, deren Teile selbständige Wörter darstellen, die bisweilen auch getrennt geschrieben werden; hier redet man von einer **Zusammenrückung.** Als Beispiele seien genannt: rēspūblica, iūsiūrandum; agricultūra, aquaeductus (Wasserleitung), iūriscōnsultus (Rechtsgelehrter), lēgislātor (Antragsteller für ein Gesetz), senātūscōnsultum (Senatsbeschluß), vērīsimilis; nōmenclātor („Namennenner", zu calāre ausrufen); sacrōsānctus („durch ein Opfer geheiligt" = unverletzlich); paenīnsula; quīvīs u. quīlibet u. a.*.

Bei der echten **Zusammensetzung** liegt eine wirkliche Verzahnung der Glieder vor. Diese bestehen oft aus Wortformen, die einzeln in der Sprache nicht vorkommen. *Im Hinblick auf das* **zweite Glied** (Hinterglied) des Kompositums können wir zwei Gruppen unterscheiden:

1. Das zweite Glied gehört zu einem **Verb.** Beispiele: parti-ceps u. prīnceps (capere), māgni-ficus u. male-ficus u. arti-fex u. pontifex u. opifex (facere), causi-dicus (Rechtsanwalt) u. iū-dex (dīcere), armi-ger u. corniger (gerere), morti-fer u. lūcifer u. aquilifer (ferre), fidi-cen u. tībīcen (canere), au-spex (-spicere), homi-cīda u. pāricīda (caedere), puer-pera (Wöchnerin; parere), caelī-cola u. agricola (colere), rēm-ex (Ruderer; agere), blandi-loquus (loquī). Die Vorderglieder sind in der Regel Nomina; bei maleficus hat das Adverb das Adjektiv verdrängt (vgl. u.).

---

* Zusammengerückte *Verben* sind anim(um)advertere, manūmittere (aus der Gewalt entlassen), benefacere, satisfacere, maledīcere; zusammengerückte *Adverbien* anteā, admodum (völlig od. ungefähr), dēnuō, deinde, posthāc, quōmodo, quamvīs u. a. (vgl. § 17, a. E.).

2. Das zweite Glied gehört zu einem **Nomen**. Dieser nominale Bestandteil kann verbunden sein

a) mit einem adjektivischen Attribut; es handelt sich meist um „Possessivkomposita"*. Beispiele: longimanus, māgnanimus, grandaevus (hochbetagt), sollers (kunstfertig; sollus = ganz, + ars), quīnquennis, quadrupēs (Vierfüßler); quīnquennium, triennium, aequinoctium (Zeit der Tag- und Nachtgleiche).

b) mit einer das Nomen nicht „regierenden", sondern nur näher bestimmenden Präposition (eig. Adverb). Beispiele: praeceps („den Kopf vorn habend", kopfüber), praenōmen u. cōgnōmen, condiscipulus, commīlitō, administer (Gehilfe); incurvus (eingekrümmt) u. recurvus (zurückgebogen), subrūsticus (ein wenig bäurisch), anceps (ambi + caput: „beiderseits einen Kopf habend").

c) mit einer das Nomen regierenden Präposition**. Beispiele: prōcōnsul (für prō cōnsule) u. prōpraetor, antesignānī (die ante sīgna stehenden Vorkämpfer), insomnium (das in somnō erscheinende Traumbild); ēgregius („aus der Herde" hervorragend), extorris (landflüchtig), dēvius (vom Weg abliegend, entlegen), perennis (das Jahr hindurch dauernd), suburbānus; sēcūrus (ohne Sorge), sēdulus (eig. ohne dolus).

d) mit einer das Nomen bestimmenden adverbiellen (oft nur in der Zusammensetzung erscheinenden) Partikel wie den verneinenden in- u. nē- u. nec- u. dis-, den steigernden per- u. prae-. Beispiele: inops (mittellos), iners (ungeschickt, träge), imberbis (bartlos); inīquus, iniūstus, incertus; īnfāns — nefās u. nefārius, necesse — neg-ōtium; neg-legēns — difficilis, dis-pār, dissimilis — permāgnus, perfacilis, perpaucī — praeclārus, praefrīgidus, praegravis; praefīdēns.

Auch *im Hinblick auf ihren* **ersten Bestandteil** zerfallen die aufgeführten Beispiele einer echten (nominalen) Komposition in zwei Gruppen:
die Komposita unter 2b—d haben als Vorderglied ein Adverb (im weitesten Sinne des Wortes),
die Komposita unter 1 u. 2a ein Nomen.
Bei dieser letzteren Gruppe redet man auch von Stammkomposita, weil das nominale Vorderglied durchweg als bloßer Stamm auftritt. Dabei ist aber zu beachten, daß der vokalische Auslaut des stammhaften Vorderglieds, wenn er nicht (wie meist vor Vokal) unterdrückt wird (z. B. rēm[o]ex, māgn[o]animus), in der Regel ein kurzes -i- zeigt. Dieses -i- ist von den i-Stämmen (wie parti-ceps, morti-fer) auf die konsonantischen Stämme (z. B. lūc-i-fer; auch carn-i-fex der „Fleischstücke machende" Henker) übertragen worden und infolge der Vokalschwächung (s. § 42) in die o-Stämme (z. B. agri-cola, longi-manus), die a-Stämme (z. B. aquili-fer, causi-dicus, aber tībī-cen aus tībiï-cen) und die u-Stämme (z. B. corni-ger) eingedrungen, so daß -i- *als einheitlicher Kompositionsvokal* erscheint. Andererseits zeigt auch das *Schluß*glied der Komposita — außer gelegentlichem Ablaut, wie bei extorris zu terra — Vokalschwächung (z. B. parti-ceps, -cip-; sollers u. iners; inīquus; puerpera).

Welche Rolle die Vokalschwächung in der Kompositionsfuge der (in den §§ 61—63 behandelten) mit Suffixen gebildeten Nomina spielt, zeigen Beispiele wie novi-tas (statt novo-tās, neben cīvi-tas) und māgni-tūdō (statt māgno-tūdō, neben forti-tūdō) und plānitiēs (zum Stamm plāno-).

---

* longimanus heißt eigentlich „Langhand" im Sinne von „lange Hände habend" = langhändig (vgl. Kaiser Rotbart). Possessivkomposita sind auch unter b) praeceps u. anceps, unter d) inops, iners, imberbis („keinen Bart habend").
** Den verselbständigten Präpositionalausdruck nennt man eine **Hypostase.**

Satzlehre

Dieser Abriß behandelt meist nur Sprachtatsachen, die vom Deutschen abweichen, aber für das Lateinische charakteristisch sind; vgl. das Vorwort des Buches. Er setzt die oben (S. 8ff.) gegebene allgemeine Übersicht über die grammatischen Grundbegriffe und Fachausdrücke voraus. Musterbeispiele sind durch Fettdruck hervorgehoben.

A. Von den Satzteilen
I. Subjekt und Prädikat

§ 65   Ist das Prädikat ein finites Verb, so braucht das bereits in der Personalendung liegende *Subjekt nicht* durch ein *Personalpronomen ausgedrückt* zu werden. *Zugesetzt* wird das Pronomen aber dann, wenn es betont ist (vor allem bei Gegensätzen).

    Ein besonderes Subjektswort fehlt auch bei den *unpersönlichen Verben und Ausdrücken,* die nur in der 3. Person des Singulars gebraucht werden (vgl. § 59).

> vocō   *ich* rufe
> errant   *sie* irren
> laudāris   *du* wirst gelobt
>
> vōs dormiēbātis, ego vigilābam (*ihr* schlieft, *ich* [aber] wachte)
>
> ītur es wird gegangen (= man geht) — pūgnātum est es ist gekämpft worden (= man hat gekämpft) — tonuerat es hatte gedonnert.

§ 66   Der Lateiner hat kein Personalpronomen, das unserem „man" entspricht. Für die *Übersetzung* kann „man" herangezogen werden:

a) beim *persönlichen Passiv*

> a) laudor (ich werde gelobt =) man lobt mich — laudāberis man wird dich loben — laudātī estis man hat euch gelobt.
> Amícus cértus ín rē incértā cérnitúr. Den sicheren Freund erkennt man in unsicherer Lage.

b) beim *unpersönlichen Passiv* (vgl. § 65)

> b) pūgnātur (es wird gekämpft =) man kämpft — pūgnātum est man hat gekämpft — ventum est man kam.
> **Órandúm est, ut sít mēns sána in córpore sáno.** Man muß darum bitten, daß...

c) bei der *1. Person des Plurals,* wenn der Sprecher sich selbst mit einschließt

> c) Quae volumus, ea* crēdimus libenter. Was man will, das glaubt man gern.

d) bei der (ohne Subjektswort stehenden) *3. Person des Plurals* („sie" = „die Leute") von *Verben des Sagens und Glaubens* u. ä.

> d) dīcunt man sagt — ferunt od. narrant man erzählt — trādunt man überliefert — putant man glaubt.
> **Trādunt Homērum caecum fuisse.** Man berichtet, Homer sei blind gewesen.

e) bei der *2. Person des Singulars*

> e) dīcās man könnte sagen (vgl. § 132) — dicerēs man hätte sagen können. — Memoria minuitur, nisi eam exerceās. ..., wenn man es nicht übt.

---

* Die Pronomina sind hier *substantivisch gebraucht* (eig. „welche Dinge... diese Dinge"). In diesem Fall setzt der Lateiner im Gegensatz zum Deutschen meist den Plural. Ebenso beim *Adjektiv:* futūra prōvidēre (das Künftige voraussehen), hūmāna dēspicere (das Menschliche = die menschlichen Güter verachten) u. a.; minima (um Bagatellfälle) nōn cūrat praetor.

Viele der *Hilfsverben**, die bei einem Prädikatsnomen auftreten, können auch als *Vollverben* verwandt werden.

Als Vollverb hat **esse** mannigfache Bedeutungen.

§ 67

Man vergleiche: Sum fēlīx fēlīxque manēbō (Worte Niobes).
mit: Sum in urbe atque in urbe manēbō.
Und: Nēmō cāsū fit bonus (Niemand wird durch Zufall gut.)
mit: Fīat iūstitia (Gerechtigkeit soll werden, d. h. sich durchsetzen.)
Est deus (es gibt, existiert...). — Pater nunc in Italiā est (befindet sich, lebt, weilt, hält sich auf). — Rōmānī ōlim sub imperiō Etrūscōrum fuērunt (standen). —Inter sociōs concordia esse (herrschen) dēbet. — Opulentīs semper sunt amīcī (durch ‚haben‘).

In der deutschen Übersetzung wird das Vorliegen von *passivischem Hilfsverb + Prädikatsnomen* meist durch präpositionale Umschreibung verwischt.

§ 68

Man vergleiche

	Celtae etiam Gallī appellantur.	Die Kelten werden auch Gallier genannt.
mit	Servus fīdus habēbātur.	Der Sklave wurde *für* treu gehalten.
	Servus cōgnitus est perfidus.	Der Sklave wurde *als* treulos erkannt.
	Cicerō cōnsul creātus est.	Cicero wurde *zum* Konsul gewählt.

Das (im Deutschen unflektierte) *adjektivische Prädikatsnomen* („Prädikatsadjektiv“) richtet sich in Kasus, Genus und Numerus nach seinem Subjekt (sog. „Kongruenz“).

§ 69

Pater aegrō**tus**
Māter aegrō**ta**
Animal aegrō**tum**   **est**.
Errāre hūmā**num**

Frātrēs aegrōt**ī**
Sorōrēs aegrōt**ae**
Animālia aegrōt**a**   **sunt**.
Pater et frāter aegrōt**ī**

Enthält ein Satz *mehrere Subjektsworte verschiedenen Geschlechts,* so steht das pluralische Prädikatsadjektiv

§ 70

a) bei *Personen* im *Maskulinum*
b) bei *Sachen* gewöhnlich im *Neutrum.*

Bisweilen richtet sich das Prädikat auch nach dem *nächststehenden* Subjekt.

a) **Pater et māter mortuī sunt.**
b) **Porta et mūrus dē caelō tacta** (vom Blitz getroffen) **erant.**
In castrīs Helvētiōrum Orgetorīgis fīlia atque ūnus ē fīliīs **captus est.**

Das *substantivische Prädikatsnomen* („Prädikatssubstantiv“) *bestimmt* die Form des *Subjekts,* wenn das Subjekt ein Pronomen ist. Der Deutsche setzt ein solches pronominales Subjekt (selbst bei pluralischem Prädikatssubstantiv!) in das Neutrum des Singulars.

§ 71

Haec mea culpa est. *Das* ist meine Schuld. — Istī sunt librī nostrī. *Das* sind unsere Bücher.
Entsprechend bei pronominalem *Objekt:*
Hanc exīstimō stultitiam. *Dies* halte ich für eine Torheit.

---

* Das Hilfsverb esse wird auch **Copula** genannt. Es kann (in lebhafter Darstellung und in Sprichwörtern) wegbleiben. In einem solchen kopulalosen „Nominalsatz“ fallen Prädikat und Prädikatsnomen zusammen: Virgō pulchra. (Das Mädchen ist schön.) — Omnia praeclāra rāra. (Alles Vortreffliche ist selten.) Vgl. im Deutschen: „Alles in Ordnung“ (= ordentlich).

II. Das Attribut

§ 72 Das *adjektivische Attribut* wird oft *hinter* sein Substantiv gestellt.

> pater aegrōtus der kranke Vater — populō Rōmānō dem römischen Volk — frātris meī meines Bruders — itinera duo zwei Wege.

In präpositionalen Verbindungen steht es, wenn es betont ist, oft vor der Präposition.

> magnō cum perīculō mit großer Gefahr.

Lobende oder tadelnde adjektivische Attribute treten *nicht unmittelbar* zu einem *Eigennamen.*

> Sōcratēs, homō
> sapientissimus, fuit ... ⎫ der weise
> Sōcratēs ille ⎬ Sokrates
> sapientissimus fuit ... ⎭ lebte...

§ 73 Die *Apposition* (das substantivische, mit seinem Beziehungswort im Kasus übereinstimmende Attribut) steht *gewöhnlich hinter* ihrem Beziehungswort.

> Homērus poēta der Dichter Homer — Ōstia oppidum die Stadt Ostia.

Sie *muß nachstehen,* wenn sie durch ein anderes Attribut *erweitert* ist.

> Homērus, poēta clārissimus, fuit ... der berühmte Dichter Homer lebte...
> Alexander, rēx Macédonum, fuit ... der Makedonenkönig Alexander lebte...

Vor dem Beziehungswort stehen meist die (nicht erweiterten) Appositionen imperātor (= Kaiser), rēx, urbs; öfters auch flūmen, fluvius, mōns.

> urbs Rōma — imperātor Tiberius (aber: Cicerō imperātor!) — rēx Dēiotarus — flūmen Rhēnus neben: Rhēnus flūmen.

§ 74 Das *durch ein Adverbiale* (besonders eine präpositionale Verbindung) *ausgedrückte Attribut* ist im Lateinischen selten.

> prōvocātiō ad populum die Berufung an das Volk — homō dē plēbe ein Mann aus dem (niederen) Volk — quārtō ante Christum nātum saeculō im vierten Jahrhundert vor Christi Geburt.*

Die (attributiv stehende) adverbiale Bestimmung wird meist durch ein Adjektiv ersetzt oder von einem hinzugefügten Partizip abhängig gemacht.

> pūgna Salamīnia
> pūgna ad Salamīnem commissa ⎫ die Schlacht bei Salamis
> pōculum aureum
> pōculum ex aurō factum ⎫ ein Becher aus Gold
> bellum Pūnicum
> bellum cum Poenīs gestum ⎫ der Krieg
> auch bellum Poenōrum (vgl. § 96) ⎭ gegen die Punier

---

* Die adverbiale Bestimmung ante Christum nātum ist von dem adjektivischen Attribut quārto und dem Substantiv saeculō in die Mitte genommen: sog. „geschlossener Ausdruck"; dabei sind die zusammengehörenden Ablative „gesperrt". Beispiel für eine breitere *Sperrung:* imāginēs maiōrum in armāriīs ātriī collocātae (die in den Schränken des Atriums untergebrachten Bilder der Ahnen).

III. Das Prädikativum

§ 75 Das *Prädikativum* spielt im Lateinischen eine wichtige Rolle. Es nimmt eine Mittelstellung ein zwischen einem Adverbiale und einem Attribut.

Es kann in jedem Kasus erscheinen und gleicht in der Form (als Adjektiv, Partizip, Gerundivum, Pronomen) einem adjektivischen Attribut oder (als Substantiv) einer Apposition. Sein attributiver Charakter (als Erläuterung eines Nomens) wird aber eingeschränkt durch die *überwiegende Beziehung auf einen Verbalbegriff* — meist auf das finite Prädikatsverb —, den es wie ein Adverbiale näher bestimmt. Es kann daher auch oft mit einem Adverbiale oder mit einem Adverbialsatz vertauscht werden; z. B. heißt es fast ohne Bedeutungsunterschied amīcus tardus (spät) vēnit oder: tardē vēnit.

Bei der Vertauschung mit einem Adverbialsatz wird das Prädikativum zum **Prädikatsnomen,** sein Beziehungswort zum Subjekt.	Cicerō cōnsul coniūrātiōnem dētēxit.(C. hat als Konsul die Verschwörung aufgedeckt od. *Als C. Konsul war,* hat er die Verschwörung aufgedeckt.)

Prädikatsnomen und Prädikativum sind in ihrer Funktion (Verwendung im Satz) scharf zu trennen:

Das *Prädikatsnomen* ist als *Ergänzung* eines inhaltlich unvollständigen *Hilfsverbs* der wesentliche Bestandteil des Prädikats, das *Prädikativum* aber dient nur als *erweiternde Bestimmung* eines *Vollverbs*.	**Frāter meus aegrōtus est; sed aegrōtus iam ē bellō revertit** (...aber er kehrte schon krank aus dem Krieg zurück od.: er war schon krank, als er aus dem Krieg zurückkehrte).*

§ 76

Substantivische Prädikativa werden im Deutschen gewöhnlich mit ‚als‘ an ihr Beziehungswort angeknüpft.	**Avus meus senex** ([noch] als Greis) **ē patriā ēmigrāvit.** — Ariovistus obsidēs (als Geiseln) ā Gallīs līberōs prīncipum postulābat. — Platōne ūtēmur magistrō. (Wir werden uns Platon zum Lehrer nehmen.) Quid praemium (Was als Belohnung) aber: Quod praemium (Was für eine Belohnung) } mihi dabitur?

§ 77

Adjektivische Prädikativa sind im Deutschen meist unflektiert.	Sōcratēs laetus (heiter) venēnum bibit. — Gallī viātōrēs invītōs (gegen ihren Willen) cōnsistere cōgēbant. — Lupus stābat superior (weiter oben). — Nōn sibi sōlī nātus est homō (für sich allein, nur für sich). — Sorōrēs prīmae (als erste, zuerst) tē monuērunt.
Hierher gehört auch der *partitive* Gebrauch eines Adjektivs.	**Ascendēmus summum montem** (attributiv: den höchsten Berg unter mehreren ; aber prädikativ: den Berg da, wo er am höchsten ist = den Gipfel des Berges). In mediō flūmine īnsula est (attributiv: in dem mittleren Fluß; prädikativ: mitten in dem Fluß).

Weitere Beispiele zum Prädikativum s. in der Darstellung des *Gerundivums* und des *Partizips* §§ 123 u. 126—128.

---

* In diesem Beispiel ist meus Attribut, das erste aegrōtus Prädikatsnomen, das zweite Prädikativum. In dem Satz Absēns iterum cōnsul dēligēris (Während deiner Abwesenheit wirst du zum zweitenmal zum Konsul gewählt werden) haben wir ein Nebeneinander von Prädikatsnomen (cōnsul), Prädikativum (absēns) und Adverb (iterum). — Wegen der Bezeichnung „Prädikativum" vgl. die Bemerkung im Vorwort des Buchs.

IV. Objekte und Adverbialien

(Bei der Gliederung nach *Kasus* wird auch nochmals auf die schon behandelten Satzteile zurückgegriffen.)

1. Objekte und Adverbialien im Akkusativ

§ 78   Mit einem *Akkusativ*-Objekt verbundene (also transitive) Verben werden im Deutschen oft durch Intransitiva wiedergegeben; auch Komposita, die erst in der Zusammensetzung transitiv geworden sind.

cavēre canem sich *vor* dem Hund hüten — cūrāre aliēna sich *um* fremde Angelegenheiten bekümmern — querī iniūriam sich *über* ein Unrecht beklagen — dēspērāre salūtem *an* der Rettung verzweifeln.
circumstāre tribūnal um den Richterstuhl herumstehen — trānsilīre mūrum über die Mauer springen — praetervehī Ōstiam an Ostia vorbeifahren.

Besonders zu merken sind:

	sequī, *con-*	einem folgen, *ver -*	(einen begleiten)
	iuvāre, adiuvāre	einem helfen	(einen unterstützen, fördern)
	aequāre, adaequāre	einem gleichkommen	(einen erreichen)
aliquem	fugere	vor einem fliehen	(einen meiden)
(od. aliquid)	effugere	einem entkommen	(einen [etwas] *ver*meiden)
	dēficere	einem ausgehen, schwinden, *fehlen*	(einen im Stich lassen)
	decet	es ziemt sich für einen	(es ziert einen)
	ulcīscī	sich an einem rächen	(einen bestrafen).

Merkvers:

> sequor, iuvō, adiuvō,
> decet mē, dēficiō.

Créscentém sequitúr cúra pecúniám. Dem wachsenden Reichtum folgt die Sorge.
— **Fortēs fortūna adiuvat.** — **Nōn sōlum vīrēs, sed etiam tēla Rōmānōs dēficiēbant.** — **Quid deceat vōs** (was sich für euch gehört), **spectāre dēbētis.**

Anm.: Das im Deutschen meist transitiv wiederzugebende ulcīscī hat verschiedene Bedeutungen.

Man vergleiche: Achillēs ultus est Hectorem und: ...superbiam Hectoris (rächend bestrafen) mit: ...Patroclum (Rache nehmen *für*).

§ 79   In den Akkusativ kann auch ein *Ausruf* treten.

Heu mē īnfēlīcem! Ach, ich Unglücklicher!

§ 80   Ein *doppeltes Akkusativobjekt* findet sich — außer, wie im Deutschen, bei docere = lehren — bei einigen Verben des Forderns, Fragens und Bittens besonders dann, wenn das Sachobjekt das Neutrum eines Pronomens ist.

Caesar Haeduōs frūmentum prōmissum flāgitābat. — **Pācém tē póscimus ómnēs.** Frieden fordern wir alle von dir.

		rogō	ich frage dich hiernach, bitte dich hierum
hoc		interrogō	ich frage dich hiernach
tē		ōrō	ich bitte dich hierum

Mit einer präpositionalen Verbindung aber werden konstruiert:

petere aliquid ab aliquō (etwas von einem erbitten =) *einen um etwas bitten*
quaerere aliquid ex od. **ab aliquō** (etwas von einem erfragen =) *einen nach etwas fragen*

Saguntīnī ā Rōmānīs frūstrā auxilium petīvērunt. — Iūdex ex reō causam facinoris quaerit. (... fragt den Angeklagten nach dem Grund seiner Tat.)

Bei ergänzungsbedürftigen Verben steht neben einem Akkusativobjekt ein *Prädikatsnomen im Akkusativ.* Dies betrifft besonders die Aktiva der in § 68 erwähnten Passiva.

Minucius dictātōrem post pūgnam appellāvit patrem. — Xenophanēs lūnam putāvit sēdem multārum urbium (hielt *für* den Wohnsitz). — **Rōmānī Marium septiēs cōnsulem fēcērunt** od. creāvērunt (machten od. wählten *zum* Konsul). — Hominēs caecōs reddit (macht blind) cupiditās. — Labiēnus Caesarem dē coniūrātiōne certiōrem facit („macht sicherer" = benachrichtigt. Im Passiv: C. certior fit) — **Praestā tē virum!** (Zeige dich als Mann!)

§ 81

Zu intransitiven Verben kann das Neutrum eines Pronomens als *„inneres Objekt"* treten.

Daraus hat sich der *adverbiale Akkusativ* entwickelt.

Quid studētis? (Wonach strebt ihr?) — Illud tibi assentīmur. (Darin stimmen wir dir bei.) **Nihil mīror.** (Ich wundere mich *durchaus nicht.*) — Quid flēs? (*Warum* weinst du?) — Suēbī multum *(oft)* sunt in vēnātiōnibus.

§ 82

Zur Bezeichnung des Ziels steht gewöhnlich der Akkusativ mit einer Präposition (in, sub u. a.; vgl. § 114). Im *bloßen Akkusativ* steht das Ziel auf die Frage *Wohin?"*

§ 83

1. bei den Namen der *Städte* und *kleineren Inseln;*

2. bei **domum** = *nach Hause* und **rūs** = *aufs Land.*

Anm. 1. Einige Verben werden im *Lateinischen* auf die Frage *„Wohin?"* ergänzt, während im Deutschen „Wo?" gefragt wird.

Anm. 2. Ganz wie im Deutschen drückt der Akkusativ auch die *Ausdehnung* im Raum (Konstruktionsfrage „Wie weit?" u. ä.) und — übertragen — in der Zeit (Konstruktionsfrage „Wie lange?") aus.

Proficīscēmur Rōmam, Corinthum, Athēnās, Carthāginem, **Dēlum.**

advenīre in urbem (Rōmam, eō) in *der* Stadt (in Rom, dort) ankommen — concurrere in forum auf *dem* Marktplatz zusammenlaufen — sē abdere in silvās (rūs) sich in Wäldern (auf *dem* Lande) verbergen — nūntiāre clādem Athēnās (domum) die Niederlage *in* Athen (*zu* Hause) melden.

Fīnēs Helvētiōrum in longitūdinem mīlia passuum ducenta quadrāgintā patēbant. — Templum quadringentōs pedēs longum et ducentōs pedēs lātum erat. — Duās hōrās ūnā fuimus.

2. Objekte und Adverbialien im Dativ

§ 84 Der *Dativ* als der Kasus des *entfernteren* (indirekten) *Objekts* (Konstruktionsfrage *„Wem?"*) wird im Deutschen oft durch präpositionale Ausdrücke wiedergegeben; auch bei Komposita.

imperāre orbī terrārum über den Erdkreis gebieten — sociīs frūmentum imperāre von den Bundesgenossen (die Lieferung von) Getreide verlangen — respondēre epistulae auf den Brief antworten — Rōmānīs bellum parāre sich zum Krieg gegen die Römer rüsten — locus castrīs idōneus ein für das Lager geeigneter Platz — Helvētiīs amīcus mit den Helvetiern befreundet.
Rōmānīs bellum īnferre mit den Römern Krieg anfangen — convīviō interesse an einem Gastmahl teilnehmen — exercituī praeesse das Heer befehligen — exercituī praeficere mit der Führung des Heeres betrauen.

§ 85 Folgende *Verben,* für welche die deutsche Übersetzung meist Transitiva verwendet, werden *mit einem Dativobjekt* verbunden:

Merkvers:

medeor	und studeō,
parcō	und persuādeō,
nūbō	und invideō.

Medicī corporī medentur, philosophia animīs. — Omnēs hominēs nātūrā lībertātī student. — Dumnorīx novīs rēbus studēbat (arbeitete auf einen politischen Umsturz hin) et Helvētiīs favēbat. — Cīvēs cīvibus parcere dēbent. — Orgetorīx persuāsit cīvitātī, ut dē fīnibus suīs exīrent — Probus invidet nēminī. — Venus nūpsit Vulcānō.

maledicere

schmeicheln

medērī	heilen	(Rat wissen für, abhelfen)
studēre	eifrig betreiben	(zugetan sein, sich widmen)
parcere	sparen, schonen	(Schonung gewähren)
persuādēre	überreden, überzeugen	(mit Erfolg raten, einreden)
invidēre	beneiden	(einem mißgünstig zusehen)
nūbere (virō)	heiraten	(viell.: den Brautschleier nehmen für)
favēre	begünstigen	(gewogen sein).
consulere	*beschließen*	*(sorgen für)*

Diese Verben können nur ein *unpersönliches* Passiv bilden.

mihi persuādētur (mir wird eingeredet) ich werde überredet — tibi persuāsum est du bist überzeugt (worden) — **nēminī parcētur** keiner wird verschont werden — invidēbātur honōrī Cicerōnis man beneidete den Cicero um sein Ehrenamt.

§ 86 Der Dativ bezeichnet ferner (Konstruktionsfrage *„Wofür?"* od. *„Für wen?"*):
a) als datīvus commodī (od. incommodī) die am Verbalbegriff *interessierte Person od. Sache,*

a) **Nōn scholae, sed vītae discimus. — Sibi quisque cōnsuluit.** (Jeder sorgte für sich. Aber transitiv: medicum cōnsulere einen Arzt um Rat fragen.) — **Caesar dīligenter reī frūmentāriae prōspiciēbat.** (C. sorgte gewissenhaft für die Verpflegung. Aber transitiv: futūra prōspicere die Zukunft voraussehen.) — **Nōn mihi timeō, sed vōbīs vetrīsque rēbus.** (Ich fürchte nicht für mich, ... für euren Besitz. Aber transitiv: timēre adversāriōs.)

96

| b) als **dativus auctōris** beim *Gerundivum* die *handelnde Person* (vgl. § 123, 1),* | b) **Vada nautīs sunt vītanda.** (Seichte Stellen sind [für die Schiffer =] von den Schiffern zu meiden.) |
| c) bei **esse** den *Besitzer* (vgl. § 67). | c) **Cerberō tria capita erant** (hatte, besaß). |

§ 87

Der Dativ von abstrakten Substantiven bezeichnet auch (Konstruktionfrage „*Wozu?*“) den *Zweck* — oder die Wirkung —, meist in Verbindung mit einem zweiten, persönlichen Dativ:

a) bei *esse*: **exemplō esse** zum Beispiel gereichen, als Beispiel dienen; **honōrī esse** eine Ehre sein, Ehre eintragen; **sōlāciō esse** ein Trost sein, Trost bringen; **impedīmentō esse** ein Hindernis bilden, hinderlich sein.	a) **Suā culpā pauperem esse dēdecorī est** (gereicht zur Schande, ist eine Schande). — **Causa tua mihi cūrae erit.** (Ich werde mir deine Sache angelegen sein lassen.)
b) in Wendungen wie **laudī dare** zum Lobe anrechnen, **vitiō vertere** als Fehler auslegen.	b) **Quid huic hominī crīminī datis?** (Wessen beschuldigt ihr diesen Menschen?)
c) in Verbindungen wie **auxiliō mittere** (**arcessere, venīre**) zu Hilfe schicken (holen, kommen), **dōnō dare** zum Geschenk geben, **domiciliō dēligere** zum Wohnsitz aussuchen, **praesidiō relinquere** zum Schutz zurücklassen.	c) **Haeduī Caesarī equitātum auxiliō mīserant.** — **Hic diēs colloquiō dictus est.** (Dieser Tag wurde für eine Unterredung bestimmt.)

3. Objekte und Adverbialien im Genetiv

§ 88

Der *Genetiv* steht gewöhnlich bei den *Verben*
meminisse, reminīscī sich erinnern, gedenken
oblīvīscī vergessen
Für ihn kann bei *sachlichem Objekt* der Akkusativ eintreten.

| **Cūr nōn meministis beneficiōrum acceptōrum** od. **beneficia accepta? Paene tuī oblītus sum.** (Beinahe hätte ich dich vergessen.) |

§ 89

Bei einer Anzahl von *unpersönlichen Verben*, die eine *Empfindung* bezeichnen, steht im Genetiv der Gegenstand (Sache od. Person), auf den sich die Empfindung bezieht.

| **Mē pudet (paenitet) stultitiae meae.** **Misereat vōs hōrum pauperum!** (Habt Mitleid mit diesen Armen!) |

| **mē piget, pudet, paenitet, taedet atque miseret alicuius reī** | (mich erfaßt) ich empfinde Verdruß, Scham, Reue, Ekel und Mitleid über (mit) etwas. |

---

* Seltener findet sich dieser Dativ des Urhebers bei anderen Passivformen; z. B. **Nox ūna Hannibalī** (= ab Hannibale) **sine impedīmentīs ācta est.** (Eine Nacht verbrachte H. ohne Troß.)

§ 90 Bei den Ausdrücken des *gerichtlichen Verfahrens* steht im Genetiv das Vergehen oder die Schuld, auf die sich der Verbalvorgang bezieht.

Zu beachten ist auch der (die Strafe bezeichnende) Genetiv capitis in den Wendungen:

> īgnāviae accūsāre wegen Feigheit anklagen — neglegentiae convincere der Nachlässigkeit überführen — prōditiōnis damnāre (condemnāre) wegen Verrats verurteilen — caedis absolvere von der Anklage des Mordes freisprechen.
> **Sērō Athēniēnsēs paenituit, quod** (§ 142) **Sōcratem capitis damnāvērunt.**

capitis ⎰ accūsāre auf Leben und Tod anklagen
⎨ damnāre zum Tode verurteilen
⎱ absolvere von der Todesstrafe freisprechen.

§ 91 Der Genetiv steht bei ergänzungsbedürftigen *Adjektiven*.

> beneficiī memor der Wohltat eingedenk — pecūniae cupidus od. avidus (begierig nach Geld =) geldgierig — perītus iūris (im Recht bewandert =.) rechtskundig — particeps praedae an der Beute beteiligt — plēnus vīnī voll Wein.
> **Helvētiī bellandī erant cupidī** (kriegslustig). — Centuriō reī mīlitāris perītissimus (sehr erfahren in) habēbātur.

Auch präsentische *Partizipien* werden mit dem Genetiv verbunden, wenn sie (wie Adjektive) eine bleibende Eigenschaft ausdrücken.

> amāns patriae vaterlandsliebend, Patriot — neglegēns officiī pflichtvergessen.
> **Epamīnōndās adeō fuit vēritātis dīligēns** (wahrheitsliebend), **ut nē iocō** (im Scherz) **quidem mentīrētur.**

§ 92 Der Genetiv der Zugehörigkeit (genetīvus pertinentiae) bezeichnet als Prädikatsnomen (bei den Hilfsverben esse, fierī, habērī u. a.) ein *Eigentum*, eine *Eigentümlichkeit* oder eine *Pflicht*.

Ein Personal*pronomen* aber tritt nicht in diesen Genetiv; dafür erscheint ein angeglichenes Possessivum.

> **Omnia, quae mulieris fuērunt, virī fīunt dōtis** (§ 97) **nōmine.** (Alles, was Eigentum der Frau war, geht in den Besitz des Mannes über unter dem Namen Mitgift.) — **Cuiusvīs hominis est errāre.** (Es ist die Eigenart aller Menschen ... = Alle Menschen können sich irren.) — Temporī cēdere sapientis (od. sapientiae) habētur. (Sich den Zeitumständen zu fügen, gilt als ein Zeichen von Weisheit.) — **Est adulēscentis maiōrēs nātū verērī.** (Es gehört sich für einen jungen Mann, älteren Leuten mit Achtung zu begegnen.) Haec domus amīcī est, aber ... *mea est* (gehört mir). — *Tuum* erat (es war deine Pflicht) vigilāre.

§ 93 Der *Genetiv der Eigenschaft* (genetīvus quālitātis) gibt die Beschaffenheit seines Beziehungswortes an; er steht, stets von einem adjektivischen Attribut begleitet, sowohl als Prädikatsnomen wie als Attribut.

Vgl. auch den ablātīvus quālitātis § 104.

> **Atticus, amīcus Cicerōnis, māgnī ingeniī fuit** (war von großer Begabung, sehr geistvoll) od. (attributiv) **vir māgnī ingeniī fuit.** — Arvernus ille summae habitus est auctōritātis. (Jener Arverner galt als höchst einflußreich.) — Hannibal puer novem annōrum (als neunjähriger Knabe) apud patrem in castrīs erat. — Caesar trīduī (= trium diērum!) viam prōcessit.

98

Der *Genetiv des Wertes* (genetīvus pretiī) erscheint in den adjektivischen Formen
mágnī, plūris, plūrimī,
parvī, minōris, minimī,
tantī, quantī, nihilī
als allgemeine Wertangabe,

Hic liber mágnī est.	Dieses Buch ist(„von einem großen Wert") viel wert, ist wertvoll.
Hic liber mágnī habētur.	Dieses Buch wird für wertvoll gehalten, gilt als wertvoll.
Hunc librum mágnī aestimō.	Dieses Buch schätze ich („als von großem Wert") hoch.

§ 94

und zwar:
1. bei den Hilfsverben esse, fierī (als Passiv von facere = einschätzen), habērī u. a.,
2. bei den Verben des Schätzens und Achtens (aestimāre, facere, putāre u. a.).
   Anm: Bisweilen tritt auch ein genet. pretiī zu Verben des *kaufmännischen Verkehrs*, bei denen sonst (vgl. § 107) die Preisangabe im Ablativ steht.

Cōnscientia tibi plūris estō (soll dir höher stehen) **quam omnium sermō** !

Quantī est aestimanda bona valētūdō! (Als Ausruf: Wie hoch muß man die Gesundheit schätzen!)

Quantī (für welchen Preis) istum agrum ēmistī?

Ein **genetīvus pretiī** findet sich auch bei dem unpersönlichen Ausdruck **interest** es macht einen Unterschied,
es ist von Wichtigkeit,
es kommt darauf an.
Der Genetiv bezeichnet hier (an Stelle eines Adverbs oder adverbialen Akkusativs) den Grad der Wichtigkeit.
Die interessierte *Person* steht außer im Genetiv (vgl. Rōmānōrum) bei einem *Pronomen* im Femininum des Ablativ Singul.

(Mágnopere od. Multum od.) **Mágnī Rōmānōrum intererat manūs hostium distinērī.**(Es war für die Römer von großer Wichtigkeit, daß die Scharen der Feinde getrennt blieben.)

Meā hoc parvī interest. (Daran liegt mir wenig.)

§ 95

Hängt ein Genetivattribut von einem Substantiv ab, das einen verbalen Vorgang, nämlich eine Tätigkeit oder eine Empfindung, ausdrückt, so bezeichnet es
a) (dem Deutschen entsprechend) als **genetīvus subiectīvus** das Subjekt,
b) als **genetīvus obiectīvus** das Objekt des betreffenden verbalen Vorgangs.

§ 96

amor parentum	⎰ die Liebe der Eltern	(parentēs amant līberōs)
	⎱ die Liebe *zu den* Eltern	(līberī amant parentēs)
laudātiō Cicerōnis	⎰ die Lobrede des Cicero	(Cicerō laudat aliquem)
	⎱ die Lobrede *auf* Cicero	(aliquis laudat Cicerōnem)

Nōn poenae timor (Furcht *vor* Strafe), **sed amor honestī** (Liebe *zur* Tugend) **vōs prohibētō peccāre** ! — Orgetorīx rēgnī cupiditāte inductus (aus *Herrschsucht*) coniūrātiōnem fēcit.

Verdunkelt ist der Verbalbegriff in Verbindungen wie bellum Helvētiōrum (der Krieg *gegen* die Helvetier), causa colloquiī (der Grund *zu* einer Unterredung), sīgnum proeliī (das Zeichen *zum* Kampf).

§ 97 Der genetīvus apposi-
tiōnālis — auch dēfīnītī-
vus genannt — wird im
Deutschen meist durch
eine (dem übergeordneten
Beziehungswort im Kasus an-
geglichene) Apposition
wiedergegeben.

Nōmen Platōnis (den Namen *Plato*) **discipulī īgnōrā-
bant***. — **Nē cōnfūderitis oriendī et ōrdiendī verba** (die
Verben orīrī und ōrdīrī)! — **Magis colenda est virtūs mo-
destiae** (die Tugend Bescheidenheit oder die Tugend *der* Be-
scheidenheit). — **Philosophus mercēdem quīngentārum
drachmārum** (ein Honorar von 500 Drachmen od. 500 Drach-
men *als* Honorar) **postulāvit.**

§ 98 Im genetīvus partītīvus (Teilungsge-
netiv) steht ein *bestimmtes Ganzes* oder
eine bestimmte Menge, aus der das
übergeordnete *Beziehungswort* einen *Teil*
heraushebt.

Der partitive Genetiv kann mit Hilfe der Prä-
positionen ex, dē, inter ersetzt werden.

**Māgnum numerum librōrum Cicerō-
nis** (*der* Bücher od. von *den* Büchern Ciceros)
lēgī. — **Omnium Gallōrum fortissimī
erant Belgae.** — **Nēmō nostrum** (Gen. zu
nōs, vgl. §18) **nōn peccat.** — **Ubi terrārum
fuistī?** („An welchen Platz der Länder" = Wo
in aller Welt?)
Ūnus ē fīliīs Orgetorīgis captus est. — **Paucī
dē nostrīs cecidērunt.**

§ 99 Der genetīvus māte-
riae gibt den *Stoff* oder
den *Inhalt* des übergeord-
neten Nomens (meist ei-
nes Quantitätsbegriffs)
an.**

Māgnum numerum librōrum (*von* Büchern, allgemein)
lēgī. — **Tyrannus cīvibus montēs aurī** (Berge aus Gold =
goldene Berge) **pollicitus est.** — **Quantum bonī** (welche
Menge von Gutem = wieviel Gutes) **habet in sē cōnstantia!
— Videant cōnsulēs, nē quid dētrīmentī capiat rēs
pūblica!** („etwas von Schaden" = irgendeinen Schaden; fast =
quod dētrīmentum).

4. Adverbialien im Ablativ

Der Ablativ ist ein *Mischkasus*, in welchem drei ursprünglich selbständige Kasus
vereinigt sind:
der echte Ablativ (für den Ausgangspunkt),
der soziativ-instrumentale Ablativ (für Gemeinschaft und Mittel)
und der lokale Ablativ (für Ort und Zeit).

§ 100 Der *echte* **Ablativ** bezeichnet **als der Woher-Kasus** den Ausgangspunkt, gewöhn-
lich in Verbindung mit einer Präposition (ab, ex, dē).
Im *bloßen Ablativ* aber stehen auf die
Frage „*Woher?*":
1. die Namen der *Städte* und *kleineren
Inseln,*
2. die Wörter **domō** *von Hause* und
rūre *vom Lande.*
Auch die *Abstammung* wird durch den
bloßen Ablativ ausgedrückt.

Proficīscēmur Rōmā, Corinthō, Athēnīs,
Carthāgine, **Dēlō.**

**Philosophus ille humillimō locō nātus
erat** (war von sehr niedriger Abkunft).

---

* Beachte den Unterschied zu Nōmen magistrī (den Namen ihres Lehrers) discipulī īgnōrābant,
wo ein gewöhnlicher Genetiv der Zugehörigkeit (§ 92) vorliegt.

** Er wird oft in weiterem Sinne zum genetīvus partītīvus gerechnet, obwohl bei ihm nicht
der Gegensatz von einem Teil und seinem Ganzen vorschwebt.

Anm. Einige Verben werden *im Lateinischen* auf die Frage „*Woher?*" ergänzt, während im Deutschen „Wo?" (od. „Womit?") gefragt wird.

pendēre ex arbore *an dem* Baum hängen — aggredī ex lateribus (ā tergō) *in den* Flanken (im Rücken) angreifen — ā facillimīs ōrdīrī *mit* (bei) dem Leichtesten anfangen.

Bei passiven Verbalformen bezeichnet der Ablativ (des Ausgangspunktes) den *persönlichen Urheber*, und zwar stets in Verbindung *mit* ab.
Die vermittelnde Person wird durch per (mit dem Akkusativ) ausgedrückt.

Laudātus sum ā patre. Ich bin vom Vater gelobt worden.

Litterae ā senātū (vom Senat) per nūntium (durch einen Boten) ad Caesarem missae sunt.

§ 101

Als **ablātīvus sēparātīvus** steht der (echte) Ablativ bei den Verben und Adjektiven, die ein *Trennen und* ein *Getrenntsein* bezeichnen: § 102

a) teils als *bloßer* Kasus, besonders bei den Ausdrücken des Beraubens (z. B. prīvāre vītā, orbāre līberīs), Befreiens (z. B. liberāre perīculō, levāre cūrīs), Entbehrens (carēre amīcīs, egēre medicīnā),
b) teils *mit* einer *Präposition* (ab, ex, dē).

a) **Multōs fortūna līberat poenā, metū nēminem. — Vacāre culpā** (frei sein von Schuld) **māgnum est sōlācium.**

b) ab officiō discēdere (von seiner Pflicht abweichen) — ā parentibus sēparāre (von den Eltern trennen) — ēgredī ex urbe (od. bloß urbe, die Stadt verlassen) — dēsistere dē sententiā (od. bloß sententiā, seine Ansicht aufgeben) — prohibēre ā reditū (od. bloß reditū, an der Rückkehr hindern) —(sē) abstinēre ab iniūriā (od. bloß iniūriā, sich des Unrechts enthalten) — vacuus ā dēfēnsōribus (od. bloß dēfēnsōribus, leer von Verteidigern) — tūtus ab hostibus (sicher vor Feinden).

Als **ablātīvus comparātiōnis** steht der (echte) Ablativ *gleichwertig* mit quam („als") + *Nominativ* (oder Akkusativ).

Schwieriger zu übersetzen im Relativsatz.

Anm.: Nach plūs, minus, amplius (mehr), longius kann quam ohne Wirkung auf die Konstruktion ausfallen, falls nicht der abl. compar. eintritt.

Bēluārum nūlla prūdentior est elephantō (= quam elephantus). — Nihil est miserius bellō cīvīlī (=quam bellum cīvīle, kläglicher als ein Bürgerkrieg)— Caesar vēnit celerius omnium opīniōne (verkürzt für: quam omnium opīnio erat, im Deutschen: über Vermuten schnell).
Platōnem sequāmur, quō nēmō fuit sapientior (im Vergleich zu dem niemand weiser war; freier: dem größten Weisen, der gelebt hat).
,Ich bin mehr als zehn Jahre dort gewesen' heißt: Ibi fuī plūs quam decem annōs oder plūs decem annīs od. nur plūs decem annōs.

§ 103

101

§ 104 Der **Ablativ** bezeichnet **als** der **Wo-mit-Kasus** zunächst die *Gemeinschaft* (ablātīvus sociātīvus), gewöhnlich verdeutlicht durch die zugesetzte Präposition cum.

> *Anm.* Begleitende Truppen können im bloßen Ablativ stehen.

Hierher gehört auch der ablātīvus modī, der auf die Frage „Wie?" die *Art und Weise* eines Vorgangs angibt. Er bedarf des Zusatzes von cum, wenn das betreffende Substantiv kein adjektivisches Attribut bei sich hat.

Ausgenommen sind formelhafte Ausdrücke, die immer ohne Präposition stehen wie iūre mit Recht — iniūriā mit Unrecht — meritō verdientermaßen — silentiō in der Stille — voluntāte (Caesaris) mit Genehmigung (Cäsars).

Soziativ ist auch der ablātīvus quālitātis zu verstehen, der die — mit einer Person oder Sache verbundene — *Eigenschaft* angibt, aber stets im bloßen Kasus und (wie der genetīvus quālitātis; vgl. § 93) begleitet von einem adjektivischen Attribut.

cum patre ambulāre — cum cōpiīs proficīscī — cum amīcō cōnsentīre (übereinstimmen) — cum gladiō appropinquāre — cum febrī (Fieber) domum redīre — (auch von feindlichem Zusammenwirken) cum hostibus pūgnāre.
Caesar omnibus cōpiīs Genavam proficīscitur.

Māgnā cūrā (Sorgfalt) od. **Cum māgnā cūrā**, aber nur **Cum cūrā Aegyptiī mortuōs condiēbant** (einbalsamieren).— Hunc librum cum voluptāte (mit Vergnügen) lēgī. — Omnēs māgnō (laut) flētū Caesarem implōrābant.
Nūllō negōtiō (bei nūllus kein cum!) pēnsum cōnfēcimus. (Ohne Schwierigkeit haben wir die Aufgabe erledigt.)

Atticus, amīcus Cicerōnis, māgnō ingeniō fuit od. (attributiv) **vir māgnō ingeniō fuit.** — **Bonō animō sīmus!** (Laßt uns guten Mutes sein!)

---

§ 105 Der Ablativ als der Womit-Kasus bezeichnet ferner das *Mittel oder Werkzeug* (ablātīvus īnstrūmentālis: Konstruktionsfrage „Womit?"=„Wodurch?") und zwar ohne Verwendung einer Präposition.

In vielen Fällen entspricht einer *instrumentalen Auffassung* des Lateiners eine *andersartige* (meistens lokale) *im Deutschen.*

Corpora vestra firmantur labōre (*durch* körperliche Arbeit). — **Mīles fortiter gladiō sē dēfendit, sed sagittā ictus est** (verteidigte sich *mit* dem Schwert, wurde aber *von* einem Pfeil getroffen).
(fossam) aquā complēre — mēnsam flōribus ōrnāre — abundāre lacte et melle (Milch und Honig im Überfluß haben) — afficere aliquem dolōre („einen mit Schmerz antun" = einem Schmerz bereiten), praemiō (belohnen), iniūriā (ein Unrecht zufügen), suppliciō (hinrichten) — praedā onustus (mit Beute beladen) — **laude dīgnus** (des Lobes würdig; eig. „geziert mit Lob").
equō vehī *auf* einem Pferd reiten — viā Appiā **proficīscī** *auf* der Via Appia marschieren — tēctō recipere *unter* sein Dach aufnehmen — silvīs sē occultāre sich *in* Wäldern verbergen — memoriā tenēre (fest) *im* Gedächtnis haben — pūgnā vincere *in* einer Schlacht (be)siegen — proeliō lacessere *zum* Kampf reizen — baculō nītī sich *auf* einen Stock stützen — prūdentiā suā frētus *auf* seine Klugheit vertrauend.

Anm.: Auch Heere und *Heeresteile* können im bloßen abl. īnstrūm. stehen, wenn sie als Werkzeug des Feldherrn aufgefaßt sind.

Caesar decimā legiōne vallum fossamque perdūxit („legte durch die …" od. *ließ* von der 10. Legion … anlegen).

Ein instrumentaler Ablativ steht an Stelle eines Objektskasus bei den Deponentien:

ūtī	gebrauchen
fruī	genießen
fungī	verrichten, verwalten
potīrī	sich bemächtigen
vescī	sich nähren von, essen

Merkvers: | ūtor, fruor, fungor, potior und vescor. |

Anm. Auch bei dem unpersönlichen Ausdruck opus est (es ist nötig) steht der Ablativ.
In der Verbindung rērum potīrī (sich der Herrschaft bemächtigen) steht regelmäßig der Genetiv.

Auribus frequentius (häufiger) **ūtere quam linguā!** — **Claudius cōnsulātū fūnctus ōtiō meritō fruēbātur** (genoß seine verdiente Muße).— **Post pūgnam legiōnēs castrīs Helvētiōrum potītae sunt.**

In hāc causā (Prozeß) **nōn opus est testibus** (bedarf es keiner Zeugen).

§ 106

Ein instrumentaler Ablativ gibt als ablātīvus pretiī den *Preis* an bei Verben des kaufmännischen Verkehrs wie emere kaufen, vendere verkaufen, **locāre** vermieten, (cōn)stāre kosten. Vgl. auch § 94.

Quot sēstertiīs (für wieviel Sesterzen) istum agrum vendidistī? — **Nocet émpta dolóre volúptās.** (Schädlich ist das für einen Schmerz erkaufte Vergnügen.)

§ 107

Instrumentaler Herkunft ist der **ablātīvus differentiae** — auch **mēnsūrae** genannt —, der auf die Frage „Um wieviel?" den *Unterschied* bezeichnet bei Vergleichen (und Entfernungsangaben).

Bienniō maior sum quam fräter („durch zwei Jahre" = ‚um zwei Jahre' od. nur ‚zwei Jahre' älter). — Hominēs quō plūra habent, eō plūra cupiunt („um was mehr … um dies mehr" = ‚je … desto')— **Paulō post** („um ein Kleines danach" = ‚bald darauf') od. (vor einer Präposition) **Paulō post mediam noctem profectī sumus.** — **Quantō** (um wieviel, wie sehr; im Ausruf) **hic vir nōs superat doctrīnā** (§ 109)!

§ 108

Der (instrumentale) Ablativ gibt auf die Frage „In welcher Hinsicht?" als ablātīvus respectūs eine *Beziehung* an.

Helvētiī cēterīs Gallīs virtūte (durch = *an* Tapferkeit) **praestābant.** — **Maior nātū** („größer durch die Geburt" = älter) **sum quam frāter.** — **Tyrannus ille homō fuit nōn rē, sed nōmine** (nicht in Wirklichkeit, sondern nur dem Namen nach).

§ 109

§ 110 Der (instrumentale) Ablativ bezeichnet auch als **ablātīvus causae** auf die Frage „Infolge wovon?" (od. „Auf Grund wovon?") die *Ursache* einer Handlung oder eines Zustands.

Entsprechend die Ablative: **iussū (iniussū (Caesaris)** auf (ohne) Cäsars Befehl, **rogātū praetōris** auf Ersuchen des Prätors u. a.

Anm. Ist eine *Gemütsbewegung* die Ursache einer Handlung, so steht meist ein Partizip Perf. Pass. in Verbindung mit einem gewöhnlichen instrumentalen Ablativ.

Ōdērúnt peccáre boní virtútis amóre (aus Liebe zur Tugend). — **Suā culpā pauperem esse** (infolge, aus eigener Schuld arm sein) **dēdecorī est** (vgl. § 87).

invidiā commōtus („durch Neid bewegt" =) aus Neid — timōre perterritus aus Angst. Orgetorīx cupiditāte rēgnī inductus (aus Herrschsucht) coniūrātiōnem fēcit.

§ 111 Der *lokale* Ablativ erscheint **als Wo- u. Wann-Kasus.**

Als Ortsbestimmung auf die Frage „Wo?" steht er gewöhnlich mit einer Präposition (in, sub, prō u. a.).

Im *bloßen Ablativ* aber stehen auf die Frage „Wo?":
1. von den Namen der *Städte* und *kleineren Inseln* die *Pluralia* der 1. *u.* 2. Deklination *und* alle nach der 3. *Deklination*;
dagegen stehen die *Singularia der 1. u. 2. Deklination* in einem äußerlich mit dem Genetiv zusammenfallenden (nur noch in Resten erhaltenen) alten Ortskasus, dem **Lokativ***.

Fuimus Athēnīs (in Athen), Delphīs, Carthāgine, Salamīne.

Fuimus Rōmae (in Rom) et Corinthī et Tarentī (Nominativ auf -um)*.

Als Lokative sind auch zu merken: **domī**   zu Hause,**
   rūrī   auf dem Lande,
   humī   auf dem Boden.

2. die Verbindung: **terrā marīque** zu Wasser und zu Lande, Verbindungen mit dem Adjektiv tōtus wie: **tōtā Graeciā** in ganz Griechenland und Verbindungen mit dem Substantiv locus wie: **multīs locīs** an vielen Stellen.

Anm. Einige Verben werden *im Lateinischen* auf die Frage „Wo?" ergänzt, während im Deutschen mit „Wohin?" gefragt wird. (Vgl. die umgekehrte Konstruktion § 83, Anm. 1.)

pōnere librum in mēnsā (humi, hīc) das Buch auf *den* Tisch (auf *den* Boden, *hierhin*) legen — cōnsīdere in sellā sich auf *den* Sessel setzen — numerāre mortem in malīs den Tod unter *die* Übel zählen. — scrībere nōmen in librō seinen Namen auf *das* Buch schreiben.

---

* Praktische Merkregel: Die Stadt auf Wo? im Ablativ, doch -ī, ae, ī bei -us, -a, -um.
** Der Lokativ domī kann sich mit einem Attribut verbinden, z. B. domī meae (in meinem Hause). — Alte Lokative liegen auch in den Verbindungen domī bellīque od. domī mīlitiaeque (in Krieg und Frieden) vor.

Der **bloße ablātīvus temporis** steht als Zeitbestimmung auf die Frage „*Wann?*" § 112 und „*Innerhalb welcher Zeit?*":

1. bei eigentlichen Zeit-begriffen (bes. Tages- und Jahreszeiten, Monaten, Jahren) **immer**,	**vēre** (im Frühling) — **hōrā octāvā** — **mēnse Aprīlī** — **īdibus Mārtiīs** (an den Iden des März) — **annō post urbem conditam centēsimō** — tertiō ante Christum nātum saeculō. **mediā nocte** (um Mitternacht) — **hōc diē** (an diesem Tage) — **illō tempore** — **patrum nostrōrum memoriā** (zur Zeit unserer Väter). **Decem diēbus** (innerhalb von od. *in* zehn Tagen) **Caesar ad exercitum pervēnit.**
2. bei uneigentlichen Zeitbegriffen **nur**, wenn sie ein Attribut bei sich haben.	**prīma pueritiā** (in frühester Kindheit; aber: *in* pueritiā) — **bellō Helvētiōrum** od. **bellō Pūnicō secundō** (aber: *in* bellō in Kriegszeiten). Auch **comitiīs cōnsulāribus** (zur Zeit der Konsulnwahlen) — **Caesaris adventū** (bei Cäsars Ankunft).

Zusatz: **Der römische Kalender***

a) Zur Angabe des Datums standen den Römern drei feststehende Monatstage zur Verfügung: **kalendae** der *erste* — **nōnae** der *fünfte* — **īdūs** der *dreizehnte*.
In den Monaten März, Mai, Juli, Oktober (Merkwort **Milmo**) fielen die **nōnae** auf den *siebenten*, die **īdūs** auf den *fünfzehnten* Monatstag.

b) Der Monatsname (selbst substantiviertes Adjektiv, zu ergänzen **mēnsis**) wird als Adjektiv den drei Normaltagen zugesetzt. Das Datum (Wann?) steht im **ablātīvus temporis**; die den Normaltagen unmittelbar vorangehenden Tage werden durch **prīdiē** (= tags zuvor) + Akkusativ bezeichnet. Es bedeutet also:
kalendae Iānuāriae der 1. Januar — **kalendae Februāriae** der 1. Februar — **nōnae Mārtiae** der 7. März — **nōnae Aprīlēs** der 5. April — **īdūs Māiae** der 15. Mai — **īdūs Iūniae** der 13. Juni — **kalendīs Iūliīs** am 1. Juli — **nōnīs Augustīs** am 5. August — **īdibus Septembribus** am 13. September —
prīdiē kalendās Octōbrēs am 30. September — **prīdiē nōnās Novembrēs** am 4. November — **prīdiē īdūs Decembrēs** am 12. Dezember.

c) Die zwischen den Normaltagen liegenden Monatstage werden errechnet, indem man feststellt, wieviel Tage bis zu dem *nächsten* Normaltag verstreichen werden, wobei der gesuchte Tag selbst mitzählt (vom 10. bis zum 13. Februar sind also 4 Tage, vom 20. Juli bis zum 1. August 13 Tage). Anstatt aber z. B. für ‚am 7. Januar' zu sagen **diē septimō ante īdūs Iānuāriās**, drückt man sich meist (in einer grammatisch schwer verständlichen Weise) so aus: **ante diem septimum īdūs Iānuāriās** (abgekürzt **a. d. VII. īd. Iān.** oder nur **VII. īd. Iān.**). Es bedeutet also:
a. d. V. nōn. Iūl. = **ante diem quīntum nōnās Iūliās** (od. **V. nōn. Iūl.**) am 3. Juli — **a. d. V. kal. Aprīl.** (**V. kal. Aprīl.**) am 28. März — **a. d. III. īd. Oct.** am 13. Oktober — **a. d. XI. kal. Dec.** am 21. November.

---

* Der im folgenden beschriebene Kalender ist der „*julianische*", den Caesar im Jahre 45 v. Chr. eingeführt hat. Dabei wurde statt eines 355 Tage zählenden Mondjahres ein Sonnenjahr von 365 Tagen zugrunde gelegt, das nur noch alle vier Jahre im Februar die Einfügung eines Schalttages nötig machte. Dieser Schalttag hieß (weil man den 24. Februar doppelt zählte) **a. d. bis sextum kal. Mart.**

5. Akkusativ und Ablativ in Verbindung mit Präpositionen

§ 113 Eigentliche Präpositionen* werden im Lateinischen nur *mit* dem *Akkusativ* oder mit dem *Ablativ*, einige mit *beiden* dieser Kasus verbunden.

Merkvers:
> *Ablativ* bei ab, ex, dē,
> cum und sine, prō und prae.
> Sonst setz den *Akkusativ*.
> in, sub, super nur, die drei,
> treten *beiden* Kasus bei.

Die einzelnen Präpositionen

§ 114 Bei den Beispielen zeigt a) den *örtlichen*, b) den *zeitlichen*, c) den (auf geistige Verhältnisse) *übertragenen* Gebrauch.

a) Präpositionen mit dem Akkusativ

1. **ad** zu, an, bei
a) ad parentēs redīre — ad urbem (ad Genavam) venīre — ad amīcum scrībere — ad portam stāre — pūgna ad Cannās commissa.   b) ūsque** ad vesperum pūgnāre — ad vesperum (gegen Abend) venīre — ad tempus (zur bestimmten od. rechten Zeit) adesse — ad (für, auf) paucōs diēs abesse — ad extrēmum (zuletzt, endlich).
c) fuimus ad ducentōs (gegen, ungefähr) — ad ūnum omnēs (alle bis auf den letzten Mann) — diem ad dēlīberandum sūmere — ad speciem (zum Schein) fugere — ad (auf) interrogāta respondēre — locus ad īnsidiās aptus — ad (nach) nātūram (ad hunc modum) vīvere.

2. **adversus** „zugewandt", gegenüber, gegen
a) adversus montem (gegen den Berg hin) proficīscī.   c) iūstitia etiam adversus īnfimōs est servanda — adversus hostēs dīmicāre.

3. **ante** vor
a) ante iānuam stāre.   b) ante lūcem, ante urbem conditam.   c) ante (vor = mehr als) omnēs maestus.

4. **apud** bei (meist vor Personen)
apud amīcum cēnāre — apud Platōnem scrīptum est — apud (vor) senātum verba facere — proelium apud Plataeās factum.

5. **circā** und **circum** um... herum
a) canēs circā sē habēre — circum Aquilēiam hiemāre — nūntiōs circā urbēs (in den Städten herum) mittere.   b) circā eandem hōram venīre.   c) circā (= circiter) quīngentōs (ungefähr 500) equitēs addūcere.

6. **citrā** und **cis** diesseits
citrā flūmen remanēre — citrā flūmen (über den Fluß herüber) ēlicere — cis Taurum esse.

---

* *Uneigentliche* Präpositionen sind Ablative wie causā (amicōrum causā um der Freunde willen) und grātiā (exemplī grātiā beispielshalber). Vgl. im Deutschen „wegen", „dank" u. ä.
** ūsque (in einem fort) ist nur verstärkender Zusatz; der Begriff „bis" liegt mit in der Präposition ad.

106

7. **contrā** gegenüber, gegen

a) contrā portum esse (dem Hafen gegenüber liegen) — contrā septentriōnēs esse (nach Norden zu liegen). c) contrā populum Rōmānum· coniūrāre — contrā nātū-ram (naturwidrig) vīvere.

8. **ergā** gegen (in freundlichem Sinn)

grātī sīmus ergā Deum!

9. **extra** außerhalb, außer

a) Íliacós intrá mūrós peccátur et éxtrā — extrā mūnītiōnēs (über die Verschanzun-gen hinaus) prōcēdere. c) extrā perīculum esse — extrā cōnsuētūdinem (entgegen seiner Gewohnheit) in urbe remanēre.

10. **īnfrā** unterhalb

a) īnfrā eum locum trānsīre. b) Lycūrgus fuit īnfrā (lebte nach) Homērum. c) ūrī māgnitūdine sunt īnfrā (stehen an Größe unter) elephantōs.

11. **inter** unter, zwischen

a) vīlla inter urbem et mare sita — inter barbarōs aetātem dēgere. b) silent lēgēs inter arma — inter cēnam exterrērī. c) inter sē differēbant — sapien-tissimus est inter philosophōs.

12. **intrā** innerhalb

a) Íliacós intrá mūrós peccátur et éxtrā — intrā castra (in das Lager hinein) sē recipere. b) intrā paucōs diēs commūtātiō facta est — intrā diem octāvum (binnen *sieben* Tagen) aderit.

13. **iūxtā** („verbunden mit") dicht neben: iūxtā viam castra pōnere.

14. **ob** gegen .. hin, wegen

a) mors mihi ob oculōs versātur (bewegt sich gegen … hin = steht vor…). c) ob eam rem īrātus.

15. **penes** bei (= im Besitz von)

penes decemvirōs summa potestās erat.

16. **per** durch

a) per prōvinciam iter facere — vigiliās per urbem (überall in der Stadt) dispōnere — per corpora (über die Leichen hinweg) occīsōrum trānsīre — per manūs (von Hand zu Hand) trādere. b) per trigintā annōs rēgnāre — per (während) concilium tacēre. c) per nūntium certior factus — per vim temptāre — per fidem (unter dem Schein der Treue) fallere — virtūs per sē (an und für sich) expetenda est — per mē (meinet-wegen) licet — per (bei) deōs immortālēs iūrāre.

17. **post** hinter, nach

a) post iānuam sē occultāre. b) aliquot post mēnsēs redīre — post hominum memoriam (seit Menschengedenken) hoc factum nōn est. c) post Mercurium Gallī Apollinem colunt.

18. **praeter** an… vorbei, außer

a) praeter oppidum iter facere. c) praeter (vor = mehr als) cēterōs laudārī — praeter opīniōnem (wider Erwarten) vincere — praeter (außer = nebst) sē dēnōs ad colloquium addūxērunt — omnēs aderant praeter (außer = nur nicht) tē.

19. **prope** nahe bei

sepulcrum prope oppidum est.

Auch *propius* perīculum esse und *proximē* urbem accedēre.

20. **propter** (aus propiter) nahe bei, wegen

a) fānum propter viam est.　　c) propter metum sē recipere.

21. **secundum** („folgend") längs, nächst

a) legiōnēs secundum flūmen dūcere.　　b) secundum (unmittelbar nach) lūdōs proficīscī.　　c) secundum (nächst) deōs hominēs hominibus maximē ūtilēs esse possunt — secundum (gemäß) nātūram vīvere — secundum causam nostram (zugunsten unserer Sache) iūdicāre.

22. **suprā** oberhalb, über...hinaus

a) suprā pontem cōnstituere.　　b) paulō suprā hanc memoriam (vor unserer Zeit) ēmigrāvērunt.　　c) nē sūtor suprā crepidam (nicht über den Schuh hinaus sc. soll ein Schuster urteilen!) — suprā modum, suprā vīrēs contendere.

23. **trāns** * jenseits, über...hinweg

trāns Rhēnum dūcere — trāns Rhēnum incolere.

24. **ultrā** jenseits, über...hinaus

a) ultrā montēs esse — ultrā terminum vagārī.　　b) ultrā biennium abesse.
c) ultrā vīrēs contendere.

25. **versus** („gewendet"; meist nachgestellt) gegen...hin

Rōmam versus proficīscī — ad Oceanum versus mittere.

b) Präpositionen mit dem Ablativ

1. **ab, ā** (vor Konsonanten), **abs** (bes. vor -t-) von...weg, von

a) ab urbe proficīscī — ā Caesare venīre — ā tergō (§ 100) aggredī — tūtum esse ab (vor) hostibus.　　b) ab hōrā septimā ad vesperum pūgnāre — annō ab (seit, nach) urbe conditā quīngentēsimō.　　c) ā patre laudārī — ā maiōribus discere — oppidum ā (nach) nōmine conditōris appellāre.

2. **cōram** („ins Gesicht") in Gegenwart von

cōram patre tacēre.

3. **cum** (zusammen) mit

cum patre ambulāre — cum corōnā laureā (geschmückt mit einem Lorbeerkranz) intrāre — cum hostibus pūgnāre — multis cum (unter) lacrimīs obsecrāre — rem cum cūrā parāre — cum calamitāte cīvitātis (zum Unheil für die Gemeinde) venīre.

4. **dē** von...weg, von...herab

a) dē fīnibus exīre — dē mūrō praecipitāre.　　b) dē (noch während) tertiā vigiliā proficīscī.　　c) homō dē plēbe (ein Mann aus der Plebs) appāret — paucī dē nostrīs (von unseren Leuten) cadunt — dē (gemäß, nach) cōnsiliō lēgātōrum cōpiās mittere — dē (betreffs, über) pāce agere — dē stīpendiō recūsāre — dē (um) prīncipātū dīmicāre — dē (über) iniūriā querī. (Vgl. auch dē imprōvīsō unversehens, dē industriā absichtlich, dē integrō von neuem.)

---

* trāns ist eigentlich Partizip zu -trāre (vgl. intrāre, penetrāre).

5. **ex, ē** (vor Konsonanten) aus

a) ex urbe venīre — ē locō superiōre (von oben) tēla mittere — ex equīs (zu Pferd) colloquī. b) ex (seit) illō tempore aegrum esse. c) ex patre quaerere, audīre —ūnus ex multīs adest — pōculum ex aurō factum — dolēre ex (infolge) commū-tātiōne rērum — ex (gemäß, nach) commūnī cōnsēnsū lēgātōs mittere — hoc ē rē pūblicā (im Interesse des Staates) vidētur esse.

6. **prae** vor

a) armenta prae sē (vor sich her) agere. c) Gallīs prae (im Vergleich mit) māgnitū-dine corporum suōrum brevitās nostra contemptuī est — prae (verhindernder Grund) lacrimīs scrībere nōn posse.

7. **prō** vor, für

a) prō castrīs aciem īnstruere (bei prō ist der Rücken dem Gegenstand zugewandt, bei ante das Gesicht). c) prō patriā pūgnāre — habēre prō (an Stelle von) amīcō — lēgātus prō praetōre (Legat mit dem Rang eines Prätors) — grātiam referre prō meritīs — prō (im Verhältnis zu) multitūdine hominum angustōs fīnēs habēre.

8. **sine** ohne
sine ūllō maleficiō.

9. **tenus** (nachgestellt) bis zu
Taurō tenus rēgnāre.

c) Präpositionen mit dem Akkusativ und dem Ablativ

1. **in c. acc.** in (wohin?), auf, nach, gegen

a) in urbem redīre — in aggerem scandere — in Asiam proficīscī — in forum convenīre (§ 83 Anm.) — in septentriōnēs spectāre (gegen Norden liegen). b) in diem (in den Tag hinein) vīvere — in aliud tempus reservāre — in dīes (von Tag zu Tag) crēscere. c) dīvidere in partēs — impetum facere in hostēs — bonō animō in populum Rōmānum esse — mīrum in modum (auf wunderbare Weise), mūtārī — in speciem (zum Schein) remanēre.

in c. abl. in (wo?), auf, an

a) in urbe esse — in arbore sedēre — in lītore remanēre — in cōnspectū (unter den Augen) Rōmānōrum vastāre — pontem facere in (über) flūmine — in mēnsā pōnere (§ 111 Anm.). b) in pāce — in illō tempore — in tempore (zur rechten Zeit). c) in armīs esse (unter Waffen stehen) — in iūdicandō (beim Urteilen) errāre.

2. **sub c. acc.** unter (wohin?)

a) sub iugum mittere — sub montem (an den Fuß des Berges heran) succēdere. b) sub vesperum (gegen Abend) venīre. c) sub populī Rōmānī imperium redigere.

sub c. abl. unter (wo?)

a) sub aquā esse — sub monte (am Fuß des Berges) cōnsīdere. b) sub (bei) ipsā profectiōne nūntius advēnit. c) sub populī Rōmānī imperiō esse — adhūc sub iūdice (unter den Händen des Richters) līs est.

3. **super c. acc.** über (wohin?)

a) super (über ... hin) aliōs aliī praecipitantur — super (über ... hinaus) Sūnium nā-vigāre. c) super (abgesehen von) tantās clādēs etiam prōdigiīs terrērī.

super c. abl. über (wo?)

a) ēnsis super cervīce pendet. c) hāc super (= dē) rē ad tē scrībam.

V. Verbalnomina als Satzteile

1. Infinitiv, Akkusativ mit Infinitiv, Nominativ mit Infinitiv

a) Einfacher Infinitiv

§ 115 Für prädikative Bestimmungen beim **einfachen Infinitiv** gilt folgendes: Ist der Infinitiv *Objekt*, so richtet sich ein zugehöriges *Prädikatsnomen* oder Prädikativum nach dem Subjektswort des Satzes;

ist der Infinitiv *Subjekt* zu einem unpersönlichen Verb od. Ausdruck, so steht ein zugehöriges *Prädikatsnomen* oder Prädikativum – dem dann ein Beziehungswort fehlt – im *Akkusativ*.

> Attenta esse dēbēs, Iūlia — Laeta abīre potes, Iūlia.
> **Catō mālēbat bonus esse quam vidērī.**
>
> Attentum esse oportet — Laetum abīre licet (Man darf fröhlich weggehen.)
> **Suā culpā pauperem esse dēdecorī est.** (Vgl. § 110)

b) Akkusativ mit Infinitiv

Vorbemerkung. videō Iūliam saltāre entspricht genau dem deutschen „Ich sehe Julia tanzen". Es liegen hier eigentlich zwei Objekte vor (1. Iūlia, 2. saltāre), die deshalb eine satzwertige *Einheit* bilden, weil das persönliche Objekt Iūlia zugleich das Subjekt zu dem infinitivischen Objekt saltāre ist; dies beweist die Übersetzung „Ich sehe, *daß Julia tanzt*". Während ein solcher Akkusativ mit Infinitiv im Deutschen nur von wenig Verben (besonders denen der Wahrnehmung) abhängt, findet er sich im Lateinischen vor allem auch bei den Verben des Sagens und Meinens (z. B. dīcō Iūliam saltāre); hier bietet sich als erste Übersetzung nur ein daß-Satz an (Näheres s. § 118). Eine weitere Ausdehnung ist der Gebrauch des AcI. als *Subjekt*-(satz); vgl. § 119. — Über den AcI. bei Verben des *Begehrens* s. § 119, 2. Fußn.

§ 116 Die *Grundformen* des lateinischen **Akkusativ mit Infinitiv** (accūsātīvus cum īnfīnītīvō, abgekürzt AcI.) entsprechen den 6 Infinitiven, die sich von einem gewöhnlichen transitiven Verb bilden lassen:

1. Aktiv, Gleichzeitigkeit:	**putāmus legiōnem vincere**
	(unabhängig legiō vincit; deutsch: daß die Legion siegt)
2. Aktiv, Vorzeitigkeit:	**putāmus legiōnem vīcisse**
	(legiō vīcit, vincēbat, vīcerat; daß die Legion gesiegt hat, siegte, gesiegt hatte)
3. Aktiv, Nachzeitigkeit:	**putāmus legiōnem victūram esse**
	(legiō vincet od. victūra est; daß die Legion siegen wird)
4. Passiv, Gleichzeitigkeit:	**putāmus legiōnem vincī**
	(legiō vincitur; daß die Legion besiegt wird)
5. Passiv, Vorzeitigkeit:	**putāmus legiōnem victam esse**
	(legiō victa est, vincēbātur, victa erat; daß die Legion besiegt worden ist, wurde, worden war)
6. Passiv, Nachzeitigkeit: (vgl. § 121 Anm.)	**putāmus legiōnem victum īrī**
	(legiō vincētur; daß die Legion besiegt werden wird)

110

Von einem Deponens, das nur 3 (aktivische) Infinitive bilden kann, heißen die Grundformen:

1. Aktiv, Gleichzeitigkeit:	**sciō legiōnem cūnctārī** (daß die Legion zögert)
2. Aktiv, Vorzeitigkeit:	**sciō legiōnem cūnctātam esse** (daß die Legion gezögert hat [und wie oben 2])
3. Aktiv, Nachzeitigkeit:	**sciō legiōnem cūnctātūram esse (!)** (daß die Legion zögern wird)

Anm. 1. Bei den zusammengesetzten Infinitiven wird **esse** oft ausgelassen, besonders beim Infinitiv des Fut. Akt. auf **-tūrum esse**.

Anm. 2. In einem AcI. bei den Verben **pollicērī** u. **prōmittere** versprechen, **minārī** drohen, **spērāre** hoffen, **iūrāre** schwören u. a. achtet der Lateiner genauer als der Deutsche auf die Nachzeitigkeit: **Reus spērat sē absolūtum īrī.** (Der Angeklagte hofft, daß er freigesprochen wird, od. nur: freigesprochen zu werden.)

Anm. 3. Bei einem Verb, das keinen futurischen Infinitiv bilden kann, muß der AcI. der Nachzeitigkeit durch **fore, ut** oder **futūrum esse, ut** (vgl. § 57 u. 150) *umschrieben* werden; z. B. **Crēdō fore, ut tē paeniteat huius errōris.** (Ich glaube, daß du diesen Irrtum bereuen wirst.)

Für die *Pronomina* im AcI. ist zu merken:　　　　　　　　　　　　§ 117

1. Das Subjekt des AcI. kommt auch dann als „Subjektsakkusativ" zum Ausdruck, wenn es ein *unbetontes Personalpronomen* (vgl. § 65) ist:

vincit (sie siegt)	wird im AcI. zu (sciō) *eam* vincere
rīsī estis (ihr wurdet ausgelacht)	wird im AcI. zu (sciō) *vōs* rīsōs esse;

auch bei gleichem Subjekt: **exīstimō** *mē* **nōn errāre** (ich glaube nicht zu irren).

2. Der AcI. als bloßer Satz*teil* (Objekt od. Subjekt) bildet mit dem übergeordneten Prädikat eine Einheit. Daher stehen die zu ihm gehörigen *Personal- und Possessivpronomina der 3. Person,* wenn sie sich auf das Subjekt der Satzeinheit beziehen, in der *reflexiven* Form (**suī, sibi, sē, suus**).

Vidēbāmus eum ērubēscere (erröten); ipse quoque *sē* ērubēscere sentiēbat. — **Pater putat** (od. **Parentēs putant**) **sē errāvisse.** Helvētiī biennium *sibi* (für *sie*) satis esse exīstimāvērunt. — Rūsticus filiōs *suōs* incolumēs esse gaudet (seine *eigenen* Söhne; dagegen fīliōs *eius* seine = *dessen* Söhne, also die Söhne eines anderen).

Wiedergabe des AcI. im Deutschen　　　　　　　§ 118

Helvētiī angustōs sē fīnēs habēre arbitrābantur.
1) Die Helvetier meinten, *daß sie* ein zu enges Gebiet *hätten.*
2) Die Helvetier meinten, *sie hätten* ein zu enges Gebiet.
3) Die Helvetier meinten, ein zu enges Gebiet *zu haben.*
4) Die Helvetier hatten, *wie sie meinten,* ein zu enges Gebiet.
5) Die Helvetier *hatten nach ihrer Meinung* ein zu enges Gebiet.

Der daß-Satz wie in 1) wird möglichst nur für das erste Verständnis der Konstruktion herangezogen. Er läßt sich fast immer durch den stilistisch besseren „verkappten Nebensatz" wie in 2) ersetzen, bei gewissen Verben durch den Infinitiv mit ‚zu' wie in 3) (der dann wegen seiner Knappheit den Vorzug verdient).

Die Übersetzungen 4) und 5) (mit Hilfe eines eingeschobenen Komparativsatzes oder einer präpositionalen Verbindung) sind dann notwendig, wenn ein *Relativ- oder Fragepronomen* zum AcI. gehört.

> **Frāter meus, quem scīs Rōmae esse, tibi salūtem dīcit.** (Mein Bruder, der, wie du weißt, in Rom ist, läßt dich grüßen.) — **Quem mihi in tantā inopiā adfutūrum (esse) putātis?** (Wer wird mir nach eurer Meinung in einer so großen Not beistehen? oder: Wer, glaubt ihr, wird mir ... oder: Wer wird mir *wohl* ... beistehen?)

§ 119   Anwendung des lateinischen AcI.

Der lateinische AcI. steht:

1. als *Objekt* zum Ausdruck einer *Behauptung,* und zwar
   a) immer bei den Verben des *Wahrnehmens, Denkens und Sagens,*

   b) bisweilen (vgl. § 142) bei den Verben der *Gemütsbewegung.*

1.
   a) **Iūliam cum patre ambulāre vidēmus.** — **Helvētiī angustōs sē fīnēs habēre arbitrābantur.** — **Dīcunt** (narrant, trādunt, ferunt; vgl. § 66 d) **Homērum caecum fuisse.**

   b) **Gaudeō tibi iūcundās esse meās epistulās.** — **Helvētiī questī sunt Rōmānōs sibi bellum intulisse.**

2. als *Objekt* zum Ausdruck eines *Begehrens*
   a) bei
   velle, nōlle, mālle, cupere, wenn das Subjekt des Infinitivs von dem des regierenden Verbs verschieden ist,

   b) bei *iubēre* und *vetāre, sinere* und *patī,*

2.
   a) **Volō (Cupiō) tē domī manēre.** (Ich will, daß du zu Hause bleibst. aber: **Volō domī manēre.** Ich will zu Hause bleiben.)

   b) **Medicus aegrōtum assurgere vetuit** (verbot, daß der Kranke aufstehe od. verbot dem Kranken aufzustehen). — **Caesar pontem rescindī iussit** (befahl, daß die Brücke abgebrochen werde, besser: befahl die Brücke abzubrechen od. *ließ* die Brücke abbrechen [i. D. *aktiver* Infinitiv!]). — **Numquam patiāmur lībertātem violārī** (dulden, daß die Freiheit geschändet wird od. die Freiheit schänden lassen!) *

   c) bei einigen Verben wie *cōgere* und *prohibēre* nur bei passivem Infinitiv.

   c) Man vergleiche **Britannī Rōmānōs nāvibus ēgredī prohibēbant** (die Britannier versuchten die Römer daran zu hindern, aus den Schiffen zu steigen) mit dem echten AcI. **Claudius pācem cum Pyrrhō fierī prohibuit** (Claudius verhinderte, daß Frieden mit Pyrrhus geschlossen werde).

---

* In den vorausstehenden Beispielen, besonders den passivischen, ist der AcI. zu einer festen Verbindung (Konstruktion) geworden. Ursprünglich ist der Infinitiv z. B. bei iubēre (Grundbedeutung: in Bewegung setzen, treiben) ein Akkusativ des Ziels: iubeō tē abīre „ich treibe dich in Richtung auf das Fortgehen" oder „ich befehle dir fortzugehen" wird erst, wenn das Objekt als Subjekt des Infinitivs empfunden ist, zu „ich befehle, daß *du* fortgehst". Vgl. auch oben c).

3. als *Subjekt,* und zwar
   a) bei den meisten *unpersön-lichen Ausdrücken,*
   b) bei den zusammengesetz-ten Passivformen der un-ter 1a) genannten Verben, wenn sie unpersönlich ge-braucht sind.

3. a) **Hoc fierī oportet** (necesse est; Rōmānō-rum interest, vgl. § 95). — **Iūliam mentītam esse cōnstat.**
   b) **Trāditum est Homērum caecum fuisse.** — Nūntiātum erat adesse hostēs.

c) Nominativ mit Infinitiv § 120

Von einem **Nominativ mit Infinitiv** (nōminātīvus cum īnfīnītīvō, **NcI.**) re-det man, wenn eine *persönliche Passivform durch einen Infinitiv ergänzt* ist (und zwar derart, daß das Subjekt der Passivform zugleich das Subjekt des Infinitivs darstellt).
Der NcI. steht:
1. bei allen Formen von *vidērī* scheinen;

Iūlia prohibētur intrāre Julia wird gehin-dert einzutreten (d. h. Julia wird [daran] ge-hindert, daß *sie* eintritt) od. unpersönlich: es wird (ge-, besser)verhindert, daß Julia ein-tritt.

1. **Puellae aegrōtare** (od. **aegrōtae es-se**) **videntur.** Die Mädchen scheinen krank zu sein od. Es scheint, daß (als ob) die Mädchen krank sind od. Die Mädchen sind anscheinend (offenbar) krank. — Flēvisse vidēbāris od. vīsus es (ohne ausgedrücktes Subjektswort, also ohne N. !).
Mentīrī mihi vidēminī (Unpersönlich: Es kommt mir vor, als ob ihr lügt.)

öfters mit einem Dativ;

2. bei allen Passivformen der § 119, 2b u. c genannten Verben (die im Aktiv einen AcI. bei sich haben), z. B.
iubeor ich werde veranlaßt od. ge-heißen, ich erhalte den Befehl, unper-sönlich: man befiehlt, daß ich ... — *vetor* „ich werde zurückgehalten", ich er-halte das Verbot, man verbietet, daß ich ... (man verbietet mir zu ...);

2. **Aristīdēs in exilium īre iussus est.** — **Cūr vetor intrāre?** — Milō accū-sāre Clōdium nōn est situs. (Man ließ nicht zu, daß Milo den Clodius anklagte.)

3. bei (nicht zusammengesetzten; vgl. § 119, 3b) Passivformen der in § 119, 1 a genann-ten Verben (die im Aktiv zum Ausdruck einer Behauptung einen AcI. bei sich haben), z. B.
putor u. *exīstimor* man glaubt, daß ich ... — *nūntior* man meldet, daß ich ... — *dīcor* man sagt, daß ich ..., ich *soll* + Infinitiv.

3. Lūsisse putābimur (Man wird glauben, wir hätten gescherzt). — **Homērus cae-cus fuisse dīcitur** od. **trāditur** (*soll* gewesen sein, ist der Überlieferung nach gewesen). — Lacrimae Niobae etiam hodiē mānāre narrantur (fließen, so er-zählt man, noch heute od. *sollen* noch heute fließen).

2. Die Supina

Das **Supinum I auf -tum** steht *bei Verben der Bewegung* auf die Frage *„Zu welchem Zweck?"* im Sinne eines adverbialen Finalsatzes.

Das **Supinum II auf -tū** steht *bei Adjektiven* auf die Frage *„Wofür?"* od. „In bezug worauf?" Es entspricht einem deutschen Infinitiv mit ‚zu‘.

Anm. 1. Die beiden Supina sind eigentlich erstarrte Kasus von Substantiven auf -tus (od. -sus, vgl. § 40) nach der 4. Dekl., das erste ein Akkusativ (des Ziels), das zweite ein Dativ (ohne -ī) oder ein Ablativ.

Anm. 2. Aus der Verbindung von īrī mit dem Supinum I ist der Infinitiv Fut. Pass. entstanden. In einem solchen „Acl." fehlt der Subjektsakkusativ (vgl. § 117), da īrī unpersönlich ist und urbem als Akkusativobjekt von obsessum abhängt.

Spéctātúm veniúnt; veniúnt, specténtur ut ípsae (um zu sehen, ... um selbst gesehen zu werden; gesagt von den römischen Zirkusbesucherinnen). — **Haeduī lēgātōs ad Caesarem mittunt rogātum auxilium** (um Hilfe zu erbitten). Quid est tam iūcundum audītū (angenehm anzuhören) quam hominis sapientis ōrātiō? — **Difficile erat dictū, uter praemiō dīgnus esset.** Es war schwer zu sagen, wer von beiden die Belohnung verdiente.

Urbem obsessum īrī audiō („daß gegangen wird od. daß man geht, um die Stadt zu belagern" = daß die Stadt belagert werden wird).

3. Gerundium und Gerundivum

a) Gerundium

Das Gerundium ist ein Verbal*substantiv. Es ersetzt die obliquen Kasus des Infinitivs* des Präsens, den Akkusativ aber nur in Verbindung mit einer Präposition; im Dativ ist es ungebräuchlich.

Es ist aber zugleich eine *Verbal*form und kann daher Objekte und Adverbialien zu sich nehmen.

Doch steht statt eines Gerundiums + Akkusativobjekt gewöhnlich die passivische Konstruktion des Gerundivums (s. § 123).

(equitāre mē dēlectat) — ars equitandī mē dēlectat — (didicī equitāre) — ad equitandum quasi nātus sum — equitandō dēlector.

Philosophia est ars vēra et falsa diiūdicandī („die Kunst des Wahres und Falsches Unterscheidens", im Dt. die Kunst,Wahres und Falsches zu unterscheiden). — **Gútta cavát lapidém nōn ví, sed saépe cadéndō** („durch das häufig Fallen" = durch häufiges Fallen).

Mágna fuit spēs urbis capiendae statt **Mágna fuit spēs capiendī urbem.**

b) Gerundivum

Das Gerundivum ist ein *passivisches* Verbal*adjektiv.* Es bezeichnet meist etwas noch Bevorstehendes mit dem Nebensinn der *Notwendigkeit.*

laudandus (a, um) „ein zu lobender", d.h. einer, der gelobt werden *muß* — nōn laudandus „ein nicht zu lobender", d.h. einer, der nicht gelobt werden *darf.*

Es wird aber bisweilen noch, seiner Herkunft entsprechend, im Sinne eines (dem geschichtlichen Latein fehlenden) *passivischen Partizips des Präsens* gebraucht ohne den Sinn der Notwendigkeit.

mercēs, quae ad effēminandōs virōs pertinent. (Waren, die zur Verweichlichung der Männer [eig.: zu den verweichlicht werdenden Männern] beitragen.)

Das Gerundivum steht:
1. als *Prädikatsnomen* regelmäßig mit dem Sinn der Notwendigkeit; ist dabei die *handelnde Person* genannt, so erscheint sie *im Dativ* (vgl. § 86 b),

a) *persönlich* gebraucht,

1. a) Iste vir laudandus est (erat, erit, fuit usw.). Dieser Mann da muß gelobt werden, (besser aktivisch:) Man muß diesen Mann da loben. Iste vir nōbīs laudandus est. Wir müssen diesen Mann da loben. — **Nautīs vada sunt vītanda.** (Schiffer müssen seichte Stellen meiden.) — **Nēmō ante mortem beātus habendus est** (*darf* gehalten werden od. man darf...halten).

b) *unpersönlich* gebraucht,

b) laudandum est („es ist zu loben“, d. h.) es muß gelobt werden, (besser aktivisch:) man muß loben— Nōbīs laudandum est. Wir müssen loben. — **Órandúm est** (man muß darum bitten), **ut sít mēns sána in córpore sánō.** — **In tantō perīculō tibi dormiendum nōn erat** (*hättest* du nicht schlafen dürfen; vgl. § 131):

2. als *Attribut und Prädikativum*,

2. **Quīcumque hoc fēcit, fuit vir laudandus** („ein zu lobender“ = ein lobenswerter Mann). — Superstitiōne tollendā (ohne „Nezessität“: „durch den beseitigt werdenden Aberglauben“, dadurch, daß der Aberglaube beseitigt wird) nōn tollitur religiō. — Imperātor sīgnum dedit proeliī committendī (das Zeichen zur Eröffnung des Kampfes oder: das Zeichen, den Kampf zu beginnen). — Cicerō **librum scrīpsit dē contemnendā morte** (hier wohl als notwendig gesehen: „über den Tod als zu verachtenden“ = über die Verachtung des Todes). **Captīvī praetōrī trāditī sunt Rōmam dūcendī** („als nach Rom zu führende“ = damit er sie nach Rom führe).— Frāter mihi complūrēs librōs legendōs (zum Lesen) relīquit.— **Fabricius perfugam ad Pyrrhum redūcendum cūrāvit** („besorgte den Überläufer als einen zurückzuführenden“ = *ließ* den Überläufer zurückführen.

als Prädikativum besonders zur Bezeichnung des Zwecks bei Verben wie dare und curāre.

Anm. 1. Das negierte Gerundivum geht bisweilen in die Bedeutung der *Möglichkeit* über.

dolor nōn ferendus: „ein Schmerz, der nicht ertragen wird“, kann ‚ein unerträglicher Schmerz‘ sein.

Anm. 2. Die deutschen Verbalsubstantive auf -*ung* werden sowohl von einer bevorstehenden als auch von einer vollendeten Handlung gebraucht. Nur im ersten Fall entspricht ihnen ein Gerundivum.

Man vergleiche: Pūgnāmus prō lībertāte recuper*andā*
mit: Dīs grātiās agimus prō lībertāte recuper*ātā* (beides: für die Wiedergewinnung der Freiheit)

4. Die Partizipien

§ 124 Das **Partizip des Perfekts,** das in der Regel (im Verhältnis zu dem übergeordneten Verb) die Vorzeitigkeit bezeichnet, dient *bei einigen Deponentien* zum Ausdruck der *Gleichzeitigkeit.*

Bisweilen wird das Partizip des Perfekts von einem Deponens auch *passivisch* gebraucht.

Andrerseits gibt es einige passive Partizipien, die (wie ein Deponens) in aktivischem Sinn stehen.

> arbitrātus u. ratus meinend (in der Meinung) — veritus fürchtend (aus Furcht) — cōnfīsus vertrauend (im Vertrauen auf) u. a. **īnsidiās verita cohors sē recēpit** (aus Furcht vor einem Hinterhalt…).
>
> Caesar partītō exercitū („nachdem das Heer geteilt war") in Italiam profectus est. — Populātīs agrīs („nachdem die Äcker verwüstet waren") Hēlvetiī oppida oppūgnāvērunt. cēnātus einer, der gespeist *hat* — iūrātus einer, der geschworen *hat* („Geschworener") u. a.

§ 125 Das sogenannte **Partizip des Futurs** auf -tūrus bezeichnet weniger eine erst nachzeitige als eine gerade *bevorstehende* Handlung.

Es bildet mit esse die *umschreibende Erwartungsform* (coniugātiō periphrastica āctīva), die aus einem Geschehen in der *Gegenwart* (oder Vergangenheit) auf etwas Künftiges schließen läßt.

Im Infinitiv und im Konjunktiv ersetzt diese Umschreibung das (nachzeitige) Futur (vgl. § 116 u. § 141).

> laudātūrūs im Begriff zu loben; auch: loben wollend, in der Absicht zu loben o. ä.
>
> **profectūrus est** er ist im Begriff od. er schickt sich an abzureisen od. er will gerade abreisen — cāsūrī erant sie waren daran zu fallen, sie drohten zu fallen, sie standen unmittelbar vor dem Fall.

§ 126 Bei Verben der *sinnlichen Wahrnehmung* kann ein **prädikatives Partizip** zu einem Akkusativobjekt treten; es entsteht so ein AcP. (accūsātīvus cum participiō).

> Videō puellam appropinquantem. Ich sehe das Mädchen („als ein sich näherndes") sich nähern od. Ich sehe, wie das Mädchen sich nähert. — **Hunc hominem caecum numquam querentem audīvimus** (haben wir niemals klagen hören).

§ 127 Das sogenannte **Participium coniūnctum** (partic. coni.) ist ein *Prädikativum,* das sich *auf alle* durch Kasus ausgedrückte *Satzteile beziehen,* also selbst in jedem Kasus erscheinen kann.

Die Möglichkeiten der *Übersetzung* zeigt das folgende Beispiel:

> **Tarquinius Superbus ā Rōmānīs expulsus ad Etrūscōs cōnfūgit.**
>
> 1. Von den Römern vertrieben, ⎫
> 2. Nach seiner Vertreibung durch die Römer ⎬ suchte T. Superbus Zuflucht bei den Etruskern.
> 3. Nachdem er von den Römern vertrieben war, ⎭
> 4. Tarquinius Superbus wurde von den Römern vertrieben und suchte *darauf* Zuflucht bei den Etruskern*.

---

* Die „Auflösung" des partic. coni. — dasselbe gilt für den abl. abs. des § 128 — in einen beigeordneten Hauptsatz wird beim Übersetzen eines größeren Textganzen mißbraucht, wenn das Partizip

(Forts. S. 117)

In diesem Beispiel steht das partic. coni. expulsus* *temporal*, entspricht also einer adverbialen Bestimmung der Zeit.
Andere adverbiale Verhältnisse zeigen die folgenden Beispiele:

Īnsidiās verita cohors sē recēpit (*kausal*: *weil* sie einen Hinterhalt fürchtete; aus Furcht vor einem H.). — Cūr vōs invītātī nōn vēnistis? (*konzessiv: obwohl* ihr eingeladen wart; trotz der Einladung). — Nōn ērubēscēns reus mentiēbātur (*modal*: *ohne zu* erröten). — Iūdicēs conveniunt dē prōditōre iūdicātūrī (*final*: *um* über den Verräter *zu* urteilen). Fugientēs interficerēmur (*kondizional*: = sī fugerēmus).

---

5. Der Ablativus absolutus §128

Der **Ablativus absolutus** (abl. abs.) stellt die *Verbindung zweier Ablative* dar, von denen *der eine ein Prädikativum* ist. Dieses prädikative Glied ist in der Regel ein Partizip, kann aber auch ein Nomen (Substantiv od. Adjektiv) sein.

Eine solche fest gewordene zweigliedrige Verbindung hat den Aussagewert einer adverbialen Bestimmung; sie entspricht einem adverbialen Nebensatz, in welchem der eine Ablativ (meist der voranstehende) das Subjekt und der andere das Prädikat darstellt.

a) **Der partizipiale abl. abs.**
ist entweder mit einem *Partizip des Präsens* (auf -nt-) gebildet als abl. abs. der *Gleichzeitigkeit*

oder er enthält ein *Partizip des Perfekts* (auf -tus) als abl. abs. der *Vorzeitigkeit*.

In diesen Beispielen hat der abl. abs. Tarquiniō S. rēgnante bzw. expulsō temporalen Sinn.

a)
Tarquiniō Superbō rēgnante Pȳthagorās in Italiam vēnit. *Während* Tarquinius Superbus regierte (od. Während der Regierung des T. S.), kam Pythagoras nach Italien.
Tarquiniō Superbō expulsō duō cōnsulēs Rōmae creātī sunt. *Nachdem* T. S. vertrieben war (od. Nach der Vertreibung des T. S.), wurden zwei Konsuln in Rom gewählt.
od. **Tarquiniō Superbō expulsō Rōmānī duōs cōnsulēs creāvērunt.** *Nachdem* T. S. vertrieben war (od. Nach der Vertreibung des T. S.), wählten die Römer zwei Konsuln. Dabei ist im Zusammenhang eine *aktivische Übersetzung* möglich: Nachdem die Römer den T. S. vertrieben hatten, wählten sie zwei Konsuln, auch koordiniert, vgl. § 127, 4: Die Römer vertrieben den T. S. und wählten *darauf* zwei Konsuln.**

(Zu S. 116)
damit ein zu starkes (vom Schriftsteller nicht beabsichtigtes) Eigengewicht bekommt. Die (manchmal einseitige) Vorliebe des Deutschen für Hauptsätze darf nicht einen kunstvollen lateinischen Gedankenaufbau von vornherein völlig umbiegen.

---

* Beispiele für *andere Kasus*: Tarquinium *expulsum* Etrūscī recēpērunt; Tarquiniō *expulsō* Etrūscī adfuērunt; Tarquiniī *expulsī* māgna fuit cupiditās ulcīscendī. In allen Fällen ist die Übersetzung ‚Nachdem T. S. vertrieben war' möglich; im Hauptsatz ist dann ‚ihn' od. ‚ihm' od. ‚seine' einzufügen.
** Seltener ist die Verwendung eines (aktiven!) Partiz. Perf. eines *Deponens* beim abl. abs.: Minucius exercituī praeerat profectō ad urbem dictātōre (nachdem der Diktator … aufgebrochen war).

117

Andere adverbiale Verhältnisse* zeigen die nebenstehenden Beispiele.

Incolīs fortiter resistentibus oppidum expūgnārī nōn potuit (*kausal: weil* die Bewohner tapfer Widerstand leisteten). — **Incolīs aegrē resistentibus oppidum expūgnārī non potuit** (*konzessiv: obwohl* die Bewohner nur schwach Widerstand leisteten). — Incolīs fortiter resistentibus oppidum expūgnārī nōn poterit (*konditional: falls* die Bewohner tapfer Widerstand leisten). — Īnfectā rē lēgātī Rōmam rediērunt (*modal: ohne* etwas ausgerichtet *zu* haben).

b) **Der nominale abl. abs.** zeigt besonders deutlich den prädikativen Charakter des einen Gliedes; er drückt nur einen dem übergeordneten Verb *gleichzeitigen* Vorgang aus.

b)
Nātūrā duce numquam aberrābimus. (Mit der Natur als Führerin od. Unter der Führung der Natur od. Wenn uns die Natur führt, werden wir niemals in die Irre gehen. Gleichbedeutend mit nātūrā dūcente.) — **Augustus nātus est Cicerōne et Antōniō cōnsulibus** (als C. und A. Konsuln waren, im Konsulatsjahr des C. und A.). — **Mē īnsciō in urbe fuistis** (ohne mein Wissen).

Anm. 1. Da der abl. abs. als Adverbiale ein Satzteil ist, stehen die zu ihm gehörigen Personal- u. Possessivpronomina der 3. Person, wenn sie sich auf das Subjekt des übergeordneten Verbs beziehen, in der *reflexiven* Form.

Anm. 2. Der häufige Gebrauch des (passiven!) abl. abs. der Vorzeitigkeit hängt damit zusammen, daß dem gewöhnlichen lateinischen Verb ein aktives Partizip des Perfekts fehlt. Die Deponentien, die dieses Partizip haben, können es als partic. coni. verwenden (das *als syntaktische Erscheinung* scharf von dem doppelgliedrigen abl. abs. zu trennen ist).

Caesar Helvētiōs sē invītō (gegen seinen Willen) flūmen transīre passus non est. — Helvētiī oppidīs suīs exūstīs ēmigrāvērunt.

Man vergleiche die beiden Sätze:
Caesar mīlitēs cohortātus ad dextrum cornū (Heeresflügel) properāvit.
und: Caesar mīlitibus monitīs ad dextrum cornū properāvit,
die wir in gleicher Weise übersetzen: Nachdem C. die Soldaten ermahnt hatte, eilte er zum rechten Flügel.

Anm. 3. Zu den *Namen* abl. abs. und partic. coni.: Daß das partic. coni. nichts anderes als ein adjektivisches Prädikativum (s. § 77) ist, zeigt ein Vergleich etwa der Sätze **aegrōtōs** nōs māter cūrabat und **aegrōtantēs** (od. **vulnerātōs**) nōs māter cūrabat. Die Prädikativa aegrōtōs bzw. aegrōtantēs bzw. vulnerātōs (deutsch: als wir krank bzw. verwundet waren) sind dabei nur indirekt mit dem Satz verbunden, nämlich durch ihr Beziehungswort nōs, das für den Sinn notwendiges Glied (Akkusativobjekt) ist; die Bezeichnung „coniūnctum" ist unlogischerweise von diesem Beziehungswort auf das Partizip übertragen, das man — allein genommen! — durchaus von dem übrigen Satz loslösen kann. Dagegen bildet in dem Satz **nōbīs aegrōtantibus** od. **nōbīs vulnerātīs** od. (nominal!) **nōbīs aegrōtīs** māter advolāvit jede der drei Formen des abl. abs. eine *zweigliedrige* (vgl. Einleitung des § u. Anm. 2) feste Verbindung, die als echte adverbiale Bestimmung nur das Prädikat erweitert und sich deshalb leichter aus dem Satz herauslösen läßt (bei der deutschen Übertragung durch einen Nebensatz wird dessen Subjekt im übergeordneten Satz nicht mehr aufgenommen, wie dies beim partic. coni. geschieht; vgl. die erste Fußn. S. 117).

---

* Es empfiehlt sich, als *erste Übersetzung* immer einen *Temporalsatz* (beim abl. abs. der Gleichzeitigkeit mit ‚während', beim abl. abs. der Vorzeitigkeit mit ‚nachdem') zu verwenden, ehe man nach einer tieferen logischen Verbindung sucht.

B. Vom einfachen (unabhängigen) Satz

Der Unterschied zwischen den Arten des einfachen Satzes (vgl. oben S. 10) tritt meist schon im finiten Verb zutage, vor allem in der Wahl des *Modus*. Aber auch die *Genera* und *Tempora* des Verbs sind für das Satzganze von Bedeutung.

I. Die Genera und Tempora des (finiten) Verbs

Das lateinische **Aktiv** kann auch „*kausativ*" gebraucht werden.

Der häufige Gebrauch des **Passivs** ist charakteristisch für die lateinische Sprache. Das Deutsche bevorzugt die aktivische Ausdrucksweise,

auch wenn ein Abstraktum als (tätiges) Subjekt erscheint.

Das lateinische Passiv wird im Deutschen oft durch ein *reflexives* oder *intransitives* Verb wiedergegeben:
ōrnārī sich schmücken — mūtārī sich ändern — fallī sich täuschen — minuī abnehmen — rumpī platzen.
Vgl. dazu § 48 Vorbem.

Xerxēs pontem in Hellēspontō fēcit (*ließ* bauen).   § 129

Iūlia ā patre laudāta est. Der Vater hat Julia gelobt.
Tyrannus crūdēlitāte ad turpissima scelera raptus est. Seine Grausamkeit riß den Tyrannen zu den schändlichsten Verbrechen hin.
Memoria minuitur, nisi eam exerceās. Das Gedächtnis nimmt ab, wenn man es nicht übt.

Für den Gebrauch der lateinischen Tempora ist folgendes zu merken.   § 130
1. Das **Präsens** wird im Lateinischen häufiger als im Deutschen für Ereignisse der Vergangenheit angewandt (sog. **praesēns historicum**), nicht nur in der lebhaften Erzählung, sondern auch bei einem schlichten und sachlichen Bericht, oft im Wechsel mit einem Tempus der Vergangenheit. Vgl. z. B. Caesar B.G. I, 3, 3 ff.

Das Präsens des Passivs kann auch einen *Zustand* ausdrücken.

2. Das **Futur (I)** erscheint — genauer als im Deutschen — bei *allen* zukünftigen Ereignissen.
3. Das **Perfekt** steht:
  a) in (präsentischem od.) *resultativem* Sinn zur Bezeichnung eines Zustands in der Gegenwart, der auf eine abgeschlossene Handlung folgt,

1. **Mōns nive tegitur** (*ist* bedeckt). — Helvētiī nātūrā locī continentur (*sind* eingeengt).
2. **Crās proficīscēmur.** Morgen *reisen* wir ab.
3.
  a) nōvī ich (habe kennengelernt und) kenne (nun) — vēnī ich (bin gekommen und) bin (nun) da — scriptum est es (ist geschrieben worden und) steht (nun) geschrieben *.

---

* Der erreichte Zustand kommt noch stärker bei einer *Umschreibung* mit einem prädikativen Partizip zum Ausdruck, z. B. Dumnorīx vectīgālia redēmpta habet („hat als gepachtete" = hat in Pacht); entsprechend für die Vergangenheit.

b) als Tempus der Vergangenheit zur Bezeichnung von etwas Ausgeführtem, Geschehenem (ohne den Gedanken an eine Nachwirkung), und zwar
entweder für eine einzelne Feststellung (*konstatierendes* Perfekt), ohne Rücksicht auf die Dauer (od.Wiederholung) des Verbalvorgangs, oder im Rahmen einer Erzählung (*narratives* Perfekt od. perfectum historicum), wo ein deutsches Präteritum am Platze ist. Vgl. den nebenstehenden Abschnitt (Caesar B. G. I, 4).

b)

Vēnī, vīdī, vīcī (i. D. Präterium). — Cicerō LXIII annōs vīxit (hat ... gelebt, ist ... alt geworden).

Ea rēs **est** Helvētiīs per iūdicium **ēnūntiāta**. Mōribus suīs Orgetorīgem ex vinculīs causam dīcere **coēgērunt**. ... Diē cōnstitūtā causae dictiōnis Orgetorīx ad iūdicium omnem suam familiam undique **coēgit** et omnēs clientēs suōs eōdem **condūxit**; per eōs, nē causam dīceret, sē **ēripuit**.

4. Das **Imperfekt** stellt etwas Vergangenes als nichtabgeschlossen dar. Es bezeichnet daher sowohl einen sich noch entwickelnden od. sich (unbestimmt) wiederholenden Vorgang als auch einen fortdauernden Zustand:
a) in der Form von einzelnen Angaben über Gebräuche und Gewohnheiten,
b) im Rahmen einer Erzählung, um die —
im Perfekt oder historischen Präsens ausgedrückte — Haupthandlung einzuleiten (Frage: Was *war* damals?) oder zu ·unterbrechen. Vgl. den nebenstehenden Abschnitt (Caesar B. G. I, 19).

4.

a) Rōmae quotannīs bīnī cōnsulēs creābantur.
b) Quibus rēbus cōgnitīs Caesar ... satis esse causae **arbitrābātur**, quārē in Dumnorīgem animadverteret. Hīs rēbus **repūgnābat**, quod Dīviciācī frātris ... ēgregiam fidem et iūstitiam **cōgnōverat** (kannte!); nam, nē Dumnorīgis suppliciō Dīviciācī animum offenderet, **verēbātur**. Itaque (jetzt, nach Schilderung der Lage, setzt die Haupthandlung wieder ein) ... Dīviciācum ad sē vocārī iubet .·. et cum eō colloquitur.
Frūstrā mē dēcipiēbās (*versuchtest* du mich zu täuschen).
Interim cottīdiē Caesar Haeduōs frūmentum flāgitāre (= flāgitābat).

Auch der bloße Versuch steht im ("konativen") Imperfekt.

Anm. Für ein schilderndes Imperfekt tritt öfters der Infinitiv des Präsens ein; wir bezeichnen ihn als *„historischen Infinitiv"* (īnfīnītīvus historicus).

5. Das **Plusquamperfekt** bezeichnet bei resultativem Sinn (vgl. oben 3a) einen Zustand in der Vergangenheit. Sonst drückt es die Vorvergangenheit aus, aber mit größerer Genauigkeit als im Deutschen; vgl. dazu §§ 140 u. 141.

5. nōveram ich kannte.
Cum medicus advēnit, puer iam mortuus erat.
Cum Rhodum vēnissem (*kam*), statim tibi scrīpsī.

II. Die Modi im einfachen Satz

1. Behauptungssätze und ihre Modi

Der Redende kann seine Behauptung (sein Urteil) entweder als *real* (wirklich) § 131 hinstellen oder als *potential* (möglich) oder als *irreal* (unwirklich). Die *Negation* in allen·Behauptungssätzen ist *nōn*.

Abweichend vom Deutschen setzt der Lateiner eine Behauptung in den **Indikativ** und stellt sie damit als etwas **Reales** (Wirkliches) hin:

1. bei den Ausdrücken des *Könnens und Müssens* sowie Ausdrücken einer bedingten Beurteilung;

   1. **Possum multa narrāre;** sed taceō. Ich *könnte* vieles erzählen; aber ich schweige. — **Dēbuit multa narrāre;** sed tacuit. Er *hätte* vieles erzählen *müssen*; aber er schwieg. — **Reum gravem poenam sequī oportēbat.** Den Angeklagten hätte eine schwere Strafe treffen müssen; Forts.: aber er starb vorher. — **Melius est tacēre.** Es *wäre* besser zu schweigen (= wenn man schwiege). — **Plūra dīcere longum erat** (wäre zu weitläufig gewesen).

2. bei einer Verbindung mit *paene* ‚fast‘ und *prope* ‚beinahe‘ oder mit einer Negation (wodurch eigentlich schon die Nichtwirklichkeit ausgedrückt ist, die der deutsche Konjunktiv bezeichnet).

   2. **Paene cecidī.** Fast *wäre* ich gefallen. — **Numquam id putāvī.** (Niemals *hätte* ich dies geglaubt.)

Durch den **Konjunktiv** kann eine Behauptung gemildert oder als bloß **möglich** § 132 (potential) hingestellt werden:

1. eine Behauptung über *Gegenwärtiges* durch den Konjunktiv des Präsens od. des Perfekts (das dann keine Vergangenheitsbedeutung hat);

   1. **Hoc sine ūllā dubitātiōne cōnfirmāverim.** (Dies *möchte* ich od. *darf* ich *wohl* ohne jedes Bedenken versichern.)—**Dīcat od. Dīxerit aliquis hoc falsum esse.** (Es *könnte* einer sagen od. Man könnte sagen…) — **Crēdās(od.Putēs) hoc falsum esse.** (Du könntest… im Sinne von: *Man könnte* glauben…; vgl. § 66e.)

2. eine Behauptung über *Vergangenes* durch den Konjunktiv des Imperfekts, meist nur in der verallgemeinernden 2. Person des Singulars.

   2. **dīcerēs, crēderēs, putārēs, vidērēs** man *hätte* sagen, glauben, sehen *können.*

Anm. Die *Nichtwirklichkeit* (das Irreale) bezeichnet der Konjunktiv wie im Deutschen, sowohl für die Gegenwart (Sine tē dēspērārem = Ohne dich gäbe ich die Hoffnung auf od. würde ich d. H. aufgeben) als auch für die Vergangenheit (Sine tē dēspērāvissem = Ohne dich hätte ich d.H. aufgeben od. würde ich d. H. aufgegeben haben). Vgl. auch § 157.

2. Begehrungssätze und ihre Modi

Begehrungssätze enthalten entweder eine *Aufforderung* (positiv als Befehl, Gebot, Ermahnung, Bitte; negativ als Verbot und Warnung) oder einen *Wunsch*. Ihre *Negation* ist *nē* (das meist mit nēve weitergeführt wird).

§ 133 **Aufforderungen** stehen im Imperativ oder im Konjunktiv:

1. als *Gebote* an die *2. Person* gewöhnlich im Imperativ I, seltener in dem mit -tō gebildeten Imperativ II, der meist auf allgemeine Vorschriften und Lebensregeln beschränkt ist; bisweilen auch im Konjunktiv des Präsens;

2. als *Verbote* an die *2. Person* entweder („prohibitiv") im Konjunktiv des Perfekts (das dann keine Vergangenheitsbedeutung hat) mit nē, oder umschrieben durch die Imperative nōlī und nōlīte (§ 55);

3. als *Gebote* und *Verbote* an die *3. Person* gewöhnlich im („jussiven") Konjunktiv des Präsens,

   seltener (vgl. oben 1.) im Imperativ II;

4. als *Ermahnungen* an die *1. Person* (meist des Plurals) im („adhortativen") Konjunktiv des Präsens.

---

1. Surge et ambulā! — Abīte!
   Īgnóscitó saepe álterí, numquám tibí!
   (Du sollst verzeihen! oder nur: Verzeihe!)

   Valeās! (= Valē, Lebe wohl!)

2. nē lacrimāveris (-eritis) weine(t) nicht! — **Nē iūdicāveritis, priusquam cōnsiderāveritis** (erwogen habt; s. § 140) **causam!**

   nōlī(te) lacrimāre! — **Nōlī mē tangere!** (Rühre mich nicht an!)

3. eat er gehe od. er soll gehen! — **Videant cōnsulēs** (Die K. sollen sehen), **nē quid dētrīmentī capiat rēs pūblica!** (vgl. § 99) — Puer nē habeat tēlum! (Ein Kind soll keine Waffe haben!)
   Salūs pūblica suprēma lēx estō! (Das Wohl des Staates soll oberstes Gesetz sein!)

4. eāmus gehen wir! od. laßt uns gehen! od. wir wollen gehen! — **Gaudeāmus igitur, iuvenēs dum sumus!** — Nē sīmus ingrātī! (Wir wollen nicht undankbar sein!)

---

134 **Wünsche** werden durch den Konjunktiv ausgedrückt:

1. als *erfüllbar* gedachte Wünsche durch den Konjunktiv des *Präsens* od. des *Perfekts*, der durch utinam (o daß doch!, verneint utinam nē) eingeleitet werden *kann*;

2. als *unerfüllbar* gedachte Wünsche durch den Konjunktiv des *Imperfekts* od. des *Plusquamperfekts*, zu dem utinam hinzutreten *muß*.

---

1. **Requiēscat in pāce!** (Er ruhe in Frieden! od. Möge er... ruhen!) — **Utinam nē sērō veniās!** (Möchtest du doch nicht zu spät kommen!) — **Utinam vērē augurāverim!** (Möchte ich doch recht prophezeit haben! od. Hoffentlich habe ich recht prophezeit!)

2. **Utinam semper iūstī essēmus!** (Wären wir doch immer gerecht! im Sinne eines bedauernden: Leider sind wir nicht...) — **Utinam tē numquam vīdissem!** (Hätte ich dich doch niemals gesehen!)

Anm. 1. Vor einen als erfüllbar gedachten Wunsch kann auch der Konjunktiv *velim* treten, vor einen unerfüllbaren *vellem.*

Velim salvus redeat! (Möge er heil zurückkehren!) — Vellem adesset fräter mortuus! („Ich wünschte, mein verstorbener Bruder wäre hier!" od. Wäre doch... hier!)

Anm. 2. Ein Wunschsatz kann auch die Bedeutung einer *Einräumung,* eines Zugeständnisses annehmen.

Ōderint, dum metuant! (Sie mögen hassen, wofern sie nur fürchten!) — Nátūram éxpellás (*magst du austreiben*) furcá, tamen úsque recúrret.

3. Fragesätze und ihre Modi

Fragesätze, die eine *Ergänzungsfrage* enthalten, werden wie im Deutschen durch § 135 Interrogativpronomina (vgl. § 21) und Interrogativadverbia (vgl. § 24, 2) eingeleitet. Dagegen bedürfen die (im Deutschen mit „Inversion" gebildeten) *Entscheidungsfragen* meist besonderer Fragepartikeln:

1. In gewöhnlichen Fragen, die keine Andeutung über die erwartete Antwort enthalten, wird **-nĕ** dem an der Spitze stehenden betonten Wort angehängt;

2. Soll eine Antwort angedeutet werden, so tritt, falls man eine *bejahende Antwort* erwartet, **nōnne,** falls man eine *verneinende* Antwort erwartet, **num** an die Spitze des Fragesatzes;

3. In *Wahlfragen* (die meist die Form der *Doppelfrage* haben) entspricht dem Deutschen ‚oder‘ das lateinische **an**; das Vorderglied wird meist noch durch *utrum* od. *-ne* eingeleitet (das bei der deutschen Übersetzung wegfällt).

Anm. an bedeutet eigentlich ‚etwa, vielleicht, wohl‘. In diesem Sinne kann es auch eine („rhetorische") Scheinfrage einleiten, die den vorangehenden Gedanken weiterführt.

1. Adéstne lūlia od. lūliane adest? (Ist Julia anwesepd?) — **Scīsne Latīnē loquī?** (Kannst du lateinisch sprechen?)

2. Nōnne lūlia adest? (Ist Julia *nicht* anwesend? od. Julia ist doch wohl anwesend.) — Num lūlia adest? (Ist Julia *etwa* anwesend? od. Julia ist doch wohl nicht anwesend?) — **Num potest caecus caecum dūcere? Nōnne ambō in foveam cadent?** (Kann etwa ein Blinder ...? Werden nicht beide in die Grube fallen?)

3. **utrum manēbimus   an abībimus? manēbimusne   an abībimus? manēbimus   an abībimus?** Werden wir bleiben oder (werden wir) fortgehen?

Nōlīte dēspērāre; an dē nostrā fidē dubitātis? (oder zweifelt ihr etwa...) — Quid ad mē venītis? an speculandī causā? (etwa, um zu spionieren? od.: doch wohl nur, um zu spionieren.)

Fragesätze, die als Antwort einen Behauptungssatz fordern, stehen in demselben § 136 *Modus* wie dieser, d. h.

im „realen" Indikativ (vgl. § 131 Vorbem.) oder im „potentialen" Konjunktiv oder im „irrealen" Konjunktiv.

Dagegen haben Fragen, die als Antwort einen Begehrungssatz fordern — man nennt sie *deliberative Fragen*—, immer den *Konjunktiv.*

Quis hoc dīcit?
Quis hoc dīcat?
Quis hoc dīxisset?

Quid faciāmus? Was *sollen* wir tun? — **Quid facerem?** Was *hätte* ich tun *sollen?*

123

C. Von der Satzgruppe

I. Beiordnung der Sätze (in der Satzreihe)

Das folgende gilt meist auch für beigeordnete (koordinierte) Satz*teile*. Sie werden der Einfachheit halber mitbehandelt.

§ 137 Zur Verbindung von *koordinierten Sätzen* (und Satzteilen) dienen die folgenden **Konjunktionen:**

1. *kopulative* (anknüpfende) Konjunktionen

und {
et; sed et aliī = aber *auch* andere
-que (angehängt dem folgenden Wort, aber z.B. ob eamque causam)
atque (aus ad-que ‚und dazu'), ac (vor Konsonant)
}

neque (meist vor Vokal), nec (meist vor Konsonant) und nicht, auch nicht
nē...quidem nicht einmal, auch ... nicht
et nōn und nicht, wenn die Negation betont ist oder zu einem einzelnen Wort gehört (Teilnegation)

auch {
etiam auch, sogar
quoque (nachgestellt)
}

korrespondierend (d.h. sich entsprechend) gebraucht:
et...et sowohl ... als auch, einerseits ... andrerseits
cum...tum sowohl ... als auch (besonders)
neque...neque, nec...nec weder ... noch
neque...et einerseits nicht ... andrerseits
et...neque einerseits ... andrerseits nicht
neque aut...aut und weder ... noch

Anm. Wortreihen werden entweder gar nicht oder sämtlich durch et verbunden, oder das letzte Glied bekommt -que: virī, mulierēs, līberī od. virī et mulierēs et līberī od. virī mulierēs līberīque.

2. *disjunktive* (trennende) Konjunktionen

oder {
aut bei sachlich verschiedenen, entgegengesetzten Begriffen: **vincere aut morī**
vel (zu velle) läßt die Wahl frei: **(praefersne) pirum vel mālum?**
-ve (angehängt) schwächer als vel: **duo trēsve** (zwei oder auch drei)
sīve, seu bei gleichgültigem Unterschied: **Iūlia sīve Tullia**
}

korrespondierend:
aut...aut, vel...vel, sīve...sīve entweder ... oder
(sīve cāsū sive cōnsiliō deōrum)
nē aut...aut damit (oder: daß) weder ... noch

3. *adversative* (entgegensetzende) Konjunktionen

aber {
sed, nach Negationen oft sondern } auch abbrechend: jedoch
vērum
at jedoch; atquī nun aber, aber doch; at (sed) enim s. unten 4.
autem { an zweiter Stelle; autem auch weiterführend: nun
vērō { vērō steigernd: aber vollends, aber gar; neque vērō aber nicht
tamen dennoch; neque tamen dennoch nicht
}

korrespondierend:
nōn sōlum (modo) ... **sed etiam** nicht nur ... sondern auch
nōn modo (meist ohne ein zweites nōn!) ...**sed nē...quidem** nicht nur *nicht* ... sondern nicht einmal: nōn modo prōditōrī, sed nē perfugae quidem locus in meīs castrīs fuit (nicht nur *kein* Verräter, sondern nicht einmal ein Überläufer...)

4. *kausale* (begründende) Konjunktionen

denn { **nam,** namque
{ **enim** (nachgestellt), etenim; neque (od. nōn) enim denn nicht; sed enim od.
at enim aber ... ja, aber freilich

5. *konklusive* (folgernde) Konjunktionen

daher { **itaque**
{ **igitur** (meist nachgestellt)
{ **ergō** folglich
{ **proinde** demnach, so ... denn (in Aufforderungen)

6. *konzessive* (einräumende) Konjunktion

quamquam leitet im Sinne von ‚*freilich*' od. ‚*allerdings*' auch Hauptsätze ein, die das Vorhergehende einschränken: Quamquam nōnnūllī sunt in senātū (Allerdings gibt es einige Leute im Senat), quī ea, quae imminent, nōn videant. Sogar in der rhetorischen Frage: Quamquam tē quidem quid hoc doceam? (Wozu soll ich freilich dich gerade hierüber belehren?)

Auch Relativpronomina und Relativadverbia können in koordinierender Weise dazu dienen, selbständige *Hauptsätze* anzuknüpfen. Diese Verbindung heißt **relativischer Anschluß**. In der deutschen Übersetzung durch ein Demonstrativum fügen wir gewöhnlich eine koordinierende Konjunktion wie *und, nun, aber, daher, denn* hinzu, um den gedanklichen Zusammenhang auszudrücken.

Häufig in festen Verbindungen wie quārē (daher), quāpropter (deswegen); ferner bei ablātīvī absolūtī wie quō factō (daraufhin) oder quibus rēbus cōgnitīs (auf die Kunde hiervon) und bei Ablativen, die ein participium coniūnctum begleiten.

Auch ein ganzes *Satzgefüge* kann durch das Relativum angeknüpft werden, indem dieses vor die Konjunktion des voranstehenden Nebensatzes tritt, zu dem es als Satzteil gehört.

Anm. Als relativischer Anschluß ist auch die Hinzufügung eines adverbialen (vgl. § 82) quod (eig. „in bezug worauf") zu manchen Konjunktionen zu erklären; besonders häufig kommt quod sī *wenn nun* od. *wenn also* od. *wenn aber* od. *wenn nämlich* vor.

§ 138

Omnium Gallōrum fortissimī sunt Belgae, quod ... continenter cum Germānīs bellum gerunt. Quā dē causā (Aus *diesem* Grunde) Helvētiī quoque reliquōs Gallōs praecēdunt. — Rōmānī hostēs prōvocāre coepērunt; quōrum (von *diesen* aber; also = sed eōrum) prōgredī ausus est nēmō. — **Perūtilēs hī librī sunt; quōs legite, quaesō, studiōsē!** (Lest sie *also* bitte mit Sorgfalt! Man beachte den Imperativ!) — Rēx Indiam in potestātem redēgit. Unde cum (= Sed cum inde) sē reciperet, ā fīliō in itinere interficitur.

Quibus rēbus commōtus (Unter dem Eindruck od. Angesichts dieser Meldungen) Caesar quam celerrimē in Galliam profectus est.

Quae cum audīsset, Caesar quam celerrimē in Galliam profectus est. — Quae cum ita sint (Unter diesen Umständen od. Diesen Umständen zum Trotz), hīc manēbimus. — Quō cum vēnisset, omnia parāta invēnit. — Quae dum geruntur (Während dieser Vorgänge), Rōmānī castrīs sē tenēbant. Et amōre frāternō et exīstimātiōne vulgī commoveor. Quod sī (Wenn nämlich) quid gravius frātrī meō acciderit, nēmō exīstimābit nōn meā voluntāte factum.

II. Unterordnung der Nebensätze (im Satzgefüge)

1. Allgemeine Regeln über die Nebensätze

§ 139   **Innerlich abhängig** sind diejenigen **Nebensätze** (vgl. oben S. 11), die der Redende (oder Schreibende) nicht als seine eigene Feststellung, sondern als Äußerung oder Gedanken einer anderen Person hinstellt, gewöhnlich des Subjekts des übergeordneten Satzes. Als solche innerlich abhängigen Nebensätze sieht der Lateiner auch alle abhängigen Frage- und Begehrungssätze an. Vgl. §§ 143 u. 145; 148 u. 162, 1.

Der Lateiner (nicht der Deutsche!) faßt den übergeordneten und den innerlich abhängigen Satz als eine Einheit auf. Daher stehen in diesem (wie im AcI.) *Personal- und Possessivpronomina* der 3. Person, die sich auf das Subjekt des regierenden Satzes beziehen, in der *reflexiven Form* (suī, sibi, sē, suus). Im *selbständig* gemachten Satz erscheint dafür das Pronomen der *1. Person*.	**Decima legiō Caesarī grātiās ēgit, quod dē sē** (od. **dē suā** virtūte) **optimum iūdicium fēcisset** (über *sie* bzw. über *ihre* Tapferkeit; direkt: Du hast über *uns* [*unsere* Tapferkeit] das beste Urteil gefällt.) — **Ariovistus ex lēgātīs quaesīvit, quid sibi esset cum iīs.** (direkt: Was habe *ich* mit euch zu tun?) **Athēniēnsēs Sōcratem capitis damnāvērunt, quod fīliōs suōs** (*wessen?*) **corrumperet.**

Ferner gilt in innerlich abhängigen Sätzen die cōnsecūtiō temporum; siehe § 141.

Anm. Bei der innerlichen Abhängigkeit kommt es nicht auf das grammatisch-formale, sondern auf das *logische Subjekt* des regierenden Satzes an, d. h. auf den *Urheber der Handlung* (der nicht unbedingt im Subjektskasus stehen muß). So ist in dem Satzgefüge
    Rogātus sum ā mātre tuā, ut venīrem ad sē
die māter das logisch übergeordnete und regierende, wenn auch nicht formale Subjekt (direkte Form des Begehrungssatzes: „Komme zu *mir*!").

§ 140 Ein **indikativischer Nebensatz** (d. h. ein Nebensatz, dessen finites Verb im Indikativ steht) hat gewöhnlich selbständiges Tempus. Doch achtet der Lateiner (genauer als der Deutsche) auf die Unterscheidung von *Gleichzeitigkeit* und *Vorzeitigkeit*, besonders dann, wenn es sich um einen *wiederholten* oder um einen *zukünftigen Vorgang* handelt. *Anm.* Ausdrücke des *Begehrens* gelten als dem Futur gleichwertig.	**Cum in vīllam vēnī** (Sooft ich *komme*), **ōtium mē dēlectat.** Entsprechend: **Cum in vīllam vēneram** (Sooft ich *kam*), **ōtium mē dēlectābat.** **Cum in vīllam vēnerō** (Sooft od. Sobald ich *komme*), **ōtium mē dēlectābit.** **Ut sēmentem fēceris, ita metēs** (Wie du *säst*, so wirst du ernten). **Sī quid audieris** (hörst), **scrībe ad nōs!** — **Nē iūdicāveritis, priusquam cōnsīderāveritis causam.** Vgl. § 133, 2.

Die meisten **konjunktivischen Nebensätze,** vor allem die *innerlich abhängigen,* § 141
sind in ihrem Tempus an das des regierenden (übergeordneten) Satzes gebunden.
Die Regeln dieser *cōnsecūtiō temporum* genannten Zeitenfolge* zeigt die folgende Tabelle:

Regierender Satz	Abhängiger Satz (Nebensatz)		
(Hauptsatz)	bei Gleichzeitigkeit	bei Vorzeitigkeit	bei Nachzeitigkeit
a) Tempus der Gegenwart od. Zukunft	Konj. Präsens	Konj. Perfekt	-tūrus sim (vgl. Anm. 2)
b) Tempus der Vergangenheit	Konj. Imperfekt	Konj. Plusquamperfekt	-tūrus essem

Daraus ergeben sich die Musterbeispiele:

a) **Scīmus,**
Nōvimus (vgl. § 130, 3), ⎫ **quid agās — ēgeris — āctūrus sīs.**
Sciēmus,

b) **Sciēbāmus,**
Nōverāmus,
Scīvimus, **quid agerēs — ēgissēs — āctūrus essēs.**
Scīverāmus,

Anm. 1. Bei der Übersetzung ist auf die Besonderheiten des *deutschen* Tempusgebrauchs zu achten.

Anm. 2. Der dem Lateinischen fehlende *Konjunktiv des Futur I* kann nur dann durch die coniugātiō periphrastica umschrieben werden (oben āctūrus sīs Konj. zu āctūrus es, das rein futurisch für agēs steht), wenn es sich um eine *aktive* Form handelt und das betreffende Verb einen Supinstamm hat. Im übrigen müssen als Ersatz die gewöhnlichen Konjunktive eintreten.

Anm. 3. Für den fehlenden *Konjunktiv des Futur II* erscheint im innerlich abhängigen Satz der des Perfekts bzw. des Plusquamperfekts.

In einem anderen Zusammenhang könnte der Nebensatz mit ubi sich auch auf eine bereits vergangene Handlung beziehen.

Themistoclēs noctū ambulābat, quod somnum capere non posset (*könne*). — Parentēs interrogāvērunt, ubi Iūlia fuisset (gewesen *sei*).
Scrībe mihi, quandō dē hāc rē in senātū dēlīberētur (... wann darüber im Senat beraten *wird*; gesagt von etwas Zukünftigem).

Dīvicō Helvētiōs eō dīxit (esse) itūrōs, ubi eōs Caesar cōnstituisset (,wo Cäsar sie ansiedle oder ansiedeln werde'; unabhängig: Helvētiī eō ībunt, ubi tū eōs cōnstitueris).
Dīvicō Helvētiōs ibi dīxit *mānsūrōs,* ubi ille eōs cōnstituisset (... bleiben, wo er sie angesiedelt *habe*).

* Zu den *nicht innerlich abhängigen* und doch bisweilen der cōnsecūtiō temporum unterworfenen Nebensätzen gehören die Konsekutivsätze; s. § 149.

127

2. Besondere Regeln über die Nebensätze

a) Die Subjekt- und Objektsätze

§ 142 Subjekt- und Objektsätze, die eine **Behauptung** ausdrücken, erscheinen im Lateinischen gewöhnlich in der Form eines AcI.; vgl. § 119, 1. u. 3.

Soll aber die Aussage (Behauptung) zugleich *als eine Tatsache hingestellt* werden, zu der im übergeordneten Satz ausdrücklich Stellung genommen wird, so verwendet der Lateiner einen Nebensatz mit („konstativem") **quod** = ‚die Tatsache, daß' od. ‚der Umstand, daß' (od. nur: ‚daß');

auch (wie eine Apposition) ein vorangehendes Nomen erläuternd (‚daß nämlich').

Anm. Dieses konstative *quod* wird auch in schiefer Weise als „faktisch" bezeichnet. Es steht bisweilen, dem regierenden Satz vorangehend, ganz als adverbialer Akkusativ, entsprechend der deutschen Wendung ‚*was das betrifft, daß*' od. kürzer ‚*wenn*' (nicht kondizional!).

Quod tālem virum offendistis, perīculōsum exīstimō. — Plūrimum mihi prōdest, quod librōs meōs mēcum habeō. — **Quod hōs miserōs adiūvistī, laudō** od. **laudandum est.** (Vgl. zu den Verben der Gemütsbewegung auch § 119, 1 b).—Bene facis, quod (Du tust wohl daran, daß) vērum dīcis. — Clientēs questī sunt, quod ā patrōnō dēstitūtī essent (innerlich abhängig: daß sie im Stich gelassen worden *seien*).

Hoc ūnum vitium in tē vituperāmus, quod īrācundus es (übers. mit „Gewichtsverschiebung" im Hauptsatz: Dies ist der einzige Fehler, den wir an dir tadeln, daß du nämlich jähzornig bist).

Quod mē iocārī putās, falleris (Wenn du glaubst, ich scherze, irrst du dich).

§ 143 Die **abhängigen** (indirekten) **Fragesätze** stehen im Lateinischen (als innerlich abhängig; vgl. § 139) *im Konjunktiv* (coniūnctīvus oblīquus). *Eingeleitet* werden

1. abhängige *Ergänzungs- und Wahlfragen* ebenso wie die entsprechenden unabhängigen (vgl. § 135);

2. abhängige *Entscheidungsfragen* durch **-ně** oder **num**, die mit ‚*ob*' (oder ‚ob nicht', ‚ob etwa') zu übersetzen sind.*

Anm. 1. Der *Unterschied* zwischen einem abhängigen *Fragesatz* (Ergänzungsfrage) und einem *Relativsatz* ist oft nur gering; in Zweifelsfällen bevorzugt der Lateiner die Auffassung als Fragesatz.

1. Māter interrogat (od. nescit), ubi Iūlia sit. — **Vidēbimus, utrum apud vōs officium plūs valeat an voluptās** (od. Vidēbimus, officiumne apud vōs plūs valeat an voluptās; *ob* die Pflicht…mehr gilt *oder* das Vergnügen).

2. **Rogātus sum ā patre, vellemne sēcum** (§ 139 Anm.) **ambulāre** (od. **num sēcum ambulāre vellem.**

Man vergleiche:
Narrā mihi, quae (quid) vīderis! (Sinn: Beantworte meine Frage: Was hast du gesehen?)
mit: Narrā mihi, quae (quod) vīdistī! (Sinn: Berichte mir deine Beobachtung[en]!).
Bezeichnend ist folgendes Nebeneinander: Caesar ex captīvīs quaesīvit, ubi hostēs essent et quid mōlīrentur (planen); sed non comperit, quae scīre volēbat (Caesar legt nicht etwa die Frage vor: Was will ich wissen?).

---

* nōnne (= ‚ob nicht') findet sich nur bei quaerere: Quaesīvit, nōnne Iūlia adesset.

Anm. 2. Nach den Verben des _Versuchens_ und _Wartens_ steht sī im Sinne des deutschen ‚_ob_'.

Helvētiī noctū, sī perrumpere possent, cōnātī sunt. — Hanc palūdem sī Rōmānī trānsīrent, Belgae exspectābant.

Ein von den _verneinten_ Ausdrücken des _Zweifelns_ abhängiger Subjekt- oder Objektsatz wird in der Regel durch **quīn** eingeleitet.

Nōn dubitō, quīn hoc vērum sit. Ich zweifle nicht, _daß_ dies wahr ist.
Dubium nōn est, quīn amīcī perīculum ēvītāverint (od. nachzeitig: **ēvītātūrī sint**).

§ 144

Solche quīn-Sätze sind verneinte _Fragesätze_, da quīn (= quī + nĕ) eigentlich ‚wie nicht?' oder ‚warum nicht?' bedeutet. In der ursprünglichen Beiordnung hieß das obenstehende Satzgefüge: „Ich bin nicht im Zweifel: _Warum_ sollte dies _nicht_ wahr sein?"

Abgesehen von den in den §§ 119, 2 u. 120, 2 behandelten Fällen (AcI. und NcI. zum Ausdruck eines Begehrens), setzt der Lateiner **abhängige Begehrungssätze** in den _Konjunktiv_. Zur Einleitung dient meist **ut** (das zuweilen weggelassen wird), entsprechend unserm deutschen ‚daß', bei negativem Sinn **nē** (= ‚daß nicht'), als dessen Fortführung **nēve** steht. Alle untergeordneten Begehrungssätze gelten im Lateinischen als _innerlich_ abhängig und zeigen demgemäß die in § 139 genannten Besonderheiten.

§ 145

Die übergeordneten Verben sind:

1. eigentliche Verben des _Begehrens_ wie optāre wünschen — postulāre, flāgitāre fordern — petere, ōrāre bitten — monēre, hortārī ermahnen — incitāre, addūcere veranlassen — suādēre raten — imperāre befehlen u. ä.;

1. **Ōrandúm est, ut sít mēns sána in córpore sáno.** — **Petō ā vōbīs, nē animō dēficiātis** nēve vōs obruī sinātis māgnitūdine calamitātis (Ich bitte euch, den Mut nicht sinken zu lassen und euch nicht niederdrücken zu lassen von der Größe des Unglücks).

2. Verben des _Erlaubens_ (wie permittere, concēdere), _Besorgens_ (wie cūrāre, prōvidēre, contendere = sich anstrengen) und _Bewirkens_ (wie facere u. efficere, impetrāre, assequī);

2. **Concēdite mihi, ut dē amīcō absentī taceam! — Cūrā, ut valeās! — Dumnorīx ā Sēquanīs impetrāvit, ut Helvētiīs per fīnēs suōs iter darent.**

3. auch Verben der _Meinungsäußerung_ (im weitesten Sinne) bei denen sich in der Regel ein AcI. als Vertreter eines Behauptungssatzes findet.

3. **Dīcam Iūliae, (ut) librum tibi remittat** (‚sie _solle_ zurückschicken'). Dagegen: ...librum nōndum remissum esse od. librum remittendum esse ‚das Buch sei noch nicht zurückgeschickt' bzw. ‚das Buch müsse zurückgeschickt werden'.

Die Bedeutung des übergeordneten Verbs kann aber auch wechseln, je nachdem festgestellt wird, daß etwas _ist_ oder _sein soll._

Orgetorīx Helvētiīs persuāsit (überzeugte!) angustōs eōs fīnes habēre steht neben: **Orgetorīx Helvētiīs persuāsit, ut dē fīnibus suīs exīrent** (_überredete,_ [daß] sie sollten). — **Hoc vērum esse concēdimus** (_Wir räumen ein,_ daß dies wahr ist) steht neben dem Beispiel oben in 2.

Anm. Ein Begehrungssatz mit ut kann auch zur *Ergänzung eines Nomens* (oder Pronomens) dienen, dessen begrifflicher Inhalt dann meistens ein Begehren ist. Bisweilen führt dieses „**ut explicātīvum**" nur einen erläuternden Zusatz (‚daß nämlich‘) ein.

Caesar dē senātūs cōnsultō(Senatsbeschluß)certior factus est, ut omnēs iūniōrēs cōniūrārent (den Fahneneid leisten sollten).
Helvētiī nihilō minus id,quod cōnstituerant, facere conantur, ut ē fīnibus suīs exeant (nämlich *auszuwandern*).

§ 146 Subjekt-Objektsätze, die von Ausdrücken des *Fürchtens* abhängen, sind nach lateinischer Auffassung *Begehrungssätze*; sie stehen daher im Konjunktiv. Eingeleitet werden sie durch
nē, wenn sie *unverneint* sind,
nē nōn od. **ut** wenn sie *verneint* sind.

timeō, nē veniat ich fürchte, *daß* er kommt —
timeō, nē nōn od. ut veniat ich fürchte, *daß* er *nicht* kommt.
Metuendum est, nē amīcī animō dēficiant (daß die Freunde den Mut sinken lassen); **nam timeō, ut labōrēs sustineant** (daß sie die Anstrengungen nicht ertragen [können]).

In der ursprünglichen Beiordnung erschien das Befürchtete in der Form eines *negativen* Wunsches: „Ich bin in Angst. Möge er (nur) nicht kommen!" Entsprechend wurde ein befürchtetes *Nicht*geschehen zum *positiven* Wunsch („Möge er [nur] kommen!").

§ 147 Subjekt-Objektsätze, die abhängen von Verben, welche ein *Zurückhalten* (z. B. impedīre hindern, dēterrēre abschrecken, interdīcere untersagen) oder ein *Sichzurückhalten* (z. B. cavēre sich hüten od. verhüten, recūsāre sich weigern, obsistere sich widersetzen) ausdrücken, stehen *im Konjunktiv*, eingeleitet *mit* **nē,** weil der Lateiner (ähnlich wie bei den Befürchtungssätzen) im Nebensatz das *Nicht*gewünschte zum Ausdruck bringt.

Studeō impedīre, nē ipse tibi noceās. (Ich suche zu verhindern, *daß* du dir selbst schadest. In Beiordnung: „Du sollst dir nicht selbst schaden! Ich suche es zu verhindern.") — **Dumnorīx Haeduōs deterrēbat, nē frūmentum Rōmānīs prōmissum cōnferrent.** — **Quod nē accidat, cavendum est** (Daß dies geschieht, muß man verhüten.) — **Athēniēnsēs recūsāvērunt, nē Alexandrō Māgnō dīvīnōs honōrēs dēcernerent** (...Alexander d. Gr. göttliche Ehren zu beschließen).

b) Die Adverbialsätze

§ 148 Adverbiale **Finalsätze** sind, da sie eine *Absicht* ausdrücken, Begehrungssätze* und unterliegen daher den Regeln der innerlichen Abhängigkeit (§ 139).

Sie werden eingeleitet:

1. gewöhnlich durch **ut** = ‚damit‘, bei negativem Sinne durch **nē** = ‚damit nicht‘; im regierenden Satz kann durch Adverbialien wie ideō, idcircō (deshalb), eō cōnsiliō (mit der Absicht) auf sie hingewiesen werden;

1. Ut amēris (damit du geliebt wirst, *um* geliebt *zu* werden),amābilis (liebenswürdig) estō! — **Dō, ut dēs. — Surge, nē sērō veniās!**
Lēgibus idcircō servīmus, ut līberī esse possīmus.

---

* Sie können im Gegensatz zu den (in § 145 behandelten) begehrenden *Subjekt-Objektsätzen* als bloße *Erweiterung* von jedem beliebigen Verb abhängen. Man vergleiche: „Ich fordere von dir, *daß* du mir hilfst" mit: „Ich fordere Geld von dir, *damit* du mir hilfst". In der historischen Beiordnung handelt es sich natürlich um den gleichen begehrenden Satztyp.

2. bisweilen durch den Ablativ **quō**, der sich meist mit einem Komparativ verbindet und dann im Sinne von **ut eō** ‚damit dadurch', *‚damit desto'* (vgl. § 108) steht;

3. bisweilen mit **quōminus** bei den Verben des Zurückhaltens und Sichzurückhaltens (vgl. § 147), wenn mehr eine (erweiternde) Absicht als ein (ergänzendes) Objekt oder Subjekt bezeichnet werden soll;

4. bisweilen mit **quīn** bei den *verneinten* Verben des Zurückhaltens und Sichzurückhaltens.

---

2. **Lēx brevis estō, quō facilius etiam ab imperītīs teneātur** (damit es desto leichter von Laien behalten wird).

3. **Quid obstat, quōminus sīs beātus?** („Was steht hindernd im Weg, damit du nicht glücklich bist?" = Was verhindert, *daß* du glücklich bist? [Als echte Frage gedacht; sonst könnte gemäß 4. quīn stehen.])

4. **Nihil obstat, quīn sīs beātus.** (Nichts hindert dich daran, glücklich zu sein.) — **Germānī nōn retinentur, quīn tēla in Rōmānōs coniciant** (i. D. nur: lassen sich nicht zurückhalten... *zu schleudern*).

Anm. quōminus heißt eigentlich ‚wodurch weniger' od. (da minus auch für abgeschwächtes nōn steht) *‚wodurch nicht'*. Es unterscheidet sich also sachlich kaum von quīn. Dessen ursprüngliche interrogative Bedeutung (vgl. § 144) zeigt wieder ein Zurückgehen auf die Beiordnung: „Warum solltest du nicht glücklich sein? Nichts steht (dem) im Wege".

Konsekutivsätze (Adverbialsätze der *Folge*) stehen im *Konjunktiv.* Obwohl nicht innerlich abhängig, ist ihr Tempus öfters durch die cōnsecūtio temporum bestimmt. Sie werden gewöhnlich eingeleitet durch **ut** = ‚so daß', bei negativem Sinn durch **ut nōn** = ‚so daß nicht' (entsprechend ut nēmō, ut nihil u. ä.).* Im regierenden Satz wird häufig durch Adverbien und Adjektive wie **ita, sīc, adeō, tam, tantus, tālis, tot** auf sie hingewiesen.

Auch auf einen Komparativ mit quam kann ein Konsekutivsatz folgen.

Anm. Wenn der regierende Satz negativ ist, kann auch quīn im Sinne von *‚so daß nicht, ohne daß'* einen Konsekutivsatz einleiten.

---

§ 149

Māgna est vīs probitātis (od. *Tanta* est vis probitātis), **ut eam etiam in hoste dīligāmus.** (Groß ist die Macht der Rechtschaffenheit, so daß [oder: So groß ist..., daß] wir sie auch an einem Feind lieben.) — **Rūsticus tam pauper fuit, ut fīliīs nihil nisi vīneam relīquerit** (od. relinqueret). — **Nēmō adeó ferus ést, ut nón mītéscere** (mild werden) **póssit.**

Stultior es, quam ut hoc intelligere possīs. (als daß du dies verstehen könntest. Verkürzung für quam [tam stultus,] ut .. possīs = als [nur] so töricht, daß ...)

Numquam ad tē veniō, quīn doctior abeam (ohne gelehrter fortzugehen).

---

* Der Konsekutivsatz (Claude fenestram,) **ut nēmō nōs audiat** (so daß niemand uns hört od. hören kann) ist zu unterscheiden von dem (negierten) Finalsatz (Claude fenestram,) **nē quis nōs audiat** (damit nicht jemand → damit niemand uns hört od. hören kann).

§ 150   Als Konsekutivsätze werden im Lateinischen auch diejenigen mit ut eingeleiteten Nebensätze aufgefaßt, die abhängig sind von *unpersönlichen Ausdrücken des Geschehens* und ähnlichen Wendungen, bei welchen das deutsche Sprachgefühl einen *Subjektsatz* annimmt; z. B.

accidit, ēvenit, ut es ereignet sich, daß	Eā nocte accidit, ut lūna esset plēna.
fit, ut es geschieht, kommt (vor), daß	— **Quī** (Wie) **fit, ut ego hoc nesciam?** — Fierī potest, ut fallar.
fierī potest, ut es ist möglich, daß	(Es ist möglich, daß ich mich täusche.) —
contingit (mihi), ut es gelingt (mir), daß	Sōlī hoc contingit sapientī, ut nihil faciat invītus. — **Restat, ut pauca**
restat, reliquum est, } ut es bleibt (noch) übrig, daß	**dē calamitāte nostrā dīcam.**
mōs est, consuētūdō est, } ut es ist Sitte, Gewohnheit, daß	

Anm. Haben die Verben des Geschehens einen *beurteilenden Zusatz* bei sich wie bene, commodē, opportūnē, so sind sie mit einem (konstativen) *quod*-Satz verbunden (s. § 142).

> Eā nocte opportūnē accidit (traf es sich günstig), quod lūna erat plēnā.

§ 151   In den **Temporalsätzen,** die mit **cum** eingeleitet sind, steht:

1. der **Konjunktiv** nach *cum* = ‚als‘, wenn ein kausaler Nebensinn vorliegt; dieses cum heißt cum narrātīvum, weil es besonders in der Erzählung erscheint (od. cum historicum im Hinblick auf die Erzählung von *Vergangenem*), und richtet sich nach der **cōnsecūtiō temporum;**

   1. **Cum Caesar in Galliam venīret** (unterwegs war), **Gallī eī lēgātōs obviam mīsērunt** (das obviam beweist die kausale Färbung). Mit Vorzeitigkeit: Cum Caesar in Galliam vēnisset (deutsch: kam), undique lēgātī Gallōrum ad eum convēnērunt.

2. der **Indikativ,** außer bei innerlicher Abhängigkeit*, in allen anderen Fällen, weil die betreffenden Sätze eine reine Zeitbestimmung enthalten oder auf eine solche zurückgehen:

   2.

   a) *cum* = ‚(damals) als‘; diesem rein temporalen cum geht oft ein Hinweis wie tum, eō tempore u. ä. voraus.

   a) **Cum Caesar in ʹGalliam vēnit, duae ibi factiōnēs** (Parteien) **erant.**

   b) *cum* = ‚wenn, sobald‘, bei einem *zukünftigen* Vorgang; zum Tempus vgl. § 140.

   b) **Cum Rōmam vēnerō, statim amīcum vīsam.**

   c) *cum* = ‚jedesmal wenn, sooft‘, bei einem *wiederholten* Vorgang (sog. cum iterātīvum); zum Tempus vgl. § 140.

   c) **Cum Rōmam vēnī (Rōmam vēneram), statim amīcum vīsō (vīsēbam).**

   d) *cum* = ‚indem, dadurch daß‘, bei einem zeitlichen und sachlichen Zusammenfallen der Inhalte von Haupt- und Nebensatz (sog. cum coincidentiae).

   d) **Cum tacent, clāmant** (d. h. ihr eisiges Schweigen kommt einem Schrei der Empörung gleich). — **Cum hoc dīxistī, amīcum offendistī.**

---

* Diese **Einschränkung** gilt **für alle indikativischen Nebensätze,** da jeder Nebensatz im Zusammenhang innerlich abhängig werden und in den „obliquen" Konjunktiv treten *kann.*

e) *cum* = ‚als‘ oder ‚da‘ *mit folgendem Hauptsatz,* wobei das normale Verhältnis von Haupt- und Nebensatz umgekehrt scheint (daher die Bezeichnung **cum inversīvum**), indem der (mit cum eingeleitete) Nebensatz das Neue, den Fortschritt in der Erzählung bringt, während der (grammatisch regierende) Hauptsatz (in einem Imperfekt od. Plusquamperfekt, wozu meist iam od. vix od. nōndum tritt) nur die vorangehende Situation (vgl. § 130, 4b) angibt *.

e) **VixRōmam advēneram,cum amīcus mē vīsit.** (Ich war kaum in Rom angekommen, als mein Freund mich aufsuchte.) — **Iam Gallī ex oppidō fugere apparābant** (sich anschicken), **cum repente mātrēs familiae in pūblicum prōcurrērunt** (da stürzten plötzlich ... auf die Straße).

f) *cum prīmum* = ‚sobald‘ mit dem Perfekt zur Bezeichnung eines Vorgangs in der Vergangenheit; s. darüber § 152.

In den Temporalsätzen, die eingeleitet sind durch **postquam** (od. **posteāquam**) ‚*nachdem*‘, **ubi** (oft verstärkt durch ein zugesetztes **prīmum**, **ut** (prīmum), **cum** prīmum, **simul** (od. **simulatque**), ‚*sobald*‘, steht (meist abweichend von der deutschen Zeitauffassung) zur Bezeichnung *einmaliger Vorgänge der Vergangenheit* der Indikativ des *Perfekts*.

Anm. Zur Bezeichnung eines *Zustands* in der Vergangenheit steht nach diesen Konjunktionen das *Imperfekt*.

Bei *zukünftigen* ọder *wiederholten* Vorgängen richtet sich das Tempus nach der Regel in § 140.

§ 152

Postquam Romam vēnī (gekommen *war*), **statim amīcum vīsī.** — **Hoc ubi dixērunt** (gesagt *hatten*), **dīscessērunt.** — **Caesar cum prīmum** (od. **ut prīmum**) **per annī tempus potuit** (sobald es ihm die Jahreszeit möglich machte), **ad exercitum contendit.** — **Agēsilāus simulatque imperiō potītus est** (sich bemächtigt *hatte*), **Lacedaemoniīs persuāsit, ut exercitum in Asiam mitterent.**

Ut nūlla iam dēfendendī spēs erat, oppidānī sē dēdidērunt.

Simulatque aliquid audīverō (höre), **scrībam ad tē.** — **Ubi tonuerat** (es donnerte), **comitia dīmittēbantur.**

Temporalsätze mit **priusquam** und **antequam** = ‚*bevor*‘ werden, wie die durch postquam eingeleiteten, gewöhnlich mit dem Indikativ des Perfekts konstruiert.

Sie stehen aber im *Konjunktiv,* wenn sie einen *finalen Nebensinn* haben (bevor = damit nicht erst).

Anm. Bei einem übergeordneten Futur findet sich nach diesen Konjunktionen auch (wie im Deutschen!) das *Präsens,* sowohl im Indikativ wie im Konjunktiv.

§ 153

Priusquam epistulam eius lēgī (gelesen *hatte*), **frāter ipse intrāvit.**

Priusquam sē hostēs ex terrōre reciperent (sich erholen konnten), **Caesar oppidum summā vī aggressus est.**

Antequam prō reō dīcere īnstituō (od. īnstituam: beginne), **prō mē ipsō pauca dīcam.**

---

* Historisch gesehen, ist der cum-Satz ein *unechter Nebensatz:* cum ist relativischer Anschluß (vgl. § 138) für tum, das einen neuen Hauptsatz einführt. Dem entspricht die Übersetzung mit ‚da‘. —Die für dieses cum geläufige Bezeichnung „cum inversum" (‚umgekehrtes cum‘) ist ebenso abwegig wie „cum coincidēns" (‚zusammen eintretendes cum‘) für das cum oben in d).

§ 154   Die temporalen Konjunktionen **dum, dōnec, quoad** werden in der Bedeutung *‚solange‘* mit dem Indikativ aller Tempora verbunden.

In der Bedeutung *‚bis‘* haben sie den *Konjunktiv* bei sich, wenn zu der Zeitbestimmung ein *finaler Nebensinn* hinzukommt (bis = damit unterdessen).

In der Bedeutung *‚während‘* ist dum auch bei Vorgängen der Vergangenheit mit dem *Indikativ des Präsens* verbunden.

> Exspectāvī, dum frāter vēnit (kam, als Tatsache). Aber: **Exspectā, dum frātrem arcessam!** (bis ich den Bruder herbeihole.)
>
> **Dum Rōmānī cōnsultant, iam Saguntum summā vī ab Hannibale oppūgnābātur.**

§ 155   Die mit **quod** oder **quia** = *‚weil‘* und **quoniam** = *‚da ja‘* eingeleiteten **Kausalsätze** (Adverbialsätze der Begründung) werden wie im Deutschen konstruiert.

Dagegen steht nach **cum** = *‚da‘* (zu dem ein verstärkendes praesertim *‚besonders, zumal‘* treten kann), immer der *Konjunktiv* (sog. **cum causale**).

Anm. 1. Das kausale quod hat sich aus dem *konstativen* quod des § 142 entwickelt.

Anm. 2. Das kausale cum ist aus dem *temporalen* cum hervorgegangen. (Vgl. § 151, 1.) Der Konjunktiv macht aus dem nur zeitlichen Zusammenhang eine ursächliche Beziehung. — Ähnlich ist die Entwicklung des cum concessīvum und adversātīvum des § 156. Man vergleiche die mehrdeutige Konjunktion „während“.

> **Vīta, cum brevis sit, ratiōne est dēgenda.** (Da das Leben kurz ist, muß es sinnvoll verbracht werden.)
>
> Caesar questus est, quod (darüber daß od. weil) ab Haeduīs destituēbātur od. destituerētur (im Stich gelassen wurde od. werde).
>
> Haeduī, cum (als → da) ab Helvētiīs sē dēfendere nōn possent, lēgātōs ad Caesarem misērunt.

§ 156   **Konzessivsätze** (Adverbialsätze der Einräumung), die durch **quamquam** = *‚obwohl, obgleich‘* eingeleitet sind, werden wie im Deutschen konstruiert.

Hingegen steht der *Konjunktiv* nach:

cum   *‚obwohl, obgleich‘* (sog. cum concessīvum)

quamvīs *‚wie sehr auch‘, ‚obwohl‘*

ut   *‚gesetzt (den Fall), daß‘, ‚falls auch‘*

Anm. Auch *licet* (es ist erlaubt) ist von einem bloßen Zusatz beim konzessiven Konjunktiv (vgl. § 134 Anm. 2) zur Konjunktion geworden.

> **Quī nón vetát peccáre, cúm possít, iubét** (ermuntert dazu). — **Quámvīs sínt sub aquá, sub aquá maledícere témptant** (von den in Frösche verwandelten Bauern). — **Út dēsínt vírés, tamen ést laudánda volúntās.** (Wenn auch die Kräfte fehlen, so ist doch der Wille zu loben.)
>
> **Licet omnēs fremant** (Mögen auch alle murren), **ego dīcam, quod sentiō** (so werde ich doch meine Meinung sagen).

Konzessivsätze, die eingeleitet sind durch die mit sī zusammengesetzten Konjunktionen **etsī, etiamsī, tametsī** *‚auch wenn, wenn auch‘*, sind von Haus aus Bedingungssätze und werden wie diese konstruiert (s. § 157).

Die mit den Konzessivsätzen verwandten **Adversativsätze** (Adverbialsätze des Gegensatzes) werden durch **cum** = *‚während‘* (dagegen) (sog. cum adversātīvum) eingeleitet und stehen immer im *Konjunktiv*.

> **Nunc tacet reus, cum anteā continenter locūtus sit** (während er vorher andauernd geredet hat).

Zur Einleitung von **Kondizionalsätzen** (Adverbialsätzen der Bedingung) dienen § **157** außer **sī** = ‚*wenn, falls*‘ die Verbindungen:

1. *sī nōn* ‚wenn nicht‘ (einen einzelnen Begriff verneinend, bisweilen gefolgt von at certē ‚so doch wenigstens‘)
2. *nisi* ‚wenn nicht‘ (den ganzen Satz verneinend)
3. *sīn* ‚wenn aber‘ (nach vorausgegangenem Bedingungssatz)
4. *nisi forte* od. *nisi vērō* ‚wenn nicht etwa‘ (öfters ironisch)
5. *sī modo* ‚wenn nur‘ (einschränkend)
6. *sī quidem* ‚wenn wirklich‘ (meist in kausales ‚da ja‘ übergehend)
7. *sīve*, oder wenn‘ (meist wiederholt gesetzt als: sīve ... sīve ‚sei es, daß ... sei es, daß‘)
8.—10. die in § 156 genannten *etsī, etiamsī, tametsī* ‚wenn auch‘ *

Kondizionalsätze müssen zusammen mit ihrem folgernden Hauptsatz betrachtet werden. Es sind dann *drei Fälle* zu unterscheiden im Hinblick darauf, welches *Verhältnis zur Wirklichkeit* der Sprechende in dem kondizionalen Nebensatz zum Ausdruck bringt:

1. der „*indefinite*“ Fall, bei dem das Verhältnis zur Wirklichkeit offen (unbestimmt) gelassen wird;

> 1. **Sī hoc dīxistī, errāvistī.** (*Ob* der Angeredete „dies behauptet hat“ und infolgedessen „geirrt hat“, ist nicht angedeutet.) Entsprechend für Gegenwart und Zukunft: **Sī hoc dīcis (dīcēs), errās (errābis)**..

2. der *potentiale* Fall, bei dem die Bedingung durch den (potentialen) Konjunktiv (vgl. dazu § 132) als möglich hingestellt wird;

> 2. **Sī hoc dīcās** (od. dīxeris), **errēs** (od. errāveris). Falls du dies behaupten solltest, dürftest du irren.

3. der *irreale* Fall, bei dem die Bedingung durch den (irrealen) Konjunktiv — ganz wie im Deutschen — als nichtwirklich hingestellt wird, gleichviel ob es sich um etwas Gegenwärtiges oder um etwas Vergangenes handelt (vgl. § 132 Anm.).

> 3. **Sī hoc dīcerēs** (behauptetest als Konjunktiv; *nicht* „behaupten würdest“!), **errārēs** (würdest du irren). **Sī hoc dīxissēs** (behauptet hättest), **errāvissēs** (hättest du geirrt od. würdest du geirrt haben).

Anm. 1. Wird aus einem irrealen Folgerungssatz ein AcI., so tritt statt des Konjunktivs (sowohl des Impf. wie des Plusqpf.) die Umschreibung mit -tūrum fuisse ein.

Tritt ein irrealer Folgerungssatz in eine Konstruktion, die an sich schon den Konjunktiv erfordert, so kann der Konjunktiv durch -tūrus fuerim (!) umschrieben werden.

> Putō tē, sī hoc dīcerēs (dīxissēs), errātūrum fuisse (irren würdest bzw. geirrt hättest).
>
> Dīc, quid factūrus fueris, sī illō tempore in patriā fuissēs (was du getan hättest, wenn du... gewesen wärest)!

Anm. 2. Eine Bedingung enthalten auch die mit *modo, dum, dummodo* ‚wofern nur, *wenn nur*‘ eingeleiteten Sätze und können daher unter die Kondizionalsätze eingereiht werden. Sie stehen im Konjunktiv (und haben die Negation nē).

> **Ōderint, dum metuant!** (Vgl. § 134 Anm. 2) — Sunt, quī omnia honesta neglegant (vgl. § 162, 2), dummodo potentiam cōnsequantur (wenn sie nur Macht erlangen).

---

* Man unterscheide die verschiedenen Bedeutungen des deutschen „**wenn**“: 1. die kondizionale (= sī), 2. die temporale von § 151 (= cum), 3. die konstative von § 142 Anm. (= quod)!

§ 158 **Komparativsätze** (Adverbialsätze des Vergleichs) stehen im Indikativ, wenn ihre Aussage als wirklich hingestellt ist, und werden dann eingeleitet:

a) durch vergleichende Konjunktionen, Adverbien und Adjektive, denen meist im übergeordneten Hauptsatz das „korrelative" Demonstrativum entspricht (vgl. § 24, 2 u. 3);

b) nach Ausdrücken der *Gleichheit* (wie **aequus,pār, similis** und ihren Adverbien) und *Ungleichheit* (wie dissimilis, alius, aliter) durch *atque* (od. **ac**), das dann deutschem ‚wie' oder ‚als' entspricht.

Komparativsätze, die eingeleitet sind durch *quasi, tamquam, tamquam sī, velut sī* ‚*als ob, wie wenn*', enthalten einen bedingten Vergleich (eigentlich: wie [es der Fall sein würde,] wenn) und stehen im *Konjunktiv;* trotz ihrem irrealen Sinn unterliegen sie der cōnsecūtiō temporum.

---

a) **Perge, ut** (wie) **coepistī! — Ut salūtāmus, ita resalūtāmur. —** Quālis dominus (erg. est), tālis servus (erg. est).*

b) **Utinam nē similī ūtāmur fortūnā** (möchten wir nicht ein ähnliches Schicksal erleiden) **atque ūsī sumus** (wie wir durchgemacht haben)! — **Nōn aliter dīxī ac** (als) **sēnsī.** In verkürzter Form: Ea rēs mihi aequē nōta est ac tibi.

Num testibus opus est, quasi rēs dubia sit? (Bedarf es etwa der Zeugen, als ob die Sache zweifelhaft *wäre?*) — **Sēquanī absentis Ariovistī crūdēlitātem, velut sī cōram adesset** (wie wenn er persönlich anwesend wäre), **horrēbant.**

---

§ 159

Zusammenstellung mehrdeutiger Konjunktionen,
die Subjekt-Objektsätze und Adverbialsätze einleiten.

(Für den Vermerk „mit dem *Indikativ*" gilt der Hinweis in § 151 Fußn.; außerdem bleibt dabei die Möglichkeit einer potentialen oder irrealen Aussage [in den entsprechenden Konjunktiven] offen.)

ut mit dem *Konjunktiv*
    in Subjekt-Objektsätzen, die ein Begehren ausdrücken: daß § 145
    in adverbialen Begehrungs-(Final-)Sätzen: auf daß, damit § 148
    in Konsekutivsätzen: so daß, daß § 149
    in Konzessivsätzen: gesetzt, daß § 156.

ut mit dem *Indikativ*
    in Komparativsätzen: wie § 158
    in Temporalsätzen: sobald (als) § 152.

nē mit dem *Konjunktiv*
    in Subjekt-Objektsätzen, die ein Begehren ausdrücken: daß nicht § 145
    bei Verben des Fürchtens: daß § 146
    bei Verben der Hemmung: daß § 147
    in Finalsätzen: damit nicht § 148.

cum mit dem *Konjunktiv*
    in Temporalsätzen: als § 151
    in Kausalsätzen: da § 155
    in Adversativ- und Konzessivsätzen: während, obgleich § 156.

cum mit dem *Indikativ*
    in Temporalsätzen: als, wenn, indem, als (inversiv) § 151; sobald § 152.

---

* Ein mit *ut* eingeleiteter Komparativsatz kann auch *kausalen* Sinn annehmen: Haec ex oppidō vidēbantur (sah man), ut (da ja) erat inde dēspectus in castra Rōmānōrum. Ferner kann die Gegenüberstellung mit *ut ... ita konzessive* Färbung haben: Hannibal, ut (zwar) Rōmānōs multīs proeliīs vīcit, ita (aber) rem pūblicam Rōmānam ēvertere (vernichten) nōn potuit.

quod mit dem *Indikativ*

    in Subjekt-Objektsätzen, die eine Tatsache feststellen: daß § 142
    in Kausalsätzen: weil, da § 155.

dum mit dem *Indikativ*

    in Temporalsätzen: solange, bis, während § 154.

dum mit dem *Konjunktiv*

    in Temporalsätzen: bis (final gefärbt) § 154
    in Kondizionalsätzen: wenn nur § 157 Anm. 2.

quīn mit dem *Konjunktiv*

    bei verneinten Ausdrücken des Zweifelns: daß § 144
    bei verneinten Ausdrücken der Hemmung: daß § 148
    nach verneinten Ausdrücken in Konsekutivsätzen: daß nicht, ohne daß § 149 Anm.
    (vgl. auch § 162, 2 Anm.).

c) Die Attributsätze

§ 160

Die Attributsätze — wegen ihrer Einleitung durch ein Relativum (Relativpronomen oder Relativadverb) meist *Relativsätze* genannt — erläutern ein im übergeordneten Satz stehendes *Beziehungswort* (Nomen oder Pronomen).

Das Beziehungswort wird öfters in den Relativsatz hineingezogen:

Quā nocte nātus est Alexander, eādem templum Diānae Ephesiae cōnflagrāvit. (In derselben Nacht, in der A. geboren wurde, brannte ... nieder.) — Santonēs nōn longē ā Tolōsātium fīnibus absunt, quae cīvitās est in prōvinciā (einer Gemeinde, die in der Provinz liegt).

Ist von einem Beziehungswort ein Satz*gefüge* abhängig, so kann das anknüpfende Relativum in die Konstruktion des vorangestellten Nebensatzes hineingezogen werden (sog. *relativische Verschränkung*). Vor einer freieren Übertragung empfiehlt es sich, das Satzgefüge selbständig zu machen, indem man es — wie bei einem relativischen Anschluß; vgl. § 138 — durch ein Demonstrativum ersetzt.*

Errāre mālō cum Platōne, quem tū quantī faciās, sciō.	Ich will lieber mit Platon irren [; wie hoch du ihn schätzest, weiß ich (ja).], den du, wie ich weiß, sehr hoch schätzest.
Māgna est vīs cōnscientiae, quam quī neglegent, sē ipsī indicābunt.	Groß ist die Macht des Gewissens [; die es außer Acht lassen, werden sich selbst verraten.], das man nicht außer Acht lassen kann, ohne sich selbst zu verraten.
Placuit lēgātōs Saguntum mittī, quibus sī dīgna vidērētur causa, inde Carthāginem īrent. (quibus sī = quī sī iīs)	Man beschloß, Gesandte nach Sagunt zu schicken [; wenn diesen die Sache bedeutend genug scheine, sollten sie ...], die, wenn ihnen die Sache bedeutend genug scheine, von dort nach Karthago gehen sollten.

---

* Entsprechend kann man in den ähnlich gelagerten Fällen verfahren, die in § 118 a. E. beschrieben sind.

§ 161 Im **Indikativ** stehen nicht nur diejenigen Relativsätze, deren Inhalt der Redende als etwas Wirkliches hinstellt, sondern auch die *verallgemeinernden Relativsätze* (über ihre Einleitung s. die §§ 22, 2, u. 24, 2), deren Unbestimmtheit der Deutsche oft durch den Konjunktiv oder durch eine Umschreibung mit ‚mögen‘ bezeichnet.

Quídquid agís, prūdénter agás et réspice fínem! (Was immer du tun *magst*, tue es mit Vorbedacht und...)! – **Ubicumque nunc est** (Wo immer er jetzt *sei* od. sein *mag*), **eum reperiēmus.**

§ 162 Im **Konjunktiv** stehen (abweichend vom Deutschen) Relativsätze:

1. wenn sie einen *finalen* Sinn haben; sie unterliegen dann auch (als innerlich abhängige Begehrungssätze) der cōnsecūtiō temporum;

> Zu den final gefärbten Relativsätzen (mit begehrendem Sinn) rechnet man auch die von Adjektiven wie dīgnus und aptus abhängigen.

2. wenn sie einen *konsekutiven* Sinn haben, weil aus der Beschaffenheit des Beziehungsworts eine Folge abgeleitet wird;

1. **Saguntīnī lēgātōs Rōmam mīsērunt, quī auxilium contrā Hannibalem peterent** (die ... bitten *sollten*).

Bonus liber dīgnus est, quī saepe legātur (verdient oft gelesen zu werden).

2. **Nōn is sum, quī mortis perīculō terrear** (eigentlich: von der Art, daß ich mich schrecken ließe; im Dt. besser: der Mann, der sich schrecken läßt). — **Nihil dīcis, quod ad rem pertineat** (was zur Sache gehört; eig.: was so beschaffen ist, daß es zur Sache gehört). — **Inveniuntur** (Es finden sich Leute) od. **Sunt, quī omnia honesta neglegant, dummodo** (§157, Anm. 2) **potentiam cōnsequantur.**

Nēmō est, quīn hoc sciat (der das nicht weiß od. *wüßte*).

> *Anm.* Für quī nōn, quae nōn, quod nōn im konsekutiven Relativsatz kann auch die Konjunktion *quīn* stehen, wenn der übergeordnete Satz negativ ist.

3. wenn sie einen *kausalen* Sinn haben;

3. **Ō fortūnāte adulēscēns, quī tuae virtūtis Homērum praecōnem invēneris!** (Alexander am Grabe Achills: ... der du [fast = *da* du] in Homer einen Herold deiner Tapferkeit gefunden hast.)

4. wenn sie einen adversativen oder *konzessiven* Sinn haben.

4. **Reus, quī antea pertināciter tacuisset** (der *doch* od. während er ... geschwiegen hatte), **tertiō diē omnia cōnfessus est.**

Sīc accidit, ut ex tantō nāvium numerō nūlla omnīnō nāvis, quae mīlitēs *portāret* (trug, beförderte), **dēsīderārētur.** — **Ita mē in rē pūblicā tractābō** (mich benehmen), **ut meminerim semper, quae *gesserim*** (geleistet habe).

> *Anm.* Bisweilen beruht auch der Konjunktiv in einem Relativsatz auf der (in grammatischer Hinsicht „unlogischen“) *Modusangleichung*. Bei dieser treten Nebensätze, die zu einem im Konjunktiv stehenden übergeordneten Satz gehören, selbst in den Konjunktiv, obwohl sie der Schriftsteller als eine Tatsache hinstellt.

138

d) Die indirekte Rede (ōrātiō oblīqua)

§ 163

Einführung. Man vergleiche:

1. Iūlia ad frātrem scrīpsit:
   - „Māter aegrōta est."
   - „Cūr mātrem (eam) nōn vīsis?"
   - „Mitte mātrī (eī) saltem librōs prōmissōs!"

2. Iūlia ad frātrem scrīpsit
   - mātrem aegrōtam esse.
   - , cūr mātrem (eam) nōn vīseret.
   - , (ut) mitteret mātrī (eī) saltem librōs prōmissōs."

In 1. haben wir drei zweiteilige Satzreihen, in 2. drei Satzgefüge mit jeweils einem (abhängigen od.) *indirekten Satz* (auch der AcI. vertritt einen Nebensatz).

Verbinden wir die drei Einzelinhalte des Schreibens zu einer *zusammenhängenden Darlegung*, so erhalten wir entweder eine **direkte Rede (ōrātiō rēcta)**:

| „Māter aegrōta est. | Cūr eam nōn vīsis? | Mitte eī saltem librōs prōmissōs!" |

oder eine **indirekte Rede (ōrātiō oblīqua)**:

| Mātrem aegrōtam esse. | Cūr eam nōn vīseret? | Mitteret eī saltem librōs prōmissos! |
| Die Mutter sei krank. | Warum er sie nicht besuche? | Er solle ihr wenigstens die versprochenen Bücher schicken! |

In dieser indirekten Rede sind ursprüngliche Nebensätze scheinbar selbständig geworden. Wir bezeichnen sie als *Hauptsätze der indirekten Rede*, weil sie auch in der entsprechenden direkten Rede Hauptsätze sind. Sie stehen im Deutschen (in der Form „verkappter" Nebensätze) stets im Konjunktiv.

Die von den Hauptsätzen der indirekten Rede abhängigen Nebensätze (z. B. Mitteret eī saltem librōs, *quōs prōmīsisset!*) fassen wir als Nebensätze *1. Grades* auf, wieder gemäß ihrer Einstufung in der direkten Rede („Mitte eī saltem librōs, quōs prōmīsistī!"), während sie im ursprünglichen Satzgefüge (Scrīpsit, ut mitteret eī saltem librōs, quōs prōmīsisset) Nebensätze 2. Grades waren. Entsprechend werden alle weiteren Nebensätze um einen Grad gehoben und wie bei der direkten Rede eingestuft. Alle Nebensätze der indirekten Rede stehen im Konjunktiv, im Deutschen sowohl wie im Lateinischen.

Ein *größeres* Beispiel aus Caesars **Bellum Gallicum** soll die Besonderheiten der § 164 lateinischen ōrātiō oblīqua zeigen.

Dīvicō ita cum Caesare ēgit:

Sī pācem populus Rōmānus cum Helvētiīs faceret (§ 141, A. 2), in eam partem itūrōs atque ibi futūrōs Helvētiōs, ubi eōs Caesar cōnstituisset (§ 141, A. 2); sīn bellō persequī persevērāret, reminīscerētur et veteris incommodī populī Rōmānī et prīstinae virtūtis Helvētiōrum. Quod imprōvīsō ūnum pāgum adortus esset, cum iī, quī flūmen trānsīssent, suīs auxilium ferre nōn possent, nē ob eam rem aut suae māgnopere virtūtī tribueret aut ipsōs dēspiceret. Sē ita ā maiōribus suīs didicisse, ut magis virtūte contenderent quam dolō aut īnsidiīs nīterentur...

in die direkte Rede umgesetzt:

faciet
ībunt atque ibi erunt Helvētiī, ubi tū eōs cōnstitueris;
persevērābis, reminīscere (od. reminīscitor)

adortus es,
trānsierant, suīs
poterant (vgl. § 165 Anm.)
tuae tribueris aut nōs dēspexeris. Nōs ita ā maiōribus nostrīs didicimus, ut contendāmus nītāmur.

Übersetzung: Wenn (= Falls) das römische Volk mit den Helvetiern Frieden schließe, würden die Helvetier in das Gebiet (Galliens) gehen und dort bleiben, wo Cäsar sie ansiedele; wenn er aber dabei beharre, sie zu bekriegen, so solle er sowohl an das alte Ungemach des römischen Volkes denken wie auch an die vormalige Tapferkeit der Helvetier. Wenn (§ 142 Anm.) er unversehens

einen Gau angegriffen habe, als diejenigen, die den Fluß (schon) überschritten hätten, ihren Lands-
leuten nicht hätten Hilfe bringen können (vgl. § 165 Anm.), so solle er deswegen weder auf seine
Tapferkeit pochen noch sie selbst geringschätzen. Sie seien so von ihren Vorfahren unterwiesen
worden, daß sie eher kämpften (nicht: „kämpfen *würden*"!) als auf List und Hinterhalt bauten.

Caesar ita respondit:

Sē eās rēs, quās Helvētiī commemorās-sent, eō gravius ferre, quō minus meri-tō populī Rōmānī accidissent; quī sī alicuius* iniūriae sibi cōnscius fuisset, nōn fuisse difficile cavēre; sed [eum] eō dēceptum [esse], quod sine causā timendum nōn putāret. Quod sī ve-teris contumēliae oblivīscī vellet, num [sē] etiam recentium iniūriārum . . . memoriam dēpōnere posse?... [Cūr victōriā suā tam īnsolenter glōriārentur?]	Ego eās rēs, quās vōs commemorā-vistis, eō gravius ferō, quō accidērunt; fuit (vgl. § 131, 1) sed eō dēceptus est, quod putābat (vgl. § 165 Anm.). volō, num etiam possum? vestrā glōriāminī?

Er sei über die Begebenheiten, die die Helvetier erwähnt hätten, desto empörter, je weniger sie
sich durch ein Verschulden des römischen Volkes zugetragen hätten; wenn dieses sich auch nur
irgendeiner Schuld bewußt gewesen wäre, wäre (nicht „sei", da irreal) es nicht schwer gewesen sich
zu hüten; aber es sei deshalb getäuscht worden, weil es nicht geglaubt habe (vgl. § 165 Anm.), sich
ohne Anlaß fürchten zu müssen. Wenn er aber den alten Schimpf vergessen wolle, könne er dann
etwa auch die frischen Übeltaten... aus seinem Gedächtnis streichen? (Schein- od. rhetorische
Frage.)... [Warum sie sich ihres Sieges in so frecher Weise rühmten? (echte Frage)].

§ 165   Daraus ergeben sich für die orātiō oblīqua die folgenden Regeln:

a) *in bezug auf ihre* **Satzarten**

    I. **Hauptsätze** stehen

        1. **als Behauptungssätze** im **AcI.,**

        2. **als Begehrungssätze** im **Konjunktiv,**

        3. **als Fragesätze** im **Konjunktiv** oder im **AcI.,** und zwar
im **Konjunktiv die echten Fragen,** auf die man eine Antwort erwartet;
im **AcI. die unechten** (rhetorischen) **Fragen** (entsprechend ihrem be-
hauptenden Sinn).

    II. **Nebensätze** stehen im **Konjunktiv.**

b) *in bezug auf ihre* **Pronomina**

    1. Da die orātiō oblīqua eine Reihe von innerlich abhängigen Sätzen darstellt,
erscheinen (nach § 139) die Personal- und Possessivpronomina, die sich *auf das*
der gesamten Rede *übergeordnete* (redende) *Subjekt* beziehen, in der *reflexiven*
Form; in der entsprechenden direkten Rede würden sie in der ersten Person
stehen. Dieses Reflexivum wird bisweilen aus Gründen der Deutlichkeit
durch *ipse* ersetzt**. (Vgl. in § 164 im ersten Absatz ipsōs.)

---

* Nach sī steht nicht die tonlose Form ohne ali- (vgl. § 23,1), wenn das Indefinitum stark betont
ist: sī aliquis ,wenn *auch nur* irgendeiner'.
** Das Reflexivum steht natürlich auch (als „direktes Reflexivum") mit Beziehung auf ein nicht
mit dem regierenden Subjekt zusammenfallendes Subjekt des *eigenen* Satzes (Nebensatzes). Z. B.
Ariovistus respondit: Sī ipse (er, Ariovist) populō Rōmānō non praescrīberet, quemadmodum suō
(sein, des populus Rōmānus) iūre ūterētur, nōn opertēre sēsē ā populō Rōmānō in suō (seinem, des
Ariovist) iūre impedīrī. In solchen Fällen von Zweideutigkeit empfiehlt sich immer eine Umsetzung
in die orātiō rēcta.

2. Das Pronomen *ille* steht meist für die zweiten Personen, *is* für die dritten Personen der entsprechenden direkten Rede.

3. Der *pronominale Subjektsakkusativ* des AcI. wird öfters *ausgelassen,* wenn er aus dem ·Zusammenhang leicht zu ergänzen ist (z. B. in § 164 das im 2. Absatz mit [ ] eingefügte eum).

c) *in bezug auf ihre* **Tempora**

Für die Sätze der ōrātiō oblīqua gilt, da sie innerlich abhängig sind, die *cōn-secūtiō temporum* (s. § 141). Doch findet sich nicht selten nach einem regierenden Tempus der Vergangenheit der Konjunktiv des Präsens oder des Perfekts; der Schriftsteller (Bericht-erstatter) vergegenwärtigt sich dann lebhaft die Zeit, in der die Rede gehalten wurde.

Anm. Beim Übersetzen einer ōrātiō oblīqua ist darauf zu achten, daß in der deutschen indirekten Rede jedes *Präteritum* (Imperfekt) *eines Nebensatzes der direkten Rede* im Konjunktiv des Perfekts oder Plusquamperfekts erscheint, weil der deutsche Konjunktiv des Präteritums die Bedeutung der Vergangenheit verloren hat, während im Lateinischen für den Indikativ oder Konjunktiv des Imperfekts der ōrātiō rēcta in der ōrātiō oblīqua der entsprechende Konjunktiv des Imperfekts eintritt. Vgl. die Hinweise in den obigen Beispielen, dazu noch den Satz: Cum Haeduī et Arvernī dē potentātū inter sē multōs annōs contenderent (*gekämpft hätten*), factum esse, utī ab Arvernīs Germānī mercēde arcesserentur (herbeigeholt *worden seien*).

Verzeichnis
der mit ihren Stammformen angeführten Verben

(Die Zahlen vor dem Komma verweisen auf die Paragraphen)

Alphabetisches Register

(Die Zahlen verweisen auf die Paragraphen; A. = Anmerkung, Fn. = Fußnote, Konstr. = Konstruktion, synt. = syntaktische Verwendung in der Satzgruppe. Größere Teilgebiete, besonders der Formenlehre, ersehe man aus der *Übersicht* auf S. 4 f.)